日本語文法史研究

7

青木博史・小柳智一・高山善行〔編〕

ひつじ書房

はしがき

　「文法史」という用語(ターム)、それ自体は決して近年に造られたものではない。たとえば講座物などで、「音韻史」「語彙史」などと並んで「文法史」が銘打たれることはあったし、古いところでは山田孝雄「奈良朝文法史」「平安朝文法史」などを思い浮かべる人も多いだろう。しかし、後者が「奈良朝」「平安朝」の「文法」であったように、また前者でも、多くは「上代の文法」「中古の文法」のような章立てがなされたように、「文法史」は、過去の一時代における文法を記述するものというスタンスが基本であったように思う。

　文法とは体系であるから、共時的な観点からしか記述しえないという考え方があるのもよく分かる。かつて、文法に歴史的な変化はなく、あるのは文法に参与する語彙の変遷にすぎないと説かれたことも、故なしとしない。しかし、近年の趨勢としては、「文法史」を「文法の歴史」として、すなわち、通時的観点から歴史を動的(ダイナミック)に描くことが主流になってきたように思う。

　本論文集『日本語文法史研究』は、こうした両様のアプローチがあることに自覚的に取り組んできた。既刊号の論文の配列は、共時的な視点を中心に記述したものを前半に置いて時代順に並べ、後半に通時的な観点から歴史変化を記述したものを置くことが多かった。しかし、今号では、現代語までを視座に収めた歴史的変化を描く論文を前半に置いた。もちろん、論文のよしあしと配列順はまったく関係はないが、こうしたところにも我々の思慮を見て取っていただけると幸いである。

　さて、本書『日本語文法史研究7』は、既刊号とほぼ同様の分量で、研究論文9編、テーマ解説1編、名著紹介1編、そして、直近2年間における

文法史関係研究文献目録を収載するに至った。以下、内容を簡単に紹介する。

　研究論文は、①現代語において属性叙述文として「状態」を表す「青い目をしている」構文の成り立ちを、動詞「スル」の「他動化」に伴う歴史変化として捉えた青木博史「歴史的観点から見た「青い目をしている」構文」、②形式名詞「ホド」が副助詞へと変化するプロセスを、形態・統語的な側面の段階的・漸次的な変化に注目して詳細に描いた竹内史郎「名詞の脱範疇化についての一考察—ホドにおける副助詞への文法化—」、③順接仮定「ナラバ」節と逆接仮定「ナリトモ」節の変化の非対称性を、「事態描写」優位から「表現者把握」優位へという表現方法上の変化として解釈した矢島正浩「ナラバとナリトモの消長に見る仮定節史」、④現代語では「–まる／–める」という型が主流である形容詞語幹動詞の自他対応について、それ以外の型も視野に収めながら通史的に記述した村山実和子「形容詞語幹動詞の自他対応関係の歴史」、⑤17世紀の洞門抄物を考察の出発点とし、漢語「道理」が「で」を伴い接続詞化・副詞化した経緯について丁寧に論証した古田龍啓「副詞「道理で」の成立」、⑥助動詞「ム」の多義性を説明するために、古代語の推量形式が有する連体用法に注目し、用例解釈を基盤に統一的、具体的な説明を提案した古川大悟「古代語「む」の連体用法の意味について」、⑦中古語の疑問文を、疑問要素とその配列パターンによって、網羅的・体系的に記述する方法を提示した高山善行「中古語疑問文の記述法について—構成要素配列による体系把握—」、⑧中世の判決「鎌倉幕府裁許状」の和化漢文における「上者(ウヘハ)」の「原因・理由」用法の機能と出自を説明すると同時に、その資料的価値をも示した永澤済「中世和化漢文「上者(ウヘハ)の機能—「鎌倉幕府裁許状」からみる—」、⑨「ノ有り疑問文」の性格をふまえたうえで、近世から近代における使用実態の観察に基づき、意味的観点からその拡大の様相を示した林淳子「近世・近代におけるノ有り疑問文使用の拡大」、以上9編である。

　「テーマ解説」は、川瀬卓氏による「副詞」。語彙レベルにとどまらない文法としての副詞研究は現在の学界のトレンドと言えるが、その現状と課題が

具体的に示された。「文法史の名著」は、小柳智一氏による、川端善明著『活用の研究』。難解とされ、必ずしも学界に十分に浸透しているとは言い難い本書の内容が丁寧に解きほぐされ、川端文法の格好の手引きとなった。「日本語文法史研究文献目録」には、2022年から2023年の2年間にわたる関係論文・著書を掲載した。一時期の流行ともなった「文法化」研究の枠を超え、通史的な観点からの良質な記述が増えたように思う。
　「コロナ明け」の2024年。対面で議論する機会が戻ってきた学界において、本論文集『日本語文法史研究』は常に、議論の俎上に乗せられるような存在でありたいと思う。「文法史」研究の発展とともに、絶え間なく歩みを進めてゆきたい。

2024年9月

編者

目　次

はしがき　　　　　　　　　　　　　　　　　　　　　iii

歴史的観点から見た「青い目をしている」構文　青木博史　　1
名詞の脱範疇化についての一考察
　　―ホドにおける副助詞への文法化―　　竹内史郎　　19
ナラバとナリトモの消長に見る仮定節史　　矢島正浩　　51
形容詞語幹動詞の自他対応関係の歴史　　村山実和子　　81
副詞「道理で」の成立　　　　　　　　　古田龍啓　　111
古代語「む」の連体用法の意味について　古川大悟　　133
中古語疑問文の記述法について
　　―構成要素配列による体系把握―　　高山善行　　157
中世和化漢文「上者（ウヘハ）」の機能
　　―「鎌倉幕府裁許状」からみる―　　永澤済　　171
近世・近代におけるノ有り疑問文使用の拡大　林淳子　　199

【テーマ解説】副詞　　　　　　　　　　　川瀬卓　　223

【文法史の名著】川端善明著『活用の研究』　　小柳智一　239

日本語文法史研究文献目録 2022–2023　　263

　索引　　285
　執筆者紹介　　289

歴史的観点から見た「青い目をしている」構文

青木博史

1 問題の所在

　現代語研究において、「メアリーは青い目をしている」のような文は、ひとつの「構文」として注目されている。佐藤(2003)では、「XガYヲシテイル」と記号化したうえで、以下のような特徴があることが指摘されている。

（1）①アスペクトの無標形としてのスル形が不可能
　　　②テイル形でありながら単なる状態を述べる
　　　③Yを修飾する要素なくしては成り立たない

　「メアリーは青い目をする」のような形はNGであること、動作動詞「スル」のテイル形でありながら、継続的意味を表さずに状態的意味を表すこと、そして、「目をしている」のような形は用いることができず、必ず「青い目／澄んだ目」のように連体修飾語を伴うことが指摘されたものである。
　さらに、佐藤論文では、「「青い目をしている」型構文は、とらえられた対象の根源的属性を述べるものである。「根源的属性」とは、対象XがXとして成り立つ以上は常に有されるXの内在的な属性であり、Xの成立後に外的に付与する可能性のないものである」と結論づけられている。そして、この場合のYには、性格、性質、形、色、大きさ、構造などを表す名詞が用いられる、ということも指摘されている。

佐藤論文を承け、なぜ、どのようにしてこのような構文が形成されるのか、理論的な観点から迫るものに、影山(2004)がある。影山論文では、①ヲ格名詞句全体に制限がある(→(2))、②軽動詞構文である「動名詞＋スル」と統語的な制限を共有する(→(3))、という2点から、まずこれを「軽動詞構文」として分析することの妥当性が述べられている[1]。

(2) a.　定性制限：*彼女は{その澄んだ目／それ}をしている。
　　 b.　統語的操作の禁止：*彼女がしているのは、澄んだ目だ。
(3) a.　*中田選手は全試合に{その出場／それ}をした。
　　 b.　*中田選手が全試合にしたのは、出場だ。

　また、文の叙述タイプを、現実の時間の流れのなかで起こる行為や出来事を表現する「局面レヴェル叙述」と、時間の流れに左右されない、主語の永続的な性質・状態を描写する「個体レヴェル叙述」に二分したうえで、当該構文は後者であると位置づけられている[2]。
　こうした現代語研究の成果を承け、古代語にも同じ「軽動詞構文」があるという指摘が、小田(2015：58)にある。「2.9　軽動詞」の項目において、「現代語で「もっちりとした食感」「彼女は青い目をしている」などの「する」を「軽動詞」と呼ぶことがある。古代語の例をあげる」として、具体例が挙げられている。「青い目をしている」構文に相当するという例は、以下の(4)のようなものである。

(4) a.　宮(＝匂宮)は、御馬にて少し遠くたち給へるに、里びたる声したる犬どもの出で来てののしるもいと怖ろしく　（源氏物語・浮舟）
　　 b.　鎖をはづし門をほそめにあけ、幼気(いたいけ)したる小女房、顔ばかりさし出だいて　　　　　　　　　　（平家物語・巻6・小督）

　これに従えば、軽動詞構文としての「青い目をしている」文は中古から存

在し、現代まで変わらず用いられているということになりそうであるが、そのような理解でよいのだろうか。本稿では、通時的観点から、この構文を観察、記述してみたいと思う。

2　古代語における「青い目をしている」文

　この節では、中古語における「青い目をしている」文を観察する。『日本語歴史コーパス（CHJ）』平安時代編を利用し、前節で紹介した佐藤(2003)、影山(2004)の記述に基づき、①名詞が「形」「色」「性質」など「対象の根源的属性を表す」ものである、②名詞は修飾語を必ず必要とするもので、名詞句全体が指示性のない不定名詞句である、③「スル」はテイル形（連体修飾でタ形。したがって古代語では「タリ／リ」形である、④対象（主体）の状態を描写する属性叙述文である、といった特徴を兼ね備えたものを収集した[3]。以下に(5)として、いくつか用例を掲げる。

(5) a. いと様態こまめかしう、かどかどしきかたちたる人の〔才気ばしった理知的な容貌をした人で〕　　　　　　　　（紫式部日記）
　　b. 二藍の指貫に、あるかなきかの色たる香染の狩衣〔二藍色の指貫に、あるかないか分からないような色をした丁子染の狩衣を着て〕
　　　　　　　　　　　　　　　　　　　　　　　　　　（枕草子・34段）
　　c. いと盛りに、にぎははしきけはひしたまへる人の〔お年盛りで、はなやかなさまをなさっている方が〕　　　　（源氏物語・賢木）
　　d. 十七八のほどにて、うつくしうにほひ多かる容貌したまへり〔つややかにお美しいご容貌をしていらっしゃる〕　（源氏物語・紅梅）

　(5a)は「理知的な容貌をした人」、(5b)は「あるかないか分からないような色をした丁子染の狩衣」のように、それぞれ現代語訳を充てた。このように、現代語においては、「〜をしている／〜をした」といった形で、ヲ格を

とる他動詞であるのに「スル」には本来の動作性が認められないということで、「軽動詞」の命名がなされることになる。

ただし、これら古代語の例において注目されるのは、名詞と「スル」の間に助詞が標示されていないという点である。もちろん、周知のとおり、古典語における格助詞「を」の標示は必須ではないから、ヲ格(対格)の無助詞の例として見ることも可能である。しかし、無助詞である場合はガ格(主格)をはじめ、他の格を表している可能性も検討しなければならない。すなわち、本当に「ヲ格名詞句＋スル＋タリ／リ」という構造であるのかどうかという点から、まず疑ってみる必要があるわけである。

この手がかりとなるのが、形式名詞「さま」について、助詞が標示された『源氏物語』の例である。関連する用例も含め、以下に(6)として掲げる。

(6) a. ただ児の面嫌ひせぬ心地して、心やすくうつくしきさましたまへり　　　　　　　　　　　　　　　　　　　　　　　（源氏物語・若菜上）
　　b. いみじき武士、仇敵なりとも、見てはうち笑まれぬべきさまのしたまへれば　　　　　　　　　　　　　　　　　　　（源氏物語・桐壺）
　　c. なつかしうなよよかに、かたはなるまで、なよなよとたわみたるさまのしたまへりしにこそ　　　　　　　　　　　　（源氏物語・東屋）
　　d. 額髪などもひきつくろはれて、心恥づかしげに用意多く際もなきさまぞしたまへる　　　　　　　　　　　　　　　　（源氏物語・賢木）
　　e. 人ざまいとあてにそびえて、心恥づかしきけはひぞしたる　　　　　　　　　　　　　　　　　　　　　　　　　　　（源氏物語・若菜上）

(6a)は、(5)の諸例同様、「うつくしきさま」という「連体修飾＋名詞」の名詞句が、無助詞で「スル」に続いたものである。「かわいらしい様子をなさっている」と訳すことができるように、主語である「女宮」の属性を叙述した、「青い目をしている」文である。ところが、これと同じ属性叙述文である「連体修飾＋さま＋スル＋タリ／リ」の(6b, c)を見てみると、「さま」

と「スル」の間に、助詞「の」が標示されている。助詞「の」は従属節における主格を標示するものであるから、(6b, c)における「連体修飾＋さま」名詞句は、「スル」の対格ではなく、主格であると考えられる[4]。

このように見てくると、(6d)のように、係助詞「ぞ」が用いられた例があることもよく理解できる。「連体修飾＋さま」名詞句は、ここでも「スル」の主格として用いられていると考えられる。そしてこれには、「さま」だけでなく、(6e)のように「けはひ」の例も見られる。「明石の君」の人柄を、「スル＋タリ／リ」という述語を用いて「状態」として述べた文であり、これまで見てきたものと同じタイプの文である。そうすると、(4)(5)に掲げた、現代語の「青い目をしている」構文に相当する、古代語の「連体修飾＋名詞φ＋スル＋タリ／リ」文における無助詞名詞句についても[5]、やはり「スル」の対格ではなく、主格と見るべきものであると考えられる。

以上のように、現代語の「青い目をしている」構文は、古代語では「青き目φしたり」という形であった。そして、「青き目」名詞句と述語「スル」の格関係は、対格ではなく、主格であるという点において、現代語と大きく異なっているものと考えられる。

3　古代語における「名詞＋スル」

現代語における「スル」は他動詞であり、「名詞＋スル」の形において、「名詞＋ガ＋スル」のような関係になることは、容易に想像されない。しかし、古代語において「名詞＋ガ＋スル」という格関係で用いられること、すなわち「スル」が自動詞として用いられるケースは、実は非常に多い。青木(2023)では、古代語の「スル」は自動詞的事態・他動詞的事態ともに幅広く表すものであり、用法全体を見渡すと自動詞的用法が基本であったと考えられることを述べた。本節では、そこでの記述を再確認しておく。

まず、前節で見た例と比較的よく似たものとして、「連体修飾＋名詞φ＋スル」の例を(7)として挙げておく。

(7) a.　見捨てたてまつりてまかる、空よりも落ちぬべき心地する、と書き置く
　　　　　　　　　　　　　　　　　　　　　　　　　　　　　（竹取物語）
　　b.　誰が里に夜離れをしてか郭公ただここにしも寝たる声する
　　　　　　　　　　　　　　　　　　　　　　　　　　　（古今和歌集・710）

　古典語では主節の主格は助詞が標示されないので文意から判断するしかないが、(7a, b)は、いずれも「心地ガ+スル」「声ガ+スル」のように解釈されるものである。

(8) a.　秋はいまだしく侍れど、夜に九度のぼる心地なむしはべる
　　　　　　　　　　　　　　　　　　　　　　　　　　　（枕草子・260段）
　　b.　五月まつ花橘の香をかげば昔の人の袖の香ぞする
　　　　　　　　　　　　　　　　　　　　　　　　　　　（伊勢物語・60段）

　上に掲げた(8)は、名詞句と「スル」の間に係助詞「なむ」「ぞ」が標示されたものであり、やはりこれらも(7)と同様に、「心地ガ+スル」「香ガ+スル」と解釈される。すなわち、この場合の「スル」は自動詞として、名詞句が表す事態の「状態」を表していると考えられる。
　主語である名詞句の状態の様相を、形容詞述語によって表す場合もある。「名詞+形容詞連用形+スル」という形である。(9)として以下に掲げる。

(9) a.　ひとりのみ来ぬる衣の紐解かば誰かも結はむ家遠くして
　　　　　　　　　　　　　　　　　　　　　　　　　　（万葉集・巻15・3715）
　　b.　ただ、海に波なくして、いつしか御崎といふところわたらむ
　　　　　　　　　　　　　　　　　　　　　　　　　　　　　（土佐日記）
　　c.　帯刀が心地あしうしければ、〈しばし〉と思ひて入りにけり
　　　　　　　　　　　　　　　　　　　　　　　　　　　（落窪物語・巻1）

多くは(9a, b)のように「〜して」の形であり、「して」を接続助詞と見る立場もある。いずれにしても、「スル」は、それぞれ「家／波／心地」が「遠い／無い／悪い」状態にあることを表しているのであるから、ここでの「スル」は自動詞と言ってよいだろう[6]。

さらに、上の(9)の形容詞連用形の部分が、擬態語副詞で表される場合もある。以下に(10)として掲げる。

(10) a. 文はこぼれぬばかりして、固文の表袴(かたもん うへのはかま)つやつやとして

（蜻蛉日記・巻下）

　　 b. 髪は扇をひろげたるやうにゆらゆらとして　（源氏物語・若紫）

　　 c. まだらに指形につけて、目のきろきろとして、またたき居たり

（堤中納言物語）

(10)の諸例では、「表袴」「髪」「目」の様態について、「つやつやと」「ゆらゆらと」「きろきろと」した状態であることが表されている。(10c)では「の」が標示されるように、「スル」の用法は、やはり自動詞としてのそれであり、「名詞句ガ＋スル」という関係を表していよう。

そして何より、上代における「補助動詞」の「スル」は、自動詞であった。『万葉集』における「動詞連用形＋スル」の例を、以下に掲げる。

(11) a. 常陸なる浪逆(なさか)の海の玉藻こそ引けば絶えすれあどか絶えせむ

（万葉集・巻14・3397）

　　 b. 柳こそ伐れば生えすれ世の人の恋に死なむをいかにせよとそ

（万葉集・巻14・3491）

(12) a. 二人入り居て老いもせず死にもせずして永き世にありけるものを

（万葉集・巻9・1740）

　　 b. 紅の八入の衣(やしほ)朝な朝ななれはすれどもいやめづらしも

（万葉集・巻11・2623）

(11)は動詞連用形に「スル」が直接した例、(12)は係助詞を介して「スル」が用いられた例である。いずれの場合も、前接する動詞語彙は、「絶ゆ」「生ゆ」「老ゆ」「死ぬ」のような非対格自動詞に限られており、逆接や打消など、否定的意味を強調する形で「スル」が用いられている。すなわち、「スル」それ自体が自動詞であるからこそ、こうした補助動詞としての用い方が可能であったものと考えられる。

　以上のように、古代語の「スル」は現代語とは異なり、自動詞として機能するケースがしばしばあり、補助動詞としての用法を視野に収めると、自動詞としての用法がむしろ基本であったものと言える。

4　「青い目をしている」構文の成立

　さて、1節では、「青い目をしている」文を、「軽動詞構文」とする見方を紹介した。「軽動詞」についてあらためて確認しておくと、たとえば、加藤重広『日本語文法 入門ハンドブック』(研究社、2006年)には、次のように記載されている(一部省略)。

(13) サ変動詞「する」は、本来「やる・行う」の意の他動詞であるが、漢語などについてサ変複合動詞を作るほかに、「何らかの動作・行為を行う」の意の他動詞と考えられない用法を持つ。
　　・花子は切れ長の目をしている。
　　・この床はべたべた(と)している。
　　・ぱりぱりとした食感
　　・次郎は振り返りもせずに行ってしまった。
　この場合のスルは、表現上必要とされる形態であって、他動詞としての本来のスルの語彙的意味が後退している。このようなスルを軽動詞と呼ぶ。　　　　　　　　　　　　　　　　　　　　(pp.31–32)

本来の「スル」は他動詞であるということをふまえ、「本来的でない」用法に対して「軽動詞」というカテゴリーを与えているわけである。

しかし、前節で確認したように、古代語の「スル」は、自動詞としての用法を多分に有しており、状態的意味を表すこともあった。そうすると、青木(2023)でも述べたように、古代語の「スル」に「軽動詞」を認める必要はないものと言える。すなわち、「青き目φしたり」文は、主語名詞句の状態を表す自動詞文として位置づけられるわけである。

そうは言っても、現代語では「青い目をしている」のように「を」をとるのであるから、これを「自動詞文」と呼ぶのは適当ではない。しかし、表される意味は「主語の属性としての状態」であるから、変わっていない。そうすると、「青き目φしたり」から「青い目をしている」へという、自動詞文からヲ格をとる他動詞文への変化は、見かけの上での変化であったということになろう。すなわち、以下に示す(14a, b)から(14c)への変化である。

(14) a. 撫子の若葉の色したる唐衣、今日の装ひどもなり（源氏物語・蛍）
　　 b. 薄香ノ色シタル水半許入タリ　　　　（今昔物語集・巻30-1）
　　　　　　　なからばかり
　　 c. 赤銅のやうな色をした光芒の無い大きい月　　（田山花袋「蒲団」）

それでは、なぜ、どのようにして、このような「φ＋スル」から「ヲ＋スル」への変化が起こったのだろうか。この変化を引き起こすきっかけとなったのは、次に掲げるような事象叙述文(影山の用語では「局面レヴェル叙述」)としての「連体修飾＋名詞＋スル」ではないかと思う。

(15) a. 僧此ヲ聞テ、疎キ顔シテ〔困った顔をして〕（今昔物語集・巻17-44）
　　　　　　　　　　　う
　　 b. 子路ガ性強シテ、勇ヲ好ミ、人ヲ兼タリ。故ニ知ヌ事ヲ押付テ知レル顔ヲス　　　　　　　　　（応永本論語抄・為政・12）
　　 c. おぬし達がいかひかほをしたりと、ふかしひ事はあるまひぞ
　　　　　　　　　　　　　　　　　　　　　　　　（虎明本狂言・合柿）

d.　宵から管次が内のたばこぼんより高い つら を しやあがるが

(洒落本・仕懸文庫)

　(15a)は「連体修飾＋名詞φ＋スル」の形であるが、(15b, c, d)ではいずれも、「連体修飾＋名詞＋ヲ＋スル」のように、助詞「を」が標示されている。(14c)のような、属性叙述文としての「連体修飾＋名詞＋スル」文に「を」が見られるようになるのは、現在調査したところでは近代に入ってからであるが、事象叙述文の場合は、(15b)のように室町初期から見られる。すなわち、動的な出来事を表す事象叙述文であることが、状態を表す自動詞としての「スル」から、動きを表す他動詞としての「スル」への再構成を促したのではないかと考えられる。そして、形の上では同じ「連体修飾＋名詞φ＋スル」であるから、事象叙述文が「を」を標示するようになったことに惹かれ、属性叙述の場合も「を」を標示するようになったのではないかと考えられよう[7]。

　上に述べたことは、「スル」が"他動性"を表す動詞として認識されるようになったことを前提としている。これは、逆に言えば、自動詞的な「スル」は時代が下ると使われなくなってきていることを意味する。実際、上代では非対格自動詞に限られていた「動詞連用形＋係助詞＋スル」は、中古以降、他動詞に後接する形でも用いられるようになり、現代語へと続いている。

(16) a.　見ずもあらず見 も せぬ人の恋しきはあやなく今日やながめ暮さむ

(伊勢物語・99段)

　　b.　きたなき聞えさへ出で来にけりとて、師のもとよりもつねにおとづれ も せず

(十訓抄・巻7-24)

　　c.　その体を見て、しかしか言ひ も せいで、やがて返られまらした

(天草版平家物語・巻3-11)

　また、現代語における観察であるが、自動詞的な「動名詞＋スル」についま

ても、「動名詞φスル」でなく「動名詞＋ヲ＋スル」のように表す一部の話者が存在するという指摘が、影山（1993：279-295）で行われている。以下に掲げる(17)のような例である。

(17) a.　いろいろな素粒子が発生(*を)し、消滅(*を)した。
　　 b.　明日あたり、株価は下落(*を)するだろう。
　　 c.　突然、ピストルが暴発(*を)した。
　　 d.　彼の言動は常識から逸脱(*を)している。

　影山論文では、「この場合は Burzio の一般化による格付与が「する」自体の格付与として再構成され、「する」が総ての VN を一律に「を」で表示するようになったと考えられる」と述べられている。漢語動名詞においてこうした変化がごく最近起こっていることが分かるが、動名詞以外においても、「スル」に"他動性"を見出す同種の歴史変化が繰り返し起こったものと考えられる。次節では、そうした「スル」の歴史的変化について、もう少し詳しく見てみたいと思う。

5　「スル」の"他動化"

　「他動性」については、次の(18)のような「プロトタイプ（原型）」に基づいた見方がよく知られている[8]。

(18) a.　関与している事物（人物）が二つある。すなわち、動作主（agent）と対象（object）である。
　　 b.　動作主から対象への働きかけがある。
　　 c.　対象は変化を被る。

　(18)の3つの要素すべてを満たすところに最も典型的な他動文が存在し、

一部の要素しか満たさない場合は典型から外れた他動文として位置づけられる、という見方である。前節までに述べてきた内容からすると、通時的観点から見た「スル」の「他動性」については、「対象（object）」を「を」で明示的にマークするようになるという変化があることが分かるが、ここでは(18c)の「対象の変化」という点について検討してみたいと思う。

3節の(9)で見たように、古代語の「形容詞連用形＋スル」の形は、形容詞で表される様態(＝主語の状態)を表している。

(19) a.　帯刀が心地あしうしければ、〈しばし〉と思ひて入りにけり
　　　　　　　　　　　　　　　　　　　　　　（落窪物語：(9c)の再掲）
　　 b.　「めでたくも書きたるかな。をかしくしたり」などほめさせたまひて　　　　　　　　　　　　　　　　　　（枕草子・127段）
　　 c.　心広ク智リ深クシテ、既ニ止事無キ学生ニ成ヌレバ
　　　　　　　　　　　　　　　　　　　　　　（今昔物語集・巻12-12）

(19a)では帯刀の心地、(19b)では手紙の趣向、(19c)では知恵、それぞれが「悪し」「をかし」「深し」という状態であることが表されている。しかし、このような「悪くする」「深くする」といった「形容詞連用形＋スル」の形は、現代語であれば「悪い」「深い」状態への変化結果を表すと解釈されるように思う。すでに見てきたように、現代語の「スル」は、このような自動詞的な状態を表す用法を失っているのである。

一方、古代語では、形容詞連用形で表される事態への「変化」を表すには、次のように「なす」という語を用いる必要があった。

(20) a.　水の心ばへなど、さる方にをかしくしなしたり（源氏物語・帚木）
　　 b.　池の心広くしなして、めでたく造りののしる　（源氏物語・桐壺）

(20a)の「をかしく」、(20b)の「広く」は、「スル」という動作を行った

結果の状態を表している。「スル＋ナス」という複合動詞を用いることによってはじめて、「鑓水ヲ風流ニスル」「池ヲ広クスル」という、「対象の変化」を表すことができるようになるわけである。

「〜なす」複合動詞については青木（2000）で詳しく述べたが、「結果の二次述部（secondary resultative predicates）」を項としてとるものと記述することができる。これは、「なす」という動詞が、「なる」という動詞と自他対応関係にあることに基づいている。

(21) a.　世の中は恋繁しゑやかくしあらば梅の花にもならましものを
　　　　　　　　　　　　　　　　　　　　　　　　　　（万葉集・巻5・819）
　　 b.　かたちこそみ山がくれのくちきなれ心は花になさばなりなん
　　　　　　　　　　　　　　　　　　　　　　　　　　（古今和歌集・875）
(22) a.　思ふことならでは世中に生きてなにかせん　　（竹取物語）
　　 b.　ことなし草は、思ふ事をなすにやと思ふもをかし
　　　　　　　　　　　　　　　　　　　　　　　　　　（枕草子・66段）

(21)はある状態（「花」）への変化について「AガBニナル／AヲBニナス」という形で、(22)はある事柄（「思ふ事」）の成立について「Cガナル／Cヲナス」という形で対応している。「〜なす」複合動詞は、(21)の「AヲBニナス」の構造を引き継いだものである。

このような「〜なす」複合動詞は、古代語では活発に用いられたが、現代語では「見なす」「織りなす」「取りなす」のように語彙化したものを除くと用いられなくなっている。これは、「対象の変化」を表す場合に、「ナス」でなく「スル」が用いられるようになったからであると考えられる。

上の(21b)に示したように、古代語では、ある対象におけるAからBへの変化は、「AヲBニナス」という形で表されていた。しかし、この「ナス」の領域を、次第に「スル」が侵していったものと考えられる。

(23) a. 　紙を玉子にしたりはなへ釘を入たりするが合点のゆかぬものじや

　　　　　　　　　　　　　　　　　　　　　　　　（洒落本・聖遊郭）

　　b. 　過去た人のうはさ咄しに、折角佳く呑だ酒をまづくした

　　　　　　　　　　　　　　　　　　　　　　　　（洒落本・花街寿々女）

　(23a)は「名詞ニ＋スル」、(23b)は「形容詞連用形＋スル」の例である。古代語であれば「ナス」が用いられたところに、「スル」が用いられるようになっている。このように、近世期以降、「ナス」に取って代わる形で「スル」は「対象の変化」を表すようになっており[9]、ここにも「スル」の"他動化"の一面を窺い知ることができるように思う。

6　おわりに

　以上のように、本稿では、歴史的観点から「青い目をしている」構文の成立を論じた。古代語では「青き目φしたり」という自動詞文であったものが、「スル」の"他動化"に伴い、「ヲ」を形の上で表示するようになったことの反映である旨を述べた。述部の「している」の形は、「スル」が自動詞として「状態（結果状態）」を表す「したり」の形の残存である。

　現代語の「スル」は、他動詞が本来的な用法であるため、「本来的でない」用法に「軽動詞」等のカテゴリーを与え、そこから理論的な説明を行うこともあってよいとは思う。しかし、当該の文法現象がなぜ生じているのかという問いに対する説明としては、歴史的観点からのアプローチのほうがよりシンプルに、経験的証拠を提示できるのではないかと思う[10]。

　「スル」をめぐっては、「ウロウロする」「ズキズキする」のような「擬態語＋スル」も、現代語研究では理論・記述の両面から盛んに議論が行われている。これについても、歴史的観点からの説明が有用であるように思うが、詳細は次の機会に譲ることとしたい。

注
1 理論的解釈の詳細については、影山(2004、2021)などに就かれたいが、出来事項の抑制という操作により動作主は指示性を失うこと、不定名詞句の意味構造の一部が軽動詞「スル」の語彙概念構造に組み込まれ、「細い指」という名詞句が語彙概念構造においては「指が細い」という主述関係に対応づけられること(「彼女は細い指をしている。」=「彼女は細い指だ。／彼女は指が細い。」)など、なぜ「軽動詞構文」としての特徴を示すのか、なぜYは必ず修飾成分を伴うのか、などの問いに答えようとするものになっている。
2 益岡(1987)の「事象叙述／属性叙述」に、ほぼ対応する。
3 使用コーパスは、国立国語研究所(2022)『日本語歴史コーパス』(バージョン2022.10、https://clrd.ninjal.ac.jp/chj/)。
　現代語の「青い目をしている」構文に相当する古代語の例を収集する際、設定した4つの条件は必要十分であるか(たとえば「タリ／リ」形でなくて同種の特徴を示すものが存在する可能性はないか)、という批判も予想されるが、必要条件は満たしており本稿の叙述においては問題ないものと考える。
4 (6b)は、小田(2015：374)で「「を」に通う「の」」として挙げられるものであるが、中村(2022：463–491)でも指摘されるように、古代語ではこうした「連体修飾＋さま＋スル」における「スル」は、自動詞と見るべきであろう。
5 以下、無助詞であることを「φ」で表す。
6 こうした「スル」と、「アリ」の性格の似通いについては、これまでも様々な先行研究において指摘されている。それらの指摘をふまえたうえで、本稿では「状態を表す自動詞」と記述する。
7 中村(2022)では、「青き目したり」のような属性叙述文としての「連体修飾＋名詞φ＋スル」と、「心恥づかしきさまして参りたまへり(源氏・葵)」「小君出でくる心地すればやをら出でたまひぬ(源氏・空蝉)」「ただ時々うち嘆くけはひする方に寄りかかりて(源氏・花宴)」のような、事象叙述文としての「連体修飾＋名詞φ＋スル」は区別されていない。古代語では未分化であったこれらの文が、次第に分化する方向へ変化していったものと考えられる。こうした歴史的所産によって出来上がった現代語の「青い目をしている」の形を、我々は「構文」と呼んでいる。
8 木田章義編『国語史を学ぶ人のために』(世界思想社、2013年)pp.162–163の記述に拠る。
9 「スル」が「変化」を表すものとして定着するのは、近世以降と考えられる。虎明本狂言でも、「形容詞連用形＋スル」は古代語と同様の用法で用いられており、「変化」を表す際には「ナス」が用いられている。
　・昨日今日まで等閑無ふした者を、主命とて今成敗する事むごひ事なれども
(虎明本狂言・武悪)

・若うなる薬の水がある程に、それをくれて若うなひてくれうと言ふか

(虎明本狂言・薬水)

10 脱稿後、大神(2023)をはじめ、認知言語学など意味論的観点から「青い目をしている」構文に言及するものがあることを知った。本来取り上げるべきものであったが、他日を期したいと思う。

使用テキスト

○竹取物語・古今和歌集・土佐日記・伊勢物語・大和物語・源氏物語・紫式部日記・枕草子・蜻蛉日記・落窪物語・堤中納言物語・十訓抄……新編日本古典文学全集(小学館) ○万葉集・今昔物語集・平家物語……新日本古典文学大系(岩波書店) ○天草版平家物語……江口正弘『天草版平家物語対照本文及び総索引』(明治書院) ○応永本論語抄……中田祝夫編『応永二十七年本論語抄』(勉誠社) ○虎明本狂言……大塚光信『大蔵虎明能狂言集 翻刻註解』(清文堂出版) ○聖遊郭・仕懸文庫・花街寿々女……洒落本大成(中央公論社) ○蒲団……日本語史研究資料(国立国語研究所)

参考文献

青木博史(2000)「複合動詞「〜なす」について」『国語国文』69(11): pp.43–57. 京都大学文学部国語学国文学研究室

青木博史(2023)「古典語の「スル」覚書―補助動詞と軽動詞―」『語文研究』135: pp. 左1–13. 九州大学国語国文学会

大神雄一郎(2023)「ヲ格に単体の複合名詞を置く状態・性質の「する」構文の表現」『認知言語学研究』8: pp.58–79. 日本認知言語学会

小田勝(2015)『実例詳解 古典文法総覧』和泉書院

影山太郎(1993)『文法と語形成』ひつじ書房

影山太郎(2004)「軽動詞構文としての「青い目をしている」構文」『日本語文法』4(1): pp.22–37. 日本語文法学会

影山太郎(2021)『点と線の言語学―言語類型から見えた日本語の本質―』くろしお出版

阪倉篤義(1966)『語構成の研究』角川書店

佐藤琢三(2003)「「青い目をしている」型構文の分析」『日本語文法』3(1): pp.19–34. 日本語文法学会

中村幸弘(2022)『文構造の観察と読解』新典社

益岡隆志(1987)『命題の文法―日本文法序説―』くろしお出版

【付記】 本稿は、第 294 回筑紫日本語研究会（2023 年 3 月 25 日、於九州大学）での口頭発表に基づくものである。発表席上、また、発表後において数多くの貴重なご意見を賜ったことに対し、心よりおん礼申し上げる。

　また、本稿は、JSPS 科研費 21H04349（基盤研究 A「「抄物コーパス」の構築とコーパスを応用した日本語史研究」）、24H00089（基盤研究 A「「抄物コーパス」の構築・公開と通時コーパスを利用した総合的な日本語史研究」）、および国立国語研究所共同研究プロジェクト「開かれた共同構築環境による通時コーパスの拡張」による研究成果の一部である。

名詞の脱範疇化についての一考察
―ホドにおける副助詞への文法化―

竹内史郎

1 はじめに

　名詞には、概念的に自立していると特徴づけられるものと概念的に他に依存していると特徴づけられるものがある。名詞におけるこうした特徴の違いは、当の名詞がどういった言語的な環境で用いられ、かつ、どのような頻度で用いられるかということに影響を与えるが、関連して、歴史的にどのように変化していくかというところにもはっきりと現れてくる。本稿は、概念的に他に依存していると特徴づけられる形式名詞が歴史的にどのように変化していくかということに関心を寄せ、その変化のプロセスの一端を明らかにしようとするものである。

　元々語彙的である名詞が文法的な性格を色濃くしていき、本来の名詞の振る舞いから遠ざかるというとき、用例の解釈や用例から直接知られる現象をたよりにして変化前のあり方と変化後のあり方に言及するということがふつう行われる。まずは、確かな手応えが得られるところからアプローチしていき、研究の基礎をかためていくという意味では当然の傾向である。こうした傾向があるなかで、名詞がより文法的な性格を色濃くしていくという変化のプロセスについての研究にはほとんど手がつけられておらず、名詞の文法化と思しき数多くの事例に関し、具体的なプロセスの記述と変化そのものの説明が行われていないというのが現状である。

　本稿では、特に形態・統語的な側面の変化に着目しつつ、ホドの名詞から

副助詞への変化のプロセスを具体的に記述していく。その上で、連続体のなかにさまざまな変異が積み重なって、ホドの副助詞への文法化が進んでいったことを明らかにする。さらには、名詞から副助詞への歴史変化の一般性を捉える研究をふまえて、本稿で明らかにしたことが、そうした研究の充実のためにどのように役立てられるかということを考えていく。

2 従来の研究と問題の所在

2.1 従来の研究をふまえて

　名詞から副助詞、あるいは名詞から取り立て詞への変化について言及している従来の研究を概観する。次に示す此島 (1966) の記述から、夙に此島が「本来体言であったものが形式化して副助詞とな」る変化を捉えていたことがわかる。

　　通時的には、本来体言であったものが形式化して副助詞となったものが多いのではないかと推測される。「のみ」「ばかり」「まで」等古来の語は、すでに語原が不明になってしまったが (それでも「のみ」は「之身」、「ばかり」は「計り」から来たとする説があり、あながち無稽の説とも言えない)、新しい成立に係る語には、たとえば「など」が「何と」、「だけ」が「名詞「たけ」(「身のたけ」「心のたけ」等の「たけ」) からできたというように、ほぼ明瞭であり…　　　　　　(230–231 頁)

これに続く箇所で、此島 (1966) は、名詞から副助詞への「発達過程」に関する見通しを示している。とくに注意されるのは、「副助詞の多く」が同様の変化を辿ったことを示唆している点である。

　　本来は「少佐ぐらい」のように他の名詞と複合して接尾辞的に用いられたのが、しだいに上の名詞に主観的意義を添えて下の叙述につづける助

詞性を獲得し、ついには格助詞の下に降りて完全に助詞化するわけで、おそらく副助詞の多くが此ような発達過程をたどったものかと思われる。　　　　　　　　　　　　　　　　　　　　　　　　　（231頁）

　時を経て宮地(2005)、宮地(2007)は、「名詞が副助詞になる」ことの「からくり」を問題と定め、これが文法史の研究にとって重要な研究課題となるとの見解を示した[1]。宮地の問題意識をうけ、「名詞から取り立て詞」への変化についての仮説を明確な形で提出したのが江口(2007)である。
　江口(2007)のいう「名詞から取り立て詞」への変化は、形式名詞たるスケール名詞を出発点として、次のプロセスをへて達せられるとされている。

（1）名詞 → 形式副詞段階 → 数量詞遊離構文段階 → 取り立て詞

この、「名詞から取り立て詞」への変化において、形式副詞段階、数量詞遊離構文段階が関与することについては次のように説明されている。

（2）名詞が取り立て詞に変化するのは漸次的なものではなく、段階的なものである。まず当該名詞が連体修飾語と結びついてできた句の全体が副詞的な性質を担うようになる段階(形式副詞段階)がある。次にその副詞的な句が主語／目的語と結びついた解釈になる段階(数量詞遊離構文段階)が来る。この2つ目の段階で当該句がさらに取り立て詞句と同等の位置づけを得ると取り立て詞になる。　　　　　（35頁）

形式副詞段階、数量詞遊離構文段階、取り立て詞という、それぞれの段階については(3)のように述べられている。なお(3)で「FN」とあるのは形式名詞のことを表し、また、(3a)で「値名詞の副詞化」とあるのはスケール上の特定の「値」を持つ名詞(例えば「たくさん」「少し」「数回」など)が副詞として機能するようになることを表している。

（3）a. スケールを表す FN が修飾語と結びついて「程度」の意味を持つ
ようになり、値名詞の副詞化によって副詞的位置に立つようにな
る　　　　　　　　　　　　　　　　　　　：形式副詞的段階

　　　…［修飾語＋ FN］程度の形式副詞句＋述語

　　b. FN の句が「量」「範囲」を表すようになり、数量詞遊離構文にお
ける数量詞と同じ位置づけになる　　　　　：遊離数量詞段階

　　　…ホスト名詞句＋［修飾語＋ FN］ホスト名詞に結びつく遊離数量詞構文＋述語

　　c. 遊離数量詞と同様の分析をする取り立て詞句との平行性が形式面
でも保証されれば再分析によって FN は取り立て詞になる。
　　　　　　　　　　　　　　　　　　　　：取り立て助詞段階

　　　［修飾語＋ FN］→［名詞＋取り立て詞］

　江口（2007）によれば、こうした「名詞から取り立て詞」への変化が生じるきっかけは名詞の意味・機能的な性質に求められるという。このことは（4）（5）として示すところから明らかである（丸括弧内は引用者による注釈）。

（4）この変化（「名詞から取り立て詞」への変化のこと）は連体修飾語と結び
ついて「程度」「量」「範囲」を表す名詞に起こるものであり、名詞の
意味・機能的特質が変化のきっかけとなっている。　　　　（35 頁）
（5）個別的にはもともと「ほど」は時間・空間スケール、「だけ」は長さス
ケール、「くらゐ」は位階スケールを表していたが、意味の拡張に従っ
てスケールのタイプが「程度」になることにより、このグループ（形式
副詞段階におさまる諸形式が構成するグループのこと）に入ってきたも
のと考えることができる。　　　　　　　　　　　　　　（51 頁）

　さらに江口（2007）は、「「名詞が取り立てになる」というとき、どのような文法的性質が見られたときにその変化が起こったといえるか」ということにも言及している（以下に示す（6）（7）（8）では、内容はそのままに、江口（2007）

とは異なった示し方をしている)。まず格標示に関する「文法的性質」がどう変化するかについて示す。(6a)には名詞の、(6b)には形式副詞の、(6c)には取り立て詞の格標示に関する「文法的性質」を示している。

(6) a. 格助詞(あるいは取り立て助詞)が当該表現に後続するのが普通である。
　　 b. 格助詞は決まったもの以外は後続せず、当該表現の後に何も現れないことが多い。
　　 c. 格助詞ガ、ヲは基本的には不要で、それ以外の格助詞は当該表現に前接するものと後接するものとがある。

次に示すのは、名詞に後接する場合に関する「文法的性質」がどう変化するかについてである。(7a)には名詞の、(7b)には形式副詞の、(7c)には取り立て詞の「文法的性質」を示している。

(7) a. 当該表現の前に名詞が来るとき、間に連体修飾マーカー(「の」など)が必要になる。
　　 b. 名詞のあとに当該表現が位置する場合、その間には「の」が入ることも入らないこともある。
　　 c. 当該表現の前に名詞が来るとき、「の」等の連体修飾マーカーは必要でない。

最後に述語との関係に関する「文法的性質」がどう変化するかについてである。(8a)には名詞の、(8b)には形式副詞の、(8c)には取り立て詞の「文法的性質」を示している。

(8) a. 当該表現が格助詞等と結びつき、述語からみて「項」となる。
　　 b. 述語に対する「修飾語」となる。

c. 当該表現が名詞と結びついた句は述語から見て「項」になる一方、さまざまなパラディグマティックな意味関係(排他、添加、序列付け等)が生じる。

(6a)から(6b)をへて(6c)へ、(7a)から(7b)をへて(7c)へ、(8a)から(8b)をへて(8c)へと、3つの系列の「文法的性質」が連動して変化することが「名詞から取り立て詞」への変化が生じたことを判断する基準になるというわけである。

　さて、以上をふまえて本稿が考察の対象とするところを定めることとする。名詞から副助詞への文法化において予想されることは、段階的かつ漸次的である変化が観察されるということである。(9)では、名詞から副助詞へのプロセスが矢印で示されてあるが、このプロセスに名詞とも副助詞とも言い切れない、いわば人魚的な現象が観察されると推察される。

(9) 名詞 ―――――――→ 副助詞

先に示した(1)を次に再掲する。江口(2007)の考える、形式副詞段階、数量詞遊離構文段階が関与する「名詞から取り立て詞」への変化のプロセスである。(10)の下線の範囲は副助詞というカテゴリーのうちにおさまると考えられ、形式副詞段階、数量詞遊離構文段階、取り立て詞は副助詞における用法の分類とみることができる[2]。

(10) 名詞 → 形式副詞段階 → 数量詞遊離構文段階 → 取り立て詞

　本稿では、(10)の一連の変化の前半部分、「名詞 → 形式副詞段階」とあるプロセスを考察の対象とする。すなわち名詞の脱範疇化がどのように進んだのかということを問題とし、名詞の脱範疇化の様子を多角的に検討していきたいと考える。

また、名詞から副助詞、あるいは名詞から取り立て詞への変化に関する従来の研究においては、そのプロセスを実例に即して跡づけるということが間に合っているとはいえない。このために、経験的な側面を考慮した上で、名詞から副助詞、あるいは名詞から取り立て詞への変化に関する理論的な考察を検討してみる余地が相当に残されていると思われる[3]。以下では、ホドという形式を取り上げ、もともと名詞であった形式がどのようにしてより文法的な表現になり変わったのかということを実例に即して明らかにしていく。

2.2　問題の所在

次の例にあるように、中世にはホドが名詞（(11)の場合は「季札」「山中ノ體」）に直に後接する例が多く見えるようになる。

(11) a.　呉ニモ季札ホトノ者ハ古今アルマイソ　　　（史記、九、三四ウ）

　　　　　　　　　　　　　　　　　　　　　　　（湯澤1975 より）

　　（呉にも季札ほどの人は昔も今もいないでしょうよ）

　　b.　山中ノ體ホト面白コトハナイ　　　　　（蒙求、四、四〇ウ）

　　　　　　　　　　　　　　　　　　　　　　　（湯澤1975 より）

　　（山の中の様子くらい面白いことはない）

このホドは、次に示すような形式名詞ホドに由来するわけであるが、時代を下りホドは名詞に後接するようになったわけである[4]。

(12)　親王は、なかばのほどに、立ちて入りたまひぬ

　　　　　　　　　　（源氏物語・2・p.130・20-源氏 1010_00010）

　　（親王は、御法会の半ばのあたりで座を立って宮の御簾の中にお入りになった）

名詞のインターナルシンタックスにしたがえば、「Nのほど」となるべきと

ころが、(11)では「Nほど」というように「の」を介すことなく直に名詞に後接することになっている。

　これらの現象をふまえるとき、「Nのほど」では、ホドが語形式の名詞として振る舞っているのに対し、「Nほど」におけるホドはそうではないということができるのだろうか。すなわち「Nほど」のホドはすでに語として振る舞うことをやめ、接辞や接語といった単位になり変わっていると見ることができるのだろうか。

　また、統語構造に関わる問題として次のことがある。まず名詞句の構造を(13)のように定めておく。

(13) [[(従属部)　主要部]_{名詞句}　(副助詞／格助詞など)]_{拡張名詞句}

丸括弧で括られている要素はそれらの出現が任意であることを表している。従属部と主要部が名詞句を構成し、この名詞句に副助詞や格助詞が後接して拡張名詞句を構成する。こうした名詞句の構造を前提とすれば、(12)の「なかばのほどに」は(14)のように示すことができる。

(14) [[なかばの　ほど]_{名詞句}　に]_{拡張名詞句}

当然「なかばの」が従属部、「ほど」が主要部、そして「に」が名詞句の外側におさまることとなる。これに対し、(11a)の「季札ホトノ」や(11b)の「山中ノ體ホト」におけるホドは、同様に名詞句の主要部におさまると言うことができるだろうか。あるいは、主要部には「季札」「體」がおさまり、ホドは名詞句の外側に後接し拡張名詞句の構成に関わると言うべきであろうか。

　さらに言えば、元来、語形式の名詞であったホドがどうして名詞に直に後接するようになるのだろうか。どのような仕組みによって、この形態統語的な変化が生じたと説明することができるだろうか。

　上に見たように、名詞から副助詞へ、あるいは名詞から取り立て詞への変

化に関する従来の研究では、主に意味・機能的な側面への着目が優位であり、カタチの側面、すなわち形態、形態統語、統語といった側面に光が十分当てられてきたとは言いがたい。この点に鑑み、本稿では形態的、形態統語的、統語的な側面を捉えて名詞から副助詞への文法化の研究を推し進めることで文法化研究に貢献することを目的とする。

3　ホドの名詞から副助詞への変化

　ホドの実例を整理し考察を加えていくこととする。調査には、日本語歴史コーパスを用いた（国立国語研究所（2022）『日本語歴史コーパス』バージョン 2022.3、中納言バージョン 2.5.2）https://chunagon.ninjal.ac.jp/（2024 年 3 月 10 日確認））。挙例に際して使用したテキストは、本稿の末尾に記してある使用テキストの欄を参照されたい。

3.1　準備

　本格的な考察に入る前に準備としていくつかのことを述べる。まず、時間関係を表すホドニという形式は考察の対象としない。時間関係を表すホドニにおいては、中古から中世にかけて、連体節と形式名詞ホドと助詞ニからなる名詞句構造が機能的に従属節とおなじように振る舞うようになり、この構造が文法化して、形式名詞ホドと助詞ニの連なりが接続助詞化していくという、ホド単独の形とはまた別の歴史が考えられるからである（竹内 2006、竹内 2007）。

　次に、中古の形式名詞ホドの意味的な側面に言及しておく。ホドにはスケール名詞であるものと非スケール名詞であるものの 2 つが大別される。

(15) a.　「四の君はいくら大きさにかなりたまひぬる」とのたまへば、
　　　　「十三、四のほどにてをかしげなり」と言へば
　　　　　　　　　　　　（落窪物語・80 頁・20-落窪 0986_00001）

(「四の君はおいくつになられたのですか」とおっしゃると、「十三、四くらいでたいそうかわいらしいようです」と言うと)
  b.　岸にさし着くるほど見れば、ののしりて詣でたまふ人けはひ渚に満ちて　　　　　　　（源氏物語・2–302 頁・20-源氏 1010_00014）
  （岸に船を着けるときにふと見ると、大騒ぎに騒ぎたててお参りになる人々のにぎわいが浜辺いっぱいにあふれて）

　(15a)はスケール名詞、(15b)は非スケール名詞の例である。現代語訳からわかるように、後者のホドは、後続する節で表現される出来事が生じる時点（「(〜する)時」）を表しており、解釈にスケールが関与していないことがわかる。以下では、スケール名詞であるホドを考察の対象とし、非スケール名詞であるホドは考察の対象としない。

　スケール名詞のホドの機能について、竹内(2007：169)では「スケールを伴った領域を想起させ、補部の記述をそのスケール上に位置づける」と述べた。「スケールを伴った領域を想起させ」というのは、ホドを主要部とする名詞句がスケールの表現となり、文脈に応じてそのスケールが年齢、身分、時間、場面、場所、程度、数量などのいずれかに解釈されるようになるということである。また、「補部の記述をそのスケール上に位置づける」というのは、主要部ホドを修飾する従属部がスケール上の位置を表すということである。例えば(15a)の名詞句「十三、四のほど」においては、「ほど」が主要部にあることでスケール表現となるわけであるが、文脈によって年齢のスケールが関与すると解釈され、また、ホドを修飾する属格名詞句「十三、四の」がそのスケール上の位置を示すこととなっている。

　スケール名詞であるホドが名詞句の主要部にありながら、ホドを修飾する従属部がスケール上の位置を表さない場合もある。

(16) a.　笑ひて、「家のほど、身のほどに合はせて侍るなり」といらふ
　　　　　　　　　　　　　（枕草子・34 頁・20-枕草 1001_00006）

(笑って、「家の程度、身分の程度に合わせているのでございます」と返事をする)
  b.　帯刀、いみじきことにあはせて、ひりかけの<u>ほど</u>、え念ぜで笑ふ。
　　　　　　　　　　　　　（落窪物語・134頁・20-落窪 0986_00002）
　（帯刀は、北の方のひどい企み(に腹を立てる)とともに、典薬助の糞の垂れかけの顛末にこらえかねて笑う)

「家のほど」「身のほど」「ひりかけのほど」とある場合、従属部と主要部を含む名詞句全体が表すのは、どういう領域のスケールであるかということであり、従属部は「どういう領域のスケールであるか」における「どういう領域」を指定していると考えられる。
　中古のホドの形態的単位についても言及し、それが語形式の名詞であったことを確認しておく。

(17) a.　亭子院の若宮につきたてまつりたまひて、はなれたまうて、<u>ほど</u>経にけり　　　　　（大和物語・262頁・20-大和 0951_00001）
　　（亭子院の若宮に心をお寄せ申しあげなさってからは、うとくおなりになって、時がたってしまった)
  b.　かくてその男ども、としよはひ、顔かたち、人の<u>ほど</u>、ただおなじばかりなむありける　（大和物語・368頁・20-大和 0951_00001）
　　（ところでその男たちは、年齢、容姿、人柄の程度が、まったく同じぐらいであった）
  c.　持参りたる<u>ほど</u>、戌の刻も過ぎぬべし
　　　　　　　　　　　　（落窪物語・60頁・20-落窪 0986_00001）
　　（使いがお返事を持って参上した時は、午後八時も過ぎていただろう）

(17a)は従属部の修飾を受けることなく単独で用いられている例で、(17b)は名詞句の主要部として属格名詞句の修飾を受けている例である。(17c)は名詞

句の主要部として連体節の修飾を受けている例である。中古のホドを主要部とする名詞句構造のインターナルシンタックスのパターンは、以上の3つで尽くされているが、いずれのパターンも名詞のインターナルシンタックスに適っており、ここから中古のホドは語形式の名詞であると言うことができる。

3.2　副助詞の側における、副助詞化への道を開く例のパターン

さて、先に確認したように、中古のホドを主要部とする名詞句構造におけるインターナルシンタックスには3つのパターンがあったが、平安時代末期(1100年代)になると、名詞に直にホドが後接するという、名詞句構造におけるインターナルシンタックスの新たなパターンが生じる。次に示すのは管見の限りで最も早い例である。(18a)は「N_1 ホドノ N_2」タイプというべきものであり、(18b)は数量に「ほど」が付いたものである(以下これを「数量ホド」タイプと呼ぶ)。

(18) a.　さやうに近く召し寄するに、いふかひなきほどのものにもあらで、少し御許(おもと)ほどのきはにてぞありける

　　　　　　　　　　　　　　　（大鏡・241頁・20-大鏡1100_02006）

(そのようにお側近くお召し寄せになるのは、お話にならないほど低い身分の者でもなく、ちょっとした女房といった程度の身分の者でした)

b.　「奇異(あさまし)」と見居たる程に、斛納(こくなふ)の釜共五つ六つほど、搔持(かき)て来て、俄に杭共を打て居へ渡しつつ

　　　　　　　　　　　　　　（今昔物語集・3-555頁・30-今昔1100_26017）

(「驚いたことだ」と見ていると、一石入りの釜を五つ六つほど、担いできて、急いで何本も杭を打ち据えていき)

続いて鎌倉時代(1220年代)になると、「N_1 ホドノ N_2」タイプがまとまって見えるようになる。

(19) a. 「わ僧がかく参る、いとほしければ、御幣紙、打撒の米ほどの物、たしかに取らせん」と仰せらるると見て

　　　　　　　　　　　　（宇治拾遺物語・211頁・30-宇治1220_06006）

（「おまえがこうして参るのが、気の毒なので、御幣紙と散米の米程度の物を、きっと授けよう」とおっしゃられると見て）

b. 後鳥羽院の御時、水無瀬殿に、夜な夜な山より、傘ほどの物の光りて御堂へ飛び入る事侍りけり

　　　　　　　　　　　　（宇治拾遺物語・393頁・30-宇治1220_12023）

（後鳥羽院の御時、水無瀬殿に、夜ごとに山から、傘ほどの大きさのものが光ながら御堂へ飛び込むことがありました）

c. されども、この御歎きほどの御事、昔も今も承り及ばず

　　　　　　　　　　　　（保元物語・216頁・30-保元1223_01001）

（しかし、この度の鳥羽上皇のお嘆きぐらいのことは、昔も今も承ったことはなかった）

d. さすがに義朝程の敵をばかうは射んずるか。

　　　　　　　　　　　　（保元物語・291頁・30-保元1223_02002）

（さすがに義朝ほどの相手をこのようには射るだろうか、いやそれはないだろう）

さらに時代を下ると、「N₁ホドノN₂」タイプではない新たなタイプが生じる。このタイプにおいて「Nホド」は、述語句で表される動作・変化・状態の程度を表しており副詞的に用いられている。ここでは、こうした用法を「Nホド」タイプと称しておく。

(20) a. 「など、さらば、頼光の弟に、頼信を打ち返し、信頼と名乗りたまふ信頼卿は、あれ程臆病なるぞ」と言へば

　　　　　　　　　　　　（平治物語・435頁・30-平治1246_01009）

（「どうしたものか、では、頼光の弟の頼信をさかさまにして、信

頼と名乗りなさる信頼卿は、あれぐらい臆病なのか」と言うと）
b.　「清盛を始めて、伊勢平氏ほど、物にも思えぬ奴原こそなけれ。…」
　　　　　　　　　　（平治物語・501 頁・30-平治 1246_02009）
（清盛を筆頭に、伊勢平氏ほど、思慮に欠けたやつらはいない）
c.　「あはれ、弓矢とる身ほど口惜しかりけるものはなし。…」
　　　　　　　　　　（平家物語・2-234 頁・30-平家 1250_09016）
（ああ、弓矢を取る身ほど残念なものはない）

　以上に述べてきたことをまとめる。成立年が 1100 年から 1336 年までの範囲で資料を調査し、「1100 年代」「1220 年代」「1240 年～1336 年」と時代を分けた場合に、「N_1 ホドノ N_2」タイプ、「数量ホド」タイプ、「N ホド」タイプのそれぞれはどのように分布しているだろうか。調査した結果を表 1 として示す[5]。

表 1　時代別にみた各タイプの分布

	1100 年代	1220 年代	1240 年～1336 年
N_1 ホドノ N_2	1	8	19
数量ホド	1	0	0
N ホド	0	0	19

※「1100 年代」には大鏡、今昔物語集、「1220 年代」には宇治拾遺物語、保元物語、海道記、「1240 年～1336 年」には東関紀行、平治物語、平家物語、十訓抄、とはずがたり、徒然草といった作品が含まれている。

　「数量ホド」タイプは 1 例だけ早い時期に現れているが、その後の時代に用例が認められない。この理由についてはよくわかっていないが、表 1 に示される「数量ホド」タイプの分布を根拠に、名詞から副助詞へ移行する当初の段階で「数量ホド」タイプが副助詞化への道を開く役割を果したと見ることはできないと思われる。
　また、「N ホド」タイプは、「1100 年代」と「1220 年代」において用例を

見出せず、やはり名詞から副助詞へ移行する当初の段階において副助詞化への道を開く役割を果たしたと見るのがむずかしい。むしろ、名詞の副助詞化がさらに進んでいく段階で新たに生じたタイプと見るべきだと考えられる。

これに対し、「N_1 ホドノ N_2」タイプは、最も早く現れたタイプであり、なおかつ、3つのタイプのなかでもっともコンスタントに用いられていることがわかる。表1から知られる「N_1 ホドノ N_2」タイプの分布は、名詞から副助詞への移行に際して当タイプが副助詞化への道を開く役割を果たしたとの見方に矛盾するものではないということに注意したい。

以上の考察から明らかになったことは、名詞を直に後接させる3つのタイプのうち、「N_1 ホドノ N_2」タイプが、名詞の副助詞化への道を開く役割を果たした可能性があるということである。ホドを主要部とする名詞句構造における新たなインターナルシンタックスの出現は、名詞が大きく副助詞の側へと足を踏み入れたことを表す現象であると考えられる。以下では、ここで整理したことをふまえて、名詞から副助詞へのプロセスについてさらに深く掘り下げていくこととする。

3.3　名詞の側における、副助詞化への道を開く例のパターン

ホドにおける名詞から副助詞への変化を跡づけるには、副助詞へと橋渡ししたとされる例を名詞の側において求める必要がある。すなわち、名詞の側にありながらも副助詞化に開かれた例がどのようなタイプのものであったのかを見定める必要がある。

副助詞化に開かれた例として真っ先に思いつくのが、標準日本語でいう「あの映画は飽きるほど見た」「死ぬほど疲れた」「誰も追いつけないほど足が速い」などである。すなわち、述語句で表される動作・変化・状態の程度が連体節とホドからなる名詞句によって表されている例である。こうした例では、連体節とホドからなる名詞句が、江口（2007）のいう「値名詞の副詞化」によって副詞的な機能を有しており、名詞と副助詞を橋渡しする役割を担うと見るには具合がよい。しかしながら、中古語のこうした例について言

えば、3,000を超えるホドの例を見渡しても以下に示す1例が存するだけであり、述語句で表される動作・変化・状態の程度が連体節とホドからなる名詞句によって表されている例を副助詞化への道を開く例と見ることはできそうにない。

(21) …北の方に、心惑はするばかりに、ねたき目見せむと思ひ言ふほど、しふねく、心深くなむおはしける。
（落窪物語・117頁・20-落窪0986_00002）
（北の方に、狼狽するほど、悔しがるような目をみせてやろうと思い、また、口にも出して言うほど、執念深く、思いが深くいらっしゃった）

この一方で、述語句で表される動作・変化・状態の程度を表すということであれば、次に示すような例が多く見られる。

(22) a. おほやけわたくしおぼつかなからず、聞きよきほどに語りたる、いと心ゆく心地す　　（枕草子・71頁・20-枕草1001_00006）
（公私にわたってすべて通じ、聞きにくくない程度に話して聞かせているのは、たいへん満ち足りた気持ちがする）
b. こころみに戯れ言を聞こえかかりなどするをりあれど、情なからぬほどにうち答へて（源氏物語・1・338頁・20-源氏1010_00014）
（試しに戯れ言を申し上げてみたりする折はあるけれど、相手に薄情と思われない程度にあしらって）

「ほどに」という形になっているのが注意されるが、中古語において、述語句で表される動作・変化・状態の程度を表すには助詞ニを後接させる必要があったと見受けられる。また、連体節とホドからなる名詞句が名詞述語文の述語位置を占め、この述語位置にある名詞句が、主語に立つ事物の属性をスケール上の位置として示すという例も数多く見える。

(23) a.　今日しも時雨降りみ降らずみ、ひねもすに、この山いみじうおも
　　　　しろきほどなり　　　　（蜻蛉日記・308 頁・20-蜻蛉 0974_00010）
　　　　（今日はちょうど時雨が降ったりやんだりして、一日じゅう、この
　　　　山はまったくすばらしいほどの様子だった）
　　b.　六月十余日にて、暑き事世に知らぬほどなり
　　　　　　　　　　　　　　　（枕草子・77 頁・20-枕草 1001_00033）
　　　　（六月の中旬で、暑いことといったらこれまでに例がないほどだ）

このほかに、ホドを主要部とする名詞句が項位置にあるもの、ホドを主要部
とする名詞句が付加詞位置にあるものもある。前者の例は(24)に、後者の例
は(25)に示している。

(24) a.　…とのたまふ御気色も浅からぬほどしるく見ゆれば
　　　　　　　　　　　　　　　（源氏物語・2・56 頁・20-源氏 1010_00009）
　　　　（…とおっしゃる御面持からも浅くない（思いの）ほどがはっきりと
　　　　察せられるので）
　　b.　いとど荒れまさらむほど思しやられて、殿の内いとかすかなり
　　　　　　　　　　　　　　　（源氏物語・2・174 頁・20-源氏 1010_00012）
　　　　（これからいよいよひどく荒れゆくであろう有様がしぜんに思いや
　　　　られて、邸内はまことにひっそりしている）
(25) a.　宇治の川に寄るほど、霧は、来しかた見えずたちわたりて、いと
　　　　おぼつかなし　　　　　（蜻蛉日記・163 頁・20-蜻蛉 0974_00003）
　　　　（宇治川に近づくころ、霧は、やって来た方が見えないくらい一面
　　　　にたちこめて、とても不安である）
　　b.　宵過ぐるほど、すこし寝入りたまへるに
　　　　　　　　　　　　　　　（源氏物語・1・164 頁・20-源氏 1010_00004）
　　　　（宵を過ぎるころ、少しうとうととなさっていると）

しかしながら(22)に示すような例、(23)に示すような例、そして(24)(25)に示すような例のいずれも、副助詞化への道を開く例とは言い得ないように思われる。これは以下の理由による。3.2で確認したように、副助詞の側からみると、名詞の副助詞化への道を開く役割を果たした可能性があるのは「N_1 ホドノ N_2」というタイプであった。だとすれば、名詞の側からも、「N_1 ホドノ N_2」タイプに近い性質を持つ構造体が見出されることが望ましいが、(22)(23)に示すような例にせよ、(24)(25)に示すような例にせよ、「N_1 ホドノ N_2」タイプとは大きく構造が異なるという難点がある。

本稿のみるところ、次に示す例にそなわるパターンこそが副助詞化への橋渡しに関与したと思われる。

(26) a. 宮仕へいそがしく、心もまめならざりけるほどの家刀自、まめに思はむといふ人につきて、人の国へいにけり
　　　　　　　　　　　　　　　（伊勢物語・162頁・20-伊勢0920_00001）
(宮廷勤めがいそがしく、不誠実な程度の(接し方をしていた)妻が、誠実に愛そうと言う人について行って、他の国に行ってしまった)

b. 言ふかひなきほどの齢にて、睦ましかるべき人にも立ちおくれはべりにければ　　　（源氏物語・1-218頁・20-源氏1010_00005）
(取るに足らないほど若い年齢で、親身に世話してくれるはずの人に先立たれしまいましたので)

c. 劣るべきほどの人なりやは、げに品にもよらぬわざなりけり
　　　　　　　　　　　　　　　（源氏物語・1-297頁・20-源氏1010_00006）
((身分があれに)劣るようなぐらいの人だろうか。なるほど(女のよしあしは)身分によって定まるというものではなかったのだ)

d. 「…今はと世を思ひはつるほどのうさもつらさも、たぐひなきことにこそはべりけれ。…」
　　　　　　　　　　　　　　　（源氏物語・2-177頁・20-源氏1010_00012）

　　　　（今はこれまでと世の中をあきらめるほどの情けなさも恨めしさ
　　　　も、類のないことでございました）

(26)に示す例はいずれも次に示す構造を有している。

(27)　[[連体節　ホドノ]_従属部　　[名詞]_主要部　　]_名詞句

そして、(26)に示す例はいずれも、(27)の名詞句構造の従属部におさまる
「連体節」がスケール上の位置を示すということが共通している。
　本稿では、ホドを主要部とする名詞句が、(28a)(28b)に示す2つの条件
を同時に満たすことを1つのパターンと認め、このパターンをそなえたホド
を主要部とする名詞句の使用が名詞ホドの副助詞化への道を開くことになる
と考える。

(28) a.　(27)の名詞句構造を有する。
　　 b.　(27)の名詞句構造の従属部におさまる「連体節」がスケール上の
　　　　位置を示す。

以下、(28)を満たす名詞句構造を「連体節ホドノN」タイプと呼ぶ。

3.4　名詞に直に後接するホドが出現することになる仕組み
　元々語形式の名詞であったホドがどうして名詞に直に後接するようになる
のだろうか。どのような仕組みによって、この形態統語的な変化が生じたと
説明することができるだろうか。
　名詞の側から見出した「連体節ホドノN」タイプと副助詞の側から見出
した「N_1ホドノN_2」タイプはどういった関係にあるだろうか。両者を突き
合わせてみると非常に似た性質を持っていることがわかる。両者の名詞句構
造において唯一異なるのは、従属部に連体節がおさまっているのか、名詞が

おさまっているのかという点である。

(29) a. 「連体節ホドノN」タイプ：
　　　　[[連体節　ホド　ノ]従属部　[名詞]主要部　]名詞句
　　b. 「N_1ホド ノ N_2」タイプ：
　　　　[[名詞　ホド　ノ]従属部[名詞]主要部　]名詞句

このように構造が類似しているということに加え、(29a)の従属部におさまる連体節と(29b)の従属部におさまる名詞はいずれもスケール上の位置を示すという共通点がある。したがって、従属部におさまるのが連体節か名詞かの違いはあるが、両者は意味的にほぼ等しい価値を有する表現であるといえ、このことは(30)に示す例によく表れている。(30)は先に示した(18a)の再掲である。

(30) さやうに近く召し寄するに、いふかひなきほどのものにもあらで、少し御許ほどのきはにてぞありける

（大鏡・241頁・20-大鏡1100_02006）

（そのようにお側近くお召し寄せになるのは、お話にならないほど低い身分の者でもなく、ちょっとした女房といった程度の身分の者でした）

(30)の前方の下線部は「連体節ホドノN」タイプであり、後方の下線部は「N_1ホド ノ N_2」タイプであるが、両者が対比的に用いられていることがわかる。そして、前方下線部の連体節「いふかひなき」と後方下線部の「御許」がともにスケール上の位置を示している。

以上に基づけば、「連体節ホドノN」タイプの名詞句構造における、連体節がおさまる位置に名詞が代入されることによって「N_1ホド ノ N_2」タイプが成立したと考えられる。すなわち、(29a)の名詞句構造において、連体節がおさまる従属部のスロットに名詞が代入され、(29b)の構造が生じたと考

えられる。取って代わられる連体節、代入される名詞の両者がともにスケール上の位置を示すということは、連体節の位置への名詞の代入が可能となる1つの、しかし、多分に重要な必要条件であると思われる。

3.5 ホドの文法化―段階性に着目して

　名詞から副助詞へのプロセスにおいては段階的かつ漸次的である変化が予想される。

(31) 名詞 ─────────▶ 副助詞

ここでは段階的である変化に焦点を当て考察したところを述べる。ホドの名詞から副助詞へのプロセスを整理する際、いくつかの段階に応じて、形態的単位、統語(インターナルシンタックス、エクスターナルシンタックス)、意味といった側面がそれぞれどのように変化したのかを見ていく。

　すでに述べたことではあるが、以下で行う整理の前提となる、FN ホド、「連体節ホドノ N」、「N_1 ホドノ N_2」、「N ホド」という 4 つのタイプの区別について今一度確認しておく。

(32) a.　<u>ほど</u>は、十一月二十三日のほどなり

　　　　　　　　　（落窪物語・81 頁・20-落窪 0986_00001）
　　　（時は、十一月二十三日の頃である）

　　b.　「をかしき<u>ほどの空</u>も見たまへ。つきせぬ御心の隔てこそわりなけれ」　　　（源氏物語・1-292 頁・20-源氏 1010_00006）
　　　（見事なほどの(朝の)空をごらんなさい。いつまでも遠慮だてしていらっしゃるのでは困ってしまう）

　　c.　君、君にてわたらせたまはば、<u>法勝寺程の伽藍</u>をば一日の内に建てさせたまふとも、豈難かるべきや

　　　　　　　　　（保元物語・302 頁・30-保元 1223_02002）

(天皇が、天皇でいらっしゃるかぎり、法勝寺ほどの伽藍を1日のうちに再建させるとしても、どうして難しいことがあろうか)

d. 生をへだてたる<u>習程</u>、うらめしかりける物はなし

（平家物語・1–211頁・30-平家 1250_03007）

(あの世とこの世を隔てる(この世の)ならいぐらい、悲しいものはない)

(32a)は語形式の名詞であるホドの例である。以下、ホドがもっぱら語形式の名詞であった段階をFNホド段階と呼ぶ[6]。

(32b)は「連体節ホドノN」タイプの例である。先述のように、このタイプの名詞句構造において、連体節がおさまる従属部の位置に名詞が代入されることで「N_1ホドノN_2」が生じたと考えられる。この意味で、「連体節ホドノN」タイプは名詞が副助詞へと通じる道の「入口」ということができ、このタイプが発生した段階を「連体節ホドノN」段階と呼ぶこととする。

(32c)は「N_1ホドノN_2」タイプの例である。上に述べたように「連体節ホドノN」タイプから派生的に生じたタイプである。このタイプが発生した段階を「N_1ホドノN_2」段階と呼ぶ。

(32d)は「Nホド」タイプの例である。「N_1ホドノN_2」タイプと同じく名詞に直にホドが後接するが、異なる点として「Nホド」が述語句で表される動作・変化・状態の程度を表し、副詞的に用いられているということがある。3.2で見たように、このタイプは歴史的に遅れて現れている。このタイプが発生した段階を「Nホド」段階と呼ぶ。

表2に示すように、ホドの文法化には4つの段階があると見ることができる。縦軸には、FNホド段階、「連体節ホドノN」段階、「N_1ホドノN_2」段階、「Nホド」段階という順で文法化が進展していくことを意図してそれらを配置してある。横軸には「形態的単位」「I-シンタックス」「E-シンタックス」「意味」と並べ、それらの観点においてホドがどのようなあり方を示すかが各段階ごとに指定されている。なお、「I-シンタックス」「E-シンタックス」

はそれぞれインターナルシンタックス、エクスターナルシンタックスの略であり、表2の中の「＋N」は名詞性がプラスであることを、「－N」は名詞性がマイナスであることを表している。

表2　文法化の進展に伴う形態的単位、統語、意味におけるホドの変化

	形態的単位	I-シンタックス	E-シンタックス	意味
FNホド段階	語	＋N	＋N	スケール導入
「連体節ホドノN」段階	語／接語	＋N	＋N	スケール導入
「N_1ホドノN_2」段階	接語	－N	＋N	スケール導入
「Nホド」段階	接語	－N	－N	高位置の標示

　まずは、文法化の進展に伴い、ホドの意味がどのように変化したかということについて述べる。3.1で述べたように、中古のホドには、スケール名詞として意味解釈にスケールを導入する働きがあり、そのスケールは文脈に応じて年齢、身分、時間、場面、程度、数量などの解釈を受けるということがあった。このことを踏まえて、表2ではFNホド段階におけるホドの意味を「スケール導入」としてある。続く「連体節ホドノN」段階や「N_1ホドノN_2」段階においても、ホドには同じようにスケールを導入する働きがあり、その意味に変わりはない。そして「Nホド」段階においては、先の(20a)(20b)(20c)(32d)に示した例からわかるように、ホドに前接する名詞は単にスケール上の位置を示すのではなく、スケール上の高い位置であることを示すようになっている。したがって、ホドは、前接する名詞がスケール上の高い位置にあることを標示しているといえ、この段階のホドの意味は「高位置の標示」ということができる。以上から、文法化の段階を進むにつれて、ホドの意味は「スケール導入＞高位置の標示」と推移していったと考えられる。

　では、統語的な側面はどのように変化しただろうか。まずは、インターナルシンタックスの変化である。元来ホドが語形式の名詞であったことからすれば、出発点となるインターナルシンタックスは当然「＋N」である。こ

の点は 3.1 で確認した通りである。「連体節ホドノ N」段階においてもホドのインターナルシンタックスは「＋N」である。このタイプでは、ホドが連体節の修飾を受けるからである。ところが、「N_1 ホドノ N_2」段階、「N ホド」段階になるとホドは名詞に直に後接するようになる。名詞の振る舞いから逸脱しており「－N」ということになる。以上から、ホドのインターナルシンタックスは「＋N ＞－N」と推移していったと考えられる。

続いて、エクスターナルシンタックスの変化である。ホドを起点として右側に続いていく振る舞いが名詞一般と等しければ「＋N」、そうでなければ「－N」となる。FN ホド段階における、ホドを主要部とする名詞句は、格助詞や副助詞が後接したり助詞が後接しないゼロ形態であったりするので、この段階のインターナルシンタックスは「＋N」である。続く「連体節ホドノ N」段階と「N_1 ホドノ N_2」段階では属格ノがホドに後接しており、これらの段階のインターナルシンタックスも「＋N」である。しかし、「N ホド」段階におけるホドを主要部とする名詞句は、助詞が後接することがなく常にゼロ形態であり、この段階のインターナルシンタックスは「－N」と指定される。以上により、ホドのエクスターナルシンタックスは「＋N ＞－N」と推移していったということができる。

最後に形態的単位についてである。3.1 で確認した通り、FN ホド段階における形態的単位は「語」である。「連体節ホドノ N」段階においてもホドが連体節の修飾を受けており、その形態的単位は「語」である。しかし「N_1 ホドノ N_2」段階になると、ホドが名詞に直に後接することで語形式の名詞としての振る舞いから逸脱してしまう。よって、名詞に直に後接するホドの形態的単位を語とすることはできない。かといってその形態的単位を接辞とするわけにもいかない。「[[N]語根[ホド]接辞]語」というように、語の内部にあって N（名詞）語根にホドが付いていると分析する理由がないからである。(29a)(29b) に示した、「連体節ホドノ N」タイプと「N_1 ホドノ N_2」タイプにおける名詞句構造の共通性と並行性を重視するならば、「N_1 ホドノ N_2」段階におけるホドの形態的単位は「接語」と指定するのが適切である[7]。

「Nホド」段階においても同じ理由でホドを「接語」とするべきである。さて、以上のことに加えて、「連体節ホドノN」タイプと「N_1ホドノN_2」タイプがどういう関係にあるかということに注意したい。両タイプにおいては、「連体節ホドノN」「N_1ホドノN_2」の下線部が従属部におさまり名詞を修飾するという構造上の共通性があり、また、ホドに前接する連体節とN_1がスケール上の位置を示すという共通性もある。こうした「連体節ホドノN」と「N_1ホドノN_2」の共通性を基盤にして、「連体節ホドノN」におけるホドは、「N_1ホドノN_2」のホドと一体となり副助詞的なカテゴリーを形成したということがあったのではないか。つまり「連体節ホドノN」のホドには二面性があり、FNホドタイプの側から見れば語形式の名詞であり、「N_1ホドノN_2」タイプの側から見れば接語形式の名詞とみることが可能だと思われる[8]。このようなわけで、表2における「連体節ホドノN」段階の形態的単位は「語／接語」というように二重のステイタスを持つよう指定されている。以上に基づけば、ホドの形態的単位は、文法化の段階を進むにつれて「語 ＞ 語／接語 ＞ 接語」というように変化したと考えられる。

3.6　ホドの文法化―漸次性に着目して

　さらには、ホドの文法化に認められる漸次的である変化について言及しよう。表2の「連体節ホドノN」段階から「Nホド」段階に至るまでのインターナルシンタックスとエクスターナルシンタックスの組み合わせに着目すれば、

(33)　「＋N＋N」＞「－N＋N」＞「－N－N」

という推移が認められる。「－N」への変化は、名詞性を失うと同時に副助詞性を獲得するということである。ホドの文法化の漸次性は、(33)に示す統語的側面の変化において読み取ることができる。すなわち、当初は一貫して名詞のシンタックスをそなえていたホドは、まず、そのインターナルシン

タックスにおいて副助詞性を獲得する。このとき、ホドのエクスターナルシンタックスは名詞のままであり、(33) の「−N＋N」におけるホドは、いわば人魚的な性格を有していたわけである。そして副助詞性の獲得はエクスターナルシンタックスに及び、ホドは内も外も副助詞のシンタックスへと変貌を遂げたのである。

また、先の表2において、ホドの形態的単位は、FNホド段階から「N_1ホドノN_2」段階に至るまでに、次のように推移したことを確認した。

(34) 語 ＞ 語／接語 ＞ 接語

ホドの文法化の漸次性は (34) に示す形態的単位の変化からも認められると思われる。ホドの名詞から副助詞への変化において、ホドが「語／接語」という曖昧なステイタスを有することなくして、ホドの語から接語への変化はあり得なかったと本稿は考える[9]。これは「連体節ホドノN」タイプと「N_1ホドノN_2」タイプの関係性から導かれる結論である。両者の名詞句構造の共通性と並行性については先述の通りであるが、これを基盤として、「連体節ホドノN」タイプにおけるホドが「語なのか？接語なのか？」はたまた「名詞なのか？副助詞なのか？」という曖昧なステイタスを有したからこそ、ホドの文法化は進展することができたと考えられる。

4　名詞が副助詞化する統語環境

ここまで述べて来たことをもって、2.1で取り上げた江口 (2007) の仮説をより充実させる方向を探ることはできないだろうか。江口 (2007) における名詞から形式副詞段階へと至るプロセスの説明をより充実させることはできないだろうか。(3a) に示した通り、江口 (2007) では、名詞から形式副詞段階へと至るプロセスに関して、「スケールを表すFNが修飾語と結びついて「程度」の意味を持つようになり、値名詞の副詞化によって副詞的位置に立つよ

うになる」(下線部は引用者による)と述べているに過ぎない。ここでは下線部に注意して、「スケールを表す FN が修飾語と結びついて「程度」の意味を持つ」ことと「副詞的位置に立つ」こととの関係を考えよう。「スケールを表す FN が修飾語と結びついて「程度」の意味を持つ」ことが直ちに「副詞的位置に立つ」ことに結びつくのであれば上のままで問題がないが、ここまで述べて来たことをふまえると、両者がつながるにはさらに説明が必要であると思われる。

　副助詞として副詞位置で用いられるようになる前に、程度の意味をそなえホドを主要部とする名詞句は、統語位置ということでいえば、項位置、述語位置、付加詞位置、名詞句の従属部の位置で用いられていた(3.3 節)。また、表 2 に示したように、ホドの副助詞化には、1) FN ホド段階、2)「連体節ホドノ N」段階、3)「N_1 ホドノ N_2」段階、4)「N ホド」段階、という 4 つの段階が想定された。2)「連体節ホドノ N」段階、3)「N_1 ホドノ N_2」段階で関与しているのは、ホドが名詞句の従属部の位置で用いられたパターンであり、4)「N ホド」段階で関与しているのはホドが副詞位置で用いられたパターンである。つまり、副詞位置で用いられる 4)「N ホド」段階に至る前の段階では、項位置、述語位置、付加詞位置で用いられたパターンは関わっておらず、名詞句の従属部の位置で用いられたパターンだけが関与していることがわかる。このことをふまえると、項位置、述語位置、付加詞位置で用いられるパターンは副詞位置で用いられることに開かれておらず、名詞句の従属部の位置で用いられるパターンこそが副詞位置で用いられることに開かれていると見なければならない。

　この見方をサポートする研究がある。よく知られているように、古典語の「つゆ」はもともと名詞であったが、時をへて副詞として用いられるようになった。すなわち「つゆ」は「の」を伴って名詞を修飾していたのが、やがて述語を修飾するようになり、さらには否定表現と呼応するようになった(西田 1992)。これを受け小柳(2019)は、「つゆ」の推移を事例として名詞の副詞化について説明を試みている。「わざとの御覧(源氏物語・20- 源

氏1010_00033)」(特別にお目にかける催し)、「あまたの人(源氏物語・20-源氏1010_00011)」(多くの人)、「いささかの御返り(源氏物語・20- 源氏1010_00039)」(ほんのちょっとのご返事)などの下線部のように、「量副詞」が「の」に前接する例を見出し、「量副詞」が「の」に前接して名詞を修飾し得ることに着目している。このことを前提として、名詞が「量性を含意」して「の」に前接するということになれば、それは名詞が「量副詞」化する契機となり得、その「量性を含意」し「の」に前接した名詞はのちに「量副詞」として用いられるようになるとの主張を行なっている。そして「「[つゆ_{名詞}＋の]＋名詞」から「[つゆ_{副詞}＋の]＋名詞」への読み替えを経て、連体修飾の環境から離れた連用修飾語「つゆ_{副詞}」が形成された」と述べるに至っている。

　ホドの副助詞化と「つゆ」の副詞化に共通することとして、名詞句の従属部の位置で属格を伴って用いられることにより、当の形式が、副詞位置に立つよう開かれたということがある。以上から、名詞句の従属部の位置で属格を伴い主名詞を修飾することは、名詞が副助詞化する要件であると同時に名詞が副詞化する要件でもある、ということが名詞の脱範疇化に関する仮説として見出せそうである[10]。

　では、この仮説は、名詞から副助詞への歴史変化における一般性を捉えたものなのだろうか、あるいは、ホドをはじめとするいくつかの語のグループに関わる、ある程度特殊な歴史変化を捉えたものなのだろうか。この点についての見きわめはできておらず、今後の課題ということにしたい[11]。

5　アタリ、クライの文法化との関連

　以上に解決を試みてきた、形態的単位、統語構造、形態統語的変化に関する諸問題はホドに限って問題となるのではなく、アタリやクライといった形式においてもまったく同じことが問題になると考えられる。(35a)に示すように、アタリはもともと語形式の名詞であったが、時代を下ると(35b)のよ

うに名詞に直に後接するようになるからである[12]。

(35) a.　鼻高なるものの、先は赤みて穴の<u>あたり</u>濡ればみたるは、洟をの
　　　　　ごはぬなめりと見ゆ（宇治拾遺物語・56頁・30-宇治1220_01018）
　　　　　（鼻が高い人で、鼻の先は赤くなって穴のあたりが濡れている人
　　　　　は、鼻水を拭わないようだと見受けられる）
　　　b.　是は都四でう<u>あたりの上人</u>で御座ある
　　　　　　　　　　　　　　　　（虎明本狂言集・40-虎明1642_05025）
　　　　　（こちらは京都の四条あたりの殿上人でいらっしゃいます）

クライも同じように、もともと語形式の名詞であったが、時代を下ると(36b)のように名詞に直に後接するようになる[13]。

(36) a.　御歳五十六。大臣の<u>位</u>にて二十五年
　　　　　　　　　　　　　　　　（大鏡・337頁・20-大鏡1100_02010）
　　　　　（ご年齢は五十六。大臣の位に在位して二十五年）
　　　b.　これ人<u>くらい</u>につき給はんは、思ひもよらぬ御さたなり
　　　　　　　　　　　　　　　　（虎明本狂言集・40-虎明1642_07032）
　　　　　（こんな人程度に従いなさるのは、思いもよらないおとりはからいだ）

こうしたホド、アタリ、クライに共通して認められる形態統語的な変化によって、名詞から副助詞への変化には、異なる形式であるにもかかわらず繰り返されて、予測が可能となるような経路や仕組みのあることが強く示唆されている。

6　おわりに

以上本稿では、特に形態・統語的な側面に着目し、ホドの副助詞への変化

のプロセスを具体的に記述しようと試みた。その結果、ホドの文法化に段階性と漸次性が認められることを示すことができたと思われる。

今後の研究の展開を見通して付け加えるならば、「連体節ホドノ N」段階や「N_1 ホドノ N_2」段階におけるホドが (特に後者のホドが) 名詞とも副助詞ともいい切れない性質を有し、そうしたホドの使用により名詞というカテゴリーが副助詞というカテゴリーへと開かれるということは、名詞の脱範疇化について引き続き考えていこうとする筆者にとって意義深いことと感じられる。今後、名詞から副助詞への歴史変化の一般性をよりよく捉えるために、アタリ、クライ、タケ／ダケを始めとして、できるだけ多くの事例に関する副助詞化のプロセスを考察し、それらの副助詞化そのものを説明していく必要がある。

注

1 宮地 (2005) では「連体構造の史的変化」を前提とした名詞から副助詞への変化の「道筋」が示されている。ただ、本稿の筆者には理解が及ばなかったということがあり、また、煩雑になるのを避けたいとの思いもあって、ここでは割愛する。詳しくは宮地 (2005) の 125 頁から 128 頁を参照されたい。
2 副助詞とその用法の整理については山田 (1936)、城田 (1987)、丹羽 (1992)、丹羽 (2006) 等が参考になる。
3 このことは此島 (1966) や江口 (2007) が十分に心得ていることであろう。
4 こうした変化については此島 (1966) に言及がある。
5 このほかに、「いくほど」「いかほど」「いくらほど」「なにほど」「いつほど」といった疑問詞を含む例を、1100 年以降に拾うことができるようになる。参考までにそれらの出現を以下にまとめておく。

	1100 年代	1220 年代	1240 年〜1336 年
いくほど	5	8	27
いかほど	0	1	1
いくらほど	0	1	1
なにほど	0	0	5
いつほど	0	0	1

6 FN は formal noun (形式名詞) の略である。
7 接語は、それのみで発話されることがなく別の語に付いて使用される。接辞との

比較で言えば、接語は、接辞のように語の内部に現れて語の構成に関わるのではなく、語の外側に付くという特徴を持つ。詳しくは服部(1950)、Spencer and Luis (2012)を参照。
8　こうした「連体節ホドノ N」と「N_1 ホドノ N_2」の共通性に基づくホドに関する本稿の分析は、丹羽(1992)が副助詞のうちに程度用法を見出していることにヒントを得たものである。
9　通言語的な観点からみた名詞の文法化における形態的変化については、Hopper and Traugott (2003) の 5.3.1 節を参照のこと。
10　この仮説の本質的なところは、名詞句の従属部の位置で名詞を修飾するということであって、属格を伴うことは本質的なことではないかもしれない。
11　名詞出自であるタケ／ダケの副助詞化の歴史を論じた研究に、宮地(2010)がある。そこで示されるタケ／ダケの副助詞化のプロセスは江口(2007)の提出した仮説に沿うものであり、その仮説を裏付けるものと結論づけられている。筆者は、宮地(2010)が「叙述名詞化」を遂げたと述べるいくつかの例に注目しており、タケ／ダケの副助詞化のうちにこうした例がどのように位置づけられるかを考察することによって、名詞句の従属部の位置で名詞を修飾することが、ダケ／タケの副助詞化の要件となるのかどうかを検討したいと考えている。
12　中世末になりアタリが名詞に後接するようになる変化については星野(2022)に言及がある。
13　クライが名詞に後接するようになる変化については此島(1966)に言及がある。

使用テキスト

伊勢物語、大和物語、蜻蛉日記、落窪物語、源氏物語、枕草子、大鏡、今昔物語集、宇治拾遺物語、保元物語、平治物語、平家物語…いずれも新編日本古典文学全集 (小学館)
虎明本狂言集…『大蔵虎明能狂言集 翻刻 註解〈下巻〉』(清文堂出版)

参考文献

江口正(2007)「形式名詞から形式副詞・取り立て詞へ—数量詞遊離構文との関連から—」青木博史編『日本語の構造変化と文法化』pp.33–64. ひつじ書房
此島正年(1966)『国語助詞の研究 助詞史素描』桜楓社
小柳智一(2019)「副詞の入り口—副詞と副詞化の条件—」森雄一・西村義樹・長谷川明香編『認知言語学を拓く』pp.305–323. くろしお出版
阪田雪子(1969)「ほど」松村明編『古典語現代語助詞助動詞詳説』pp.556–558. 学燈社
城田俊(1987)「副助詞について」『国語国文』56 (3): pp.32–45. 京都大学文学部国語学

国文学研究室

竹内史郎(2006)「ホドニの意味拡張をめぐって―時間関係から因果関係へ―」『日本語文法』6(1): pp.56–71. 日本語文法学会

竹内史郎(2007)「節の構造変化による接続助詞の形成」青木博史編『日本語の構造変化と文法化』pp.159–179. ひつじ書房

西田隆政(1992)「副詞「つゆ」をめぐって―否定表現の量的側面よりの強調―」『文学史研究』33: pp.114–124. 大阪市立大学国語国文学研究室

丹羽哲也(1992)「副助詞における程度と取り立て」『人文研究』44(13): pp.93–128. 大阪市立大学文学部

丹羽哲也(2006)「「取り立て」の概念と「取り立て助詞」の設定について」『文学史研究』46: pp.92–104. 大阪市立大学文学部

服部四郎(1950)「付属語と付属形式」『言語研究』15: pp.1–26. 日本言語学会

星野佳之(2022)「場所の語アタリの変遷について―名詞用法の展開と副助詞用法の派生―」『国語語彙史の研究』41: pp.57–75. 和泉書院

宮地朝子(2005)「形式名詞に関わる文法史的展開―連体と連用の境界として―」『國文學 解釈と教材の研究』50(5): pp.118–129. 學燈社

宮地朝子(2007)「形式名詞の文法化」青木博史編『日本語の構造変化と文法化』pp.1–31. ひつじ書房

宮地朝子(2010)「ダケの歴史的変化再考―名詞の形式化・文法化の諸条件―」田島毓堂編『日本語学最前線』pp.425–446. 和泉書院

山田孝雄(1936)『日本文法学概論』宝文館

湯澤幸吉郎(1975)『室町時代言語の研究』風間書房

Hopper, Paul J. and Elizabeth Closs Traugott (2003) *Grammaticalization*, 2nd edition, Cambridge University Press.

Spencer, Andrew and Ana R. Luis (2012) *Clitics*, Cambridge University Press.

【付記】この研究は、令和6年度成城大学特別研究助成の助成を受けたものである。編者の先生方からは有益なコメントを頂戴した。記してここに御礼を申し上げる。

ナラバとナリトモの消長に見る仮定節史

矢島正浩

1 はじめに

1.1 問題の所在

　日本語において仮定条件は古来、順接では未然形＋バがその中心的な役割を担うが、中世後期以降、未然形による形式は次第にタラバ、ナラバ[1]に限られていく。仮定条件はその他、已然形＋バから拡張した仮定形＋バやト・テハなど、様々な形式で表す段階を迎える。こうした中でナラバが継続的に用いられ、伸長することについて、かつて矢島（2017）で検討したことがある。特に近世に起きた変化に関わる点を要約すると次のごとくである。

（1）a.　近世前期の使用例には現代共通語のナラバの方法と古代以来の方法——できごとを「体言」として示して、それが成り立つことを仮定する方法——とが認められる。
　　b.　近世以降、次第に時制節を構成したり、ノナラバによる認識的条件文専用形式を構成するなど現代共通語の方法が次第に整う。

　矢島（2017）では、これらの検討を通じ、近世前期という段階が、古代語から現代語に至るナラバの用法史の中で大きな変化を起こした時期に当たることを述べた。こうした大きな変化はなぜ起きたのかが、次に問われよう（なお(1a)の具体的な内容は2節で再確認する）。

また、対する逆接仮定節に目を転じれば、順接仮定節の変化に関わる諸事情が等しく影響することが予想されるにもかかわらず、同様の変化が認めにくい。順接の未然形＋バに対して逆接はトモであり、ナラバに対してはナリトモが対応するはずである。ところが、ナリトモは近世前期には用法自体が副助詞化し、仮定節としては衰退してしまう。こうした順接と逆接の不均衡とも言える仮定条件史がなぜ生じているのであろうか。
　本稿は、以上の問題意識より、(2)の検討を行うことを通じて、仮定条件史を展開させた要素の一端を明らかにすることを目的とする。

（２）a.　古代の順接仮定ナラバ節はどのように、またなぜ近世前期の方法へと変化するのか。
　　　b.　近世前期以降、ナラバが伸長するのに対してナリトモが衰退するのはなぜなのか。

　調査は、主に『日本語歴史コーパス』（以下「CHJ」。国立国語研究所 2023 に基づく）を用いて行う。歴史の把握としては十分に精密なものとはいいがたいが、概括的に事象を押さえることで、起きた現象の根幹部分に関与する要素を見出す試みとしたい。引用、用例の所在情報は国立国語研究所（2023）に拠り、以下で引く口語訳も同コーパスが対応する「新編日本古典文学全集」（小学館）を用いる。口語訳は現代語との対応関係の１つの把握の仕方が現れたものとして捉え、古代語の様子を大まかに把握していく。
　以下、条件節単位で取り上げる場合は「ナラバ節」とし、また仮定節が体言述語を承けるのか、活用語による述語を承けるのかを区別して示す際は、前者を「体言ナラバ節」、後者を「連体ナラバ節」などと表記する。

1.2　既定性とは

　(1b)で、近世前期以降、ナラバ節が現代共通語の方法に通じる性質を明確にしていくことを述べた。このことに関わって、以下の議論でポイントとな

る点について説明を加えておきたい。

　まず、現代共通語のナラバが認識的条件文を構成することについてである。認識的条件文は「前件の言明が既定的であり、かつ、話し手が当該命題の真偽を知らないような条件文」(有田2007：111)とされる。同条件文に対して対照的に並び立つのが予測的条件文であるが、こちらは「前件命題が非既定的であるような条件文」(有田2007：99)である。両者で明確に異なるのが既定性の有無である。同一の形式によっても両タイプの表現は可能であり、そのあたりを含めて以下の例で確認してみる。

（3）a.　明日、雨が降るなら、大会は中止だろう。
　　　b.　明日、雨が降ったら、大会は中止だろう。
　　　c.　昨日、雨が降ったら、大会が中止だった。

　(3a)は例えば天気予報などの情報を踏まえた際などのように「降るのなら」と「の」を介した言い方と同義となるケースなどは、認識的条件文としての特徴が典型的に観察される。この場合、「雨が降る」という事態の成立に対して、一旦、表現者が真であるかのような設定を行っている。こうした表現者のある種の見込みに基づいた捉え方を既定的であるとする。
　しかし(3a)「なら」はまた、認識の重心が真にも偽にも振れず、単純に「明日」の特定時点の様子を仮定し、「降ったなら」などに置き換わるような使用法もあり得る。その場合は「雨が降る」ことを非既定的に捉えていることになる。その捉え方は(3b)「たら」で表現する場合も同じであり、そうした条件文が予測的条件文とされる。なお、現代共通語においては予測的条件文として用いるナラバはやや特殊であり、「文語的な表現の中で使われるものである」(鈴木1993)など文体的な特徴を帯びるとされる。
　1点、本稿の既定性の捉え方について、補足をしておく。(3c)の前件「雨が降る」は、発話時以前に実際に起きた既実現事態と読むことができる。そのように事実的条件文として用いている場合は、その事態の成立は表現者の

外界で起こるものであり、表現者の個的な捉え方の中で実現するのではない。こうした前件における既実現性は、本稿で見る既定性とは別のものであり、明確に区別しておく必要がある[2]。

さらに(3c)は、「昨日降っていなかった」ことを知っていて、現実と異なる「雨が降った」という事態を表現者が仮定する意味でも用いることができる。こうした反事実的条件文では、前件は、表現者が、既知である事態に対して偽に当たる事態を仮定する操作を加えて成り立つ表現である。この場合の事態の成立は、表現者による偽の見込みに基づいて起こるものであり、既定性があると言える。このように「事態の成立に対して、<u>表現者が真または偽と見込む、表現者の捉え方</u>」が反映する表現を「既定的」であるとして、以下検討していく。

なお、内省の利かない古代語に対して、こうした「既定性」を問うやり方は、客観性の担保という点で問題がないわけではない。しかし、現代共通語のナラバのありようを理解する上で、その特徴を、いつどのようにして獲得するのかを問うことは重要である。そこで、まずは現代共通語話者の読みによる「既定性」を1つの尺度とし、古代から漸次、相対的に捉えられる相違の分析をもって、ナラバ節に起きた変化と位置付ける方法で、検討を試みようと思う。

2　ナラバ節の推移

2.1　古代のナラバ節

古代のナラバ節については矢島(2017)で論じたところであるが、本稿の議論に必要な点を強調する形で、要点を確認しておく。

古代語のナラバ節は、体言を受ける体言ナラバ節が中心である(CHJの検索対象を「平安-仮名文学」、短単位検索［キー：「語彙素読み」が「ナリ」∧「活用形」の「大分類」が「未然形」／後方共起1:「語彙素読み」が「バ」］とした場合、ナラバ節全151例中体言ナラバ節は145例)。体言ナラバ節は、

現代共通語との対応という視点から見ると様々な仮定条件を作る。

（4）a. 行く先遠く、《またもしてむ》とおぼゆる人<u>ならば</u>こそ、《のどかに》なども思はめ、人はしきりたるやうに思ふとも、七十の賀せむ。　　　　　　　　　　　　　（20-落窪0986_00003,202390）
…老い先も長くまたもお祝いがきっとできようと思われる人<u>ならば</u>、ゆっくりなどとも構えていられようが、（そうではないのだから）…

　　b. まことにうしなども思ひて絶えぬべき<u>気色ならば</u>、かばかり我に従ふ<u>心ならば</u>、思ひ懲りなむと思うたまへて、ことさらに情なくつれなきさまを見せて…　　　（20-源氏1010_00002,73210）
…縁を切ってしまいそうな<u>そぶりをみせてやれば</u>、これほど私に従順な<u>気持ちなのだったら</u>、きっと懲り懲りするだろうと考え付きまして、わざとひどく冷淡な様子を見せたところ、…

　（4a）は、老い先が長くない人を話題とし、「《またもしてむ》とおぼゆる人」は反事実の設定となるため、認識的条件文に当たる。（4b）「気色ならば」は「～のそぶりを見せてやった場合」を非既定的に仮定し、現代共通語であればタラが典型的に対応する予測的条件文との理解が穏当であろう。もう一方のナラバ節は「かばかり我に従ふ心」という場面内の既実現事態を仮定的に捉え直す表現と見ることができ、認識的条件文としての解釈が当てられる。このように体言述語による仮定節は、事態を既定的に捉えるか非既定的に捉えるかには直接的には関与しない表現と言える。このことは体言ナラバ節の本来的なありようと言え、古代語に限った話ではないと考えられる。
　さらに活用語を用いるナラバ節は、「もの」や「こと」などを下接することによって体言述語を構成し、（4）に見た体言ナラバ節と同様の特徴を示す（体言述語を取る145例中モノ33例、コト16例）。

（5）a. この人かくなりにたるを、生きて世にあるものならば、いまひとたびあひ見せたまへ。身を投げ死にたるものならば、その道なしたまへ。　　　　　　　　　　　　（20-大和 0951_00001,379440）
　　…私の夫がこのように身を隠してしまっているのですが、生きてこの世にいるのであれば、もう一度逢わせてください。身を投げて死んだのであれば成仏するように導いてやってください。
　　b. 方勝つものならば、その方の舞もすべしとあれば…
　　　　　　　　　　　　　　　　　　　（20-蜻蛉 0974_00004,59130）
　　…味方が勝ったら、その組の舞もしなければならないというので…
　　c. 誰も誰も〈よろし〉と思ひたまへることならば、ここに迎へたてまつりて、ともかくもせむとなむのたまふめる。
　　　　　　　　　　　　　　　　　　　（20-落窪 0986_00004,100500）
　　…誰もかれも悪くない賛成だとお思いなさることならば、四の君をこの邸にお迎え申し上げて、結婚のことを何とかして進めようとおっしゃっているようです。

　（5a)「生きて世にあること」「身を投げ死んでいること」、(5b)「勝つこと」、(5c)「お思いなさること」など、それぞれの事態が体言的に取りまとめられている。その事態の成立時点は、a現在、b未来、c非特定時などと様々である。また既定性についてもa文脈から読み取れるもの、b読み取ることができないもの、cどちらとも言い難いものと様々であり、特にそのことをそうであると表すことには直接的に関わらない様子がうかがえる。
　古代語では、このように体言ナラバ節は「名詞句で示すことがらが事実として成り立った場合」という意味の〈事実についての仮定〉を表すばかりである。こうして様々な現代語訳が当てられるということは、すなわち、古代語の体言ナラバ節による〈事実についての仮定〉というものを、現代語話者はさまざまな言い方で細分化して認識している（その方法でしか認識できない）と見るべきであろう。

一方、活用語連体形を述語とする連体ナラバ節の例は、ほんのわずかしか見られない(同151例中6例)。

(6) a. すずろなる男のうち入り来たるならばこそは、こはいかなることぞとも参り寄らめ、(中略)やをら退きぬるぞ、いとほしきや。
　　　　　　　　　　　　　　　　　　　(20-源氏 1010_00049,201180)
　　　…いい加減な男が入ってきたというのだったら、これは何事かとばかりお傍へ寄ってまいることもあろうが、(中略)知らぬふりをしてそっと下がってしまったのは、女君におかわいそうなことではあった。

　　b. 心の通ふならば、いかにながめの空ももの忘れしはべらむ。
　　　　　　　　　　　　　　　　　　　(20-源氏 1010_00010,155430)
　　　…お互いに心が通い合うのでしたら、長雨の空を眺めての物思いも忘れて、どんなにか心の晴れることでしょうに。

　(6a,b)の仮定節は、主格助詞ノによって一体的にまとめられる準体句を承ける。aの前件「すずろなる男のうち入り来たる」ことは、現実とは食い違う反事実である。「…たるならば」とパーフェクトを表すタリをナラバ節が受け、その反実事態が、発話時という基準時間において成り立つことを仮定する。

　bも「心の通ふ」という準体句にナラバを続け、「心が通う事態」が成立する事実を仮定する。現代語のナラバに係る内省にこだわらなければ、ナラバ節は非既定的に「心が通い合う」ことの成り立ちそのものを仮定する場合に対応するとも、また既定的に「心が通い合う」事態が成り立つことを前提とした状況に対応する(「新編～」の現代語訳はこちら)ともとれる。いずれにしても古代語においては〈事実についての仮定〉までを表し、それ以上の解釈は現代語の発想下でのみ発動するものと見るべきであろう。

　以上の点において、古代語の連体ナラバ節も、基本的に体言ナラバ節と同

様の表現を構成していたと理解される[3]。

2.2 文相当句を承けるナラバについて

体言ナラバ節と隣接するところに、引用句を承けるナラバ節がある。典型的な方法が、文相当句の表現を引用トで取り込むトナラバである[4]。

（7）a. この国に生れぬる<u>とならば</u>、嘆かせたてまつらぬほどまで侍らん。
　　　　　　　　　　　　　　　　　　　　（20-竹取 0900_00001,186500）
　　　…私が、この人間の国に生まれたというのであればご両親様を嘆かせ奉らぬ時まで、ずっとお仕えすることもできましょう。
　　b. 仲よしなども人に言はる。かく語らふ<u>とならば</u>、何か恥づる。
　　　　　　　　　　　　　　　　　　　　（20-枕草 1001_00047,8740）
　　　…あなたと仲がよいなどと人からも言われている。こう親しく話をするからには、どうして恥ずかしがることがあろうか。

（7a）「生れぬる」は事実に反することであり、既定性がある仮定節である。現代共通語では「～というのなら」とする認識的条件文が想定され、その限りでは後世の連体ナラバが担う用法との関連も深いと言える。（7b）「かく語らふ」ことは、「仲よしなども人に言はる」という現状があった上での行為であり、既実現事態の引用である。現代語訳には「～からには」と確定条件の把握が示されている（小田2015・辻本2017等も同様の見方に立つ）。この状況も、前件を「話し手が受け取ったばかりの情報」（日本語記述文法研究会2008：103）と捉えるならば、「こんな風に親しく語らう仲なら、何も恥ずかしがることはない」という認識的条件文としての理解が可能となる。古代語としては、トナラバはあくまでも既実現の事態を引用し、名詞句的に順接条件として提示するのみである。それがこのように確定・仮定条件間で解釈が揺れるのは、トで引用した既実現的な事態を後件の原因と位置付けるか、既定的な前提条件と位置付けるか、いずれにしても現代語の発想をもって読

むために起こることである。
　引用トを介さずに文相当句を取り込む文も既定的な仮定文を構成する。

（8）女君、身をしる雨のしづくなるべしとのたまへば、「今宵は、[身を知る] ならば、いとかばかりにこそ」とて…
　　　　　　　　　　　　　　　　　　　（20-落窪 0986_00001,166120）
　…姫君は「身をしる…」と下の句をおっしゃる。「今宵我が身の幸不幸がわかるとおっしゃるならば、今夜大雨の中をやってきたのですから、私に深く愛されていることがおわかりになるでしょう」と…

　（8）は、先行する歌の一部分を切り出し、「あなたの歌のとおり、自身の幸不幸がわかるというのなら」と読める。トナラバと同様、既実現的な事態を取り込む構造ゆえ、結果的に既定性が読み込める仮定節を構成する。
　文相当句をナラバが承ける方法は、後世において一定の勢力をもって用いられることが知られている。青木（2022）は、「「引用句」としての「名詞句」」を承けるナラバと位置付けつつ、ナラバに止まらず、文相当句を承けるナレバ・ナレドモ、ヂャホドニ・デハナケレドモなど、［文相当句＋コピュラ］を取る形式が中世期に増加する事情を取り上げる。青木はさらに［文相当句＋の］（例、「絶えむの心」）、［文相当句＋（未決）述語］（例、「内に御ざ有かぞんぜぬ」）など、それぞれが段階的に用いられる様子を押さえた上で、これらを日本語史上に広く認められる文相当句を名詞化して用いる歴史として位置づける。北﨑（2022・2023）も、日本語に「文相当句」を埋め込む方法によって従属節を構造化する歴史があることを実証的に論じている[5]。
　小林（1996：21）は、こうした表現を構成するナラバについて「接続助詞的な性格を強めている」と捉える。元来、［［体言＋断定ナリ未然形］＋仮定辞バ］だったナラバが［体言＋仮定辞ナラバ］へと異分析を起こす。このように中世期にはナラバ単位の仮定辞が成立することによって、連体ナラバ興隆への道筋の前提部分が整えられていた。なおかつ、この文相当句を承ける

ものは既実現事態を引用した上での仮定となることから、不可避的に既定性も同時に帯びるものであった。このような特徴を持った構文が、連体ナラバの伸長期と並行して用法を拡げて用いられていることを押さえておきたい。

2.3　近世前期のナラバ節

　古代語ナラバは中世になると、前節で見たとおり文相当句を名詞句として取り込む［体言＋仮定辞ナラバ］構造を取るに至っていた。つまり、連体ナラバが、承前の語までを単位としたまとまりを承けて前件を構成するという意識の下で用いられるに至っていたのであった。

　こうした中で、近世前期には、連体ナラバは使用拡大期に至る。その用法も、現代共通語のそれと同じと見なせるものが中心となる（矢島2017参照）。

（9）a.　小糠三合あるならば入婿すなと言ふことは、我が身の上のたとへかや。　　　　　　　　　　　　　（51-近松 1706_13001,28560）
　　　　…小糠三合あるならば入婿するなという諺は、我が身の上の譬えであろうか。
　　b.　この手間で、これほどのよい事をしたならば親の身ではどれほどの自慢であらうと思ふぞ。　　（51-近松 1706_12002,33500）
　　　　…この手間でこれだけの良いことをしたならば、親の身ではどれだけの自慢であろうか。

　(9a)は「小糠が三合ある」という事実が現実世界において成り立つ場合を仮定している。(9b)の「この手間でこれほどの良いことをした」は事実に反する事態を仮想するものであり、現状に対しては「…良いことをしていない」と認識している。つまり「良いことをした」という事態は偽であることが既定的に成立している。このように読んでよいとしたら、それは既定性という表現者の捉え方が反映したナラバ節が、現代共通語と同様、近世前期にも用いられていたと理解することになる。

その一方で、現代共通語のナラバ節の用法範疇に収まりづらい使用例も散見される。特にそのことが顕著に現れるのが、ナラバ節が、発話時以前に成立した事態を承けるものである。

(10) はる〴〵と尋ね来て昨日にも着くならば、せめて死に目に会はうもの。男の身ならば、一山を駆け回つても会はうもの。女と生れし悪業はあさましや悲しや。　　　　　（51-近松 1710_16003,14530）
　　…昨日のうちにも着いていたならば、せめて死に目に会おうものを。

　(10)「昨日に着く」は、発話時以前の事実に反する事態を言語化したものである。既実現事態を既定的に捉えた節をナラバが構成している点では(9b)の例と同様である。注意を要するのが、時制の示し方である。事態が成立した状況を想定するのであれば、現代共通語なら「着いていたならば」などのように「た」を介して成立時を点的に明示するところである。このように、既実現事態について反事実的に、すなわち既定的に捉える場合にル形を述語で用いるのは、古代の方法である。次は中世期の使用例である。

(11) かくあるべしと知るならば、なじかは八幡へ参りけん。
　　　　　　　　　　　　　　　　　（30-保元 1223_03002,8380）
　　…こんなことになるのだったら、八幡へは詣でなければよかった。

　古代語ナラバ節では〈事実についての仮定〉、すなわちことがらをことがらとして表すばかりであって、表現者の捉え方（すなわち「発話時以前に起きた」と捉えることなど）は表現されていない。ところが、近世前期には、先に示した(9b)などでは同じ既実現事態の反事実をタ形で表している。ただし、近松浄瑠璃ではこの形式でその方法を表しているのは同例が唯一であり、他の多くは(10)のようにル形を用いている。つまり、この時期においては、ナラバによる従属節は、まだタの着脱をもって組織的に事態の成立時を

示すには至っておらず、古代の方法を維持している面があったということである。

次例などは、一見すると、現代共通語の「〜たら」が該当しそうな箇所にナラバを用いている例である。

(12) a. 大降りがする<u>ならば</u>、おつまが帷子濡らさうより八分位で駕籠を借れ。　　　　　　　　　　　　（51-近松 1709_17001,3560）

…大降りになったなら、おつまの帷子を濡らすより、銀八分ぐらいで駕籠を頼め。

b. 母がこの嘆きを聞き、お梅がこゝへ出る<u>ならば</u>それを潮に和睦して、祝儀を渡してくだされ。　　（51-近松 1710_16002,43930）

…母のこの嘆きを聞き、お梅がここへ出て来るならば、それをしおに仲直りしてめでたく祝儀を進めてくだされ。

これらにおいては、古代語同様に〈事実としての仮定〉がなされるとするなら、特段問題がない。ところが、現代共通語の発想に基づくと、まず、いずれも前件の事態の成立見込みとして、真にも偽にも偏る前提が示されていないと理解される。そして、これらの文は、前件で発話時以降に非既定的な事態が成り立った場合に、それをきっかけに後件が引き続いて起こることを表す予測的条件文として読むのではないか。その場合は、現代共通語であれば、主節に先行する時間性をタによって明示する「たら」または「たなら」を取ることが一般的である[6]。とすれば、そうした形式を取らないこれらの近世前期の例には、古代のナラバ節の特質が依然として認められることになる。冒頭の(1a)は、近世前期のこうした状況を踏まえたものである。

3　仮定節を作る上での順接と逆接の相違

3.1　仮定条件における前件の役割―順接と逆接の相違をめぐって―

以上に見るような、連体ナラバの、現代共通語に通ずる用法への拡大はな

ぜ起こったのか。そして、同じことが逆接仮定の連体ナリトモではどうして起きなかったのであろうか。

　そのことを検討するに先立って、仮定節においては、順接と逆接とで前件の果たす役割が異なっていることについて整理しておく。トモの逆接仮定の用法において、順接の場合と大きく異なるのが、条件部分が成立しなくても帰結部分が成り立つという、いわば全称性がある[7]ということである。以下の例で、そのあたりを確認しよう。

(13) a.　天下に目つぶれ、足折れたまへり<u>とも</u>、なにがしは仕うまつりやめてむ。　　　　　　　　　（20-源氏 1010_00022,37280）
　　　　…万が一目がつぶれ、足が折れておられましょうとも、手前がなおして進ぜよう。
　　b.　いたづらに身はなしつ<u>とも</u>玉の枝を手折らでさらに帰らざらまし
　　　　　　　　　　　　　　　　（20-竹取 0900_00001,38450）
　　　　…危機に遭ってわが身はむなしく成り果てても、ご依頼の玉の枝を手折らずに帰ってくるということは、決してしなかったでしょう。

　(13a)の条件部分は「目つぶれ、足折れ」という事例に止まらず、明示されていない他の様々な可能性も含めて成立を仮定し、いずれの場合でも「やめてむ」とする。(13b)は、困難を乗り越えて「玉の枝」を手にして戻ってきた際に、反事実を仮定して詠んだ歌である。「いたづらに身はなしつ」は想定し得る最悪の事態であり、それ以外のあらゆる段階の困難さが成り立った場合でも主節が成り立つとする。このように逆接仮定で述べられる主節が成り立つのは、仮定節で述べる１事態の成立に関わらず、という意味とともに、そもそもその１事態の成立は必須ではない（それ以外の事態が成り立った場合も主節が成り立つ）という構造的な特徴を持っている。この特徴を前件の〈任意事態〉性としておく。

そうした点で、順接仮定は完全に異質である。

(12) a. 大降りがする<u>ならば</u>、おつまが帷子濡らさうより八分位で駕籠を借れ。　　　　　　　　　　（51-近松 1709_17001,3560）（再掲）

「駕籠を借りるべき」であるという後件に示される認識は、仮定節でいう「大降りがする」という事態が成立した場合に限って成り立つ。つまり、順接仮定節の主節、さらには表現文そのものも、前件が成立することにおいて保証される。このように後件の成立に際して前件の成立が必須であることを前件の〈必須事態〉性と特徴づけておきたい。

3.2 〈任意事態〉性が生み出す逆接仮定節の特徴

古代のトモ節は、ある種の制約ともいうべき特徴を備えていた。トモ節は古代から現代にいたるまで原則としてテンスを承けない他、ガ格を取るが主題を取り得ない。矢島（2023c）では、こうしたことに対して、主節に対するトモ節の従属度がタラ・テモ類と同様に高いこと、形容詞や打消の助動詞など、連用形と同形の活用形を述語とすることなども合わせて「（話者非関与の）事態」を描くという特徴をもって捉えている[8]。

前節で、古代語の逆接仮定は、仮定節で述べる1事態の成立が「任意」であるという〈任意事態〉性が認められるとした。そして、その1事態の描き方は「（話者非関与の）事態」までのレベル、すなわち、前件の事態にいつ、どこで成り立つのか等の個別的・具体的な情報までを盛り込まない範囲だったということである。

逆接仮定節に〈任意事態〉性があることと、「（話者非関与の）事態」を描くこととの関係について、トモ節がテンスを承けなかった点を例として考えておきたい。まず逆接仮定節でテンスを取ると、逆接仮定節の〈任意事態〉性がキャンセルされ〈必須事態〉性を帯びる。そのことを、具体例によって確認する。

(14) この二人にいづ方で会うたりとも万一ここへ尋ねてござつたともかならず／＼物言ふな、見ぬ顔せい。　　（51-近松 1715_23002,30030）
…この二人にどこで会ったとしても、万一ここへ訪ねて来られても、決して決して物を言ってはならぬ。知らぬ顔をせい。

　（14）はタリトモとタトモの両方が用いられる近世前期の例である。タリトモは、不定称を含む「いづ方で会う」により〈任意事態〉性がうかがえる表現である。一方、タトモは「ござる」という動作が未来の特定時に成り立った時だけ「物言ふな」が成立する関係にある〈必須事態〉性を表す。タリトモ節はタリのパーフェクト性に基づき、発話時に実現していない非現実事態の成り立ちを仮定し、タトモ節はタのテンス性に基づき、発話時以降の特定時における個別動作の成り立ちを仮定する。タリ→タの時制辞としての変化、相違が、そのまま逆接仮定節の用法変化(拡張)として象徴的に現れている例である(矢島 2024 参照)。
　テンスは発話時との時間的配置を1つに定め、その事態と話者との関係を明示する表現であるため、「(話者非関与の)事態」の範囲では用いられない。テンス表示によって未来時の成立を言明すれば〈必須事態〉性のある逆接仮定節を構成することができ、そしてその表現を古代のトモ節は取らない。トモ節が「(話者非関与の)事態」の範囲で用いられていたことと、〈任意事態〉性を有していたこととが表裏の関係にあったことがうかがえる事例であることがわかろう[9]。
　さらに、逆接仮定史を押さえる上で、既定性も大きく関わってくる。既定性のある仮定文であることを〈事実と照合する〉機能を担うノを介することに求め、逆接の場合は「ノ＋断定辞＋ても」の形式例を用いて検討する[10]。

(15) a. （本当に）大学院に｛進学したら・進学するのなら｝応援するよ。
　　 b. （本当に）大学院に｛進学しても・進学するのであっても｝応援するよ。

(15a)の順接の場合は、主節の「応援する」という行為が実行されるのは、前件「大学院に進学すること」が成立する場合のみである。一方の逆接においては、(15b)の「大学院に進学すること」は、「応援する」ための条件としては"外れ要素"を持つ事例としてあげられている。結果、大学院に進学したとしても、あるいは他の生き方を選択したとしても、主節「応援する」は無関係に実行される。

　さらに順接では、前件に〈必須事態〉性があることにより、「応援する」ための条件としての前件の成り立ち方が厳格に問われる。(15a)の前件が非既定的な「大学院に進学したら」の場合、その主節は「大学院に進学したあと」に成り立つことが自動的に明確になる。一方既定的な「進学するのなら」の場合、事態が事実として成立することが条件であって、成立時点は問わず、主節との前後関係も特定されないものとなる。こうして、順接仮定における前件の〈必須事態〉性は、前件が既定的であるか否かの相違は、直接的に仮定表現としての成り立ち方（＝意味）の相違にまで関わる。対する逆接では、前件に〈任意事態〉性があるため、前件で「進学しても」としても「進学するのであっても」としても、すなわち、事態を非既定的に捉えようと既定的に捉えようと、実質的には、主節が成立することに関して大きな違いをもたらさない（厳密には違いを生じるが、それに関わっては後掲の注16参照）。

　仮定節における順接と逆接のこうした違いが、どのような仮定節史の違いを作り出していくか、以下見て行く。

4　ナリトモ節で起きたこと

4.1　古代語における逆接仮定の表現

　逆接仮定を表す古代のナリトモは、基本的に体言述語を承ける。CHJの奈良時代から江戸時代までの範囲で調べる[11]と全484例あり、うち名詞、副詞や助詞など非活用語が471例を占める[12]（うち名詞は363例）。

(16) a.　天の下にあまねき御心なりとも、おのづからけおさるることもありなんかし。　　　　　（20-源氏 1010_00049,119600)
　　　　…どちらをも公平にお可愛がりになるおつもりでも、自然と引けをお取りになることもありましょう。
　　b.　みづからしおきはべらぬことなりとも、殿にのみなむ、しろしめすべし。　　　　　（20-落窪 0986_00004,46810)
　　　　…仮に故大納言自身が遺産をそう処理しておかなかったことでございましても、遺産は大将様だけが、領有なさるべきです。

　(16b)のように活用語連体形がモノ・コトを介して用いられる点では順接と同様である（コト 15 例、モノ 1 例）。(16a, b)いずれも、「体言述語で表される事態が成り立っても、後件が成立するはず」という認識を示す。こうして体言ナリトモが、逆接仮定節として確かに機能していたことが確認される。
　一方、活用語連体形を述語にとる逆接仮定節は使用が限られ、鎌倉期の資料中にわずか 2 例、見出される。

(17) a.　我ハ譬ヒ何ナル物ヲ棄置タル也トモ、只呑テム。
　　　　　　　　　　　　　　　　　　（30-今昔 1100_19021,8520)
　　　　…たとえどんなものを捨てたにせよ、おれはどうしても飲んでやる。
　　b.　縦ひのぼるべきなりとも、わらんづなンどいふ物しばりはき、同じ様にあゆみつづいてこそのぼらめ。
　　　　　　　　　　　　　　　　　　（30-平家 1250_02002,11130)
　　　　…（こんな流人の身になって、どうして尊い修学者たちにかつぎあげられて登れようか）たとえ上るべきであっても、わらじなどというものを足に括りつけて、皆と同じように歩き続けて登ろう。

先行する状況を踏まえた既定的な事態把握に基づく逆接仮定の例である。連体ナリトモも、連体ナラバと同様、活用語連体形による名詞句を承ける〈事実についての仮定〉を構成していたと見るべきであろう。
　ただし、その例は多くない。ナラバ節では、並行して引用「と」を介する方法が役割を果たしていた。逆接では句相当の表現を承けるものとして「となりとも」が対応形式として想定されるが、ただ、CHJ によれば検索対象(注11 参照)範囲には見出すことはできない[13]。2.2 節では、トナラバ節類が、既実現事態を引用した上での仮定、すなわち既定的な仮定条件を構成していたとしたが、ナリトモはそういった表現を発達させていないわけである。
　古代語のトモによる逆接仮定表現は、前件の〈任意事態〉性を前提として、前件の情報負荷に一定の制約を有していた。しかし、トモに拠らない、逆接仮定専用形式ではない方法による例の中には、そうした制約に縛られない表現がある。

(18) よう思ひ得たらむにても言ひにくし、まいて歌よむと知りたる人のはおぼろけならざらむは、いかでか。　　（20-枕草 1001_00086,6800）
　　…もしうまく返歌を思いついたとしても言いにくいし、まして歌を上手に詠むと知っている中将の歌に対しては、並一通りに過ぎなかろうものでは、どうして返歌ができよう。

　ナリトモと同じく断定辞を含む［断定ナリ連用形ニ＋接続助詞テ＋係助詞モ］の例を示した。(18)では、テの連用修飾機能を下敷きに後続の「言ひにくし」に係る。「言ひにくし」はテ節の修飾下でのみ成り立つことからニテモ節は〈必須事態〉性があることになる。ムを承けることも含め、ナリトモ節とは異質の構造である。
　古代語では逆接仮定専用形トモで表す範囲は限られていたが、こうした例でわかるように、トモでは表さなくても現代語話者からすると逆接仮定の形式で捉えたい表現は、専用形式以外の方法によって表されていた。トモ節の

〈任意事態〉性、また体言述語を専らに取る実情等は、こうした周囲に位置する表現の存在とともに実現していたものであることがわかる。

4.2　副助詞化の背景

　トモによる逆接仮定節は〈任意事態〉性が前提となって「(話者非関与の)事態」の範囲で表現が構成されていた。このことには、〈必須事態〉性のある仮定節であれば、後件がどういった条件下で成立するかが問われ、詳細な事態の描写が求められるのに対し、〈任意事態〉性の仮定節では、そのレベルの描写を求める動機が相対的に稀薄であったことが現れていよう。

　中世以降のナリトモが副助詞化を果たすことも、その状況の中で起こっていた。そのことをわかりやすく示す事例を挙げる。ナリトモ節は、その〈任意事態〉性との相性から、該当事態を1つに定めない疑問詞または疑問詞を構成要素とする名詞句を承ける例が多い(注11に示す調査範囲で、ナラバ1055例中で該当はおおよそ10例、ナリトモは484例中152例)。

(19)　何事なりとも、思さむことかなひて、この大路よりも広くながく栄え
　　　させたまふべきぞ。　　　　　　　(20-大鏡 1100_02006,16550)
　　　…何事でもお思いになることはみんな叶い、この二条の大路よりも広
　　　く長くお栄えになるに違いございませんよ。

　量化の対象が「何事であるとしても」という句単位に対応する事態であるとも、「何事」という語単位に対応する事柄であるとも、いずれの理解も可能である。が、こうした〈任意事態〉としての表現では、いずれの理解でも実際の表現内容には大差を生じない。あえて句単位の情報量が多い理解としてよりも、語単位の理解、すなわち副助詞的な用法としての運用が、実際の使用においては優先される。こうしたところから副助詞化の途が開かれていく[14]。

4.3 既定性について

　トモによる逆接仮定節で詳細な事態の成り立ち方の描写への動機付けが相対的に稀薄であったということは、事態を既定的に捉えていることを言語化することへの動機が弱かったことにもそのままつながっている。3.2 節で、逆接仮定では、順接の場合と異なり、事態を既定的に捉えることが、非既定的に捉えた場合と大きな違いを生み出さない場合があることを見た。つまり、現代共通語のように既定性を明示する言語では、順接ではナラバという既定性を表し得る形式を用いる動機が明らかにあるのに対し、相対的に逆接ではそれが稀薄である。この相違が、近世以降のナラバの拡大、ナリトモの縮小[15]という歴史の背景にはあったものと考えられる[16]。

5 表現指向史との関わりから見たナラバ・ナリトモ

5.1 表現指向の変化が文法史に影響を及ぼすこと

　以上、逆接仮定節としてのナリトモが不活発だったことには、ナラバ節の発達に関与した既定性表示という要素が、ナリトモ節においては特に求められないという状況が関係していた可能性があることを述べた。ところで順接仮定においては、既定性を表す認識的条件文を明示的に体現できるということが、なぜこの時期に求められたのであろうか。ここでは、日本語表現文が、それぞれの時代が必要とする方法に応じて質的な変容を遂げているという前提に立って、その見通しを述べておきたい。

　稿者は先に、確定条件史を例に、古代と中世以降の表現方法の変化について検討し、以下の指向性の変化が想定できることを指摘した（矢島 2023a, b）。

(20) 古代の確定条件は①前件と後件の因果関係を事態や認識の並列によって描写することで表す方法に特徴があり、中世以降は②表現者がその因果関係をどう捉えているかを文法形式で明示する方法が前景化する。

例えば、古代語の已然形＋バは既定的な事態と、それに対して起こる順当な事態・認識を並列する方法である。が、現代語話者はそれを原因理由用法「から・ので」、事実的用法「たら・と」、恒常的用法「れば・と」などといった弁別に基づいて前件・後件の関係性を把握する。こうした推移の根底には表現方法の根源的な変化があったことを想定すると、確定条件史に起きた様々な現象、例えば古代語で条件表現専用形が表していた領域が限定的であったものが中世以降の新形式は概して用法領域を拡張して用いられること等を合理的に説明できることを検討したものである。

上記は確定条件史を対象として得た見解であるが、その想定に意味があるとすれば、仮定条件史の把握においても同様に捉えられる面があると考える。本稿の課題について、その立場から整合性のある説明ができることを示すことによって、翻って(20)の見地との関係から捉えることの妥当性についても確認する試みとしたい。なお便宜的に、以下(20)の下線①の特徴を「事態描写」優位、下線②の特徴を「表現者把握」優位とそれぞれ略記する。

5.2　順接の仮定表現に及ぶ影響

2節の検討により、古代のナラバの用法は、述語部分が名詞や活用語連体形であっても、また名詞句を「と」で承ける方法であっても、前件部分は体言として承け、〈事実についての仮定〉を行っていると見ることができることを述べた。さらに前節では、古代語の表現が「事態描写」に特徴があると捉えられるとした。その見方に沿ってナラバ節史を位置づけるならば、まずはナラバ節で事態を体言的に取りまとめて提示し、それが成り立つ場合に順当に起こる認識を後件に続ける際に用いていることが、「事態描写」的であるということとなる。それはすなわち、既定性の有無を言明する、しないといった表現者の事態に対する捉え方とは関わりがない表現であった。次の例で言えば、ナラバ節においては「背くようなこと」という事態が成り立つ場合を仮定することまでが、古代語では行われていたと見るのである。

(21) まことの神の助けにもあらむを背くもの<u>ならば</u>、またこれよりまさりて、人笑はれなる目をや見む、…　　　（20-源氏 1010_00013,35100）
…入道の来訪が正真正銘の神のお加護であるかもしれないのに、それに背くようなことをしたら、これまで以上に物笑いの憂き目にさらされるようなことになるかもしれない、

　それに対して、近世前期に顕著になっていた「表現者把握」が優位となる言語においては、(21)の例で言えば、「背こうとしている状況」を感知している場合などは「（本当に）背くのなら〜だろう」と事態を既定的に捉えるということが起こる。また、そういった前提がなく前件について真偽の見込みを持たなければ「背いてしまったら〜となるだろう」と前件と後件を単純な継起関係で捉えることとなる。そして、そのように表現者がその場面をどう捉えているかに応じて、前者であれば「ならば」、後者であれば「たらば」をそれぞれ優先的に選択する。このように、古代の「事態描写」優位の言語下で［体言的な事態が成り立つこと］として仮定していたことを、「表現者把握」優位の言語環境下で表現者の立ち位置からその事態の成り立ちを捉えようとすれば、自ずと、その体言的な事態の成り立ちに対する見込み（真か偽か）（＝既定性）を問うこととなると見るものである[17]。連体ナラバは主述を示し得る上に断定辞ナリによる仮定形式であり、ことがらが事実として成り立つことを仮定する構造を持つ。つまり、その見込みを明示できるものであった。こうして表現方法の大きな移り変わりの中で、中世期以降の連体ナラバ節は、表現者の捉え方が明示できる固有の形式としての位置づけを明確化させ、発達、定着を加速していくものと考える[18]。
　なお「事態描写」と「表現者把握」は相互に排他的な、二者択一の関係にあるものではなく、それぞれどの程度前景化するかという点で、時代によって、あるいは文体によってさまざまにあり得るものだったと理解する。次は、先に近世期には現代よりもナラバ節の表現範囲が広かった可能性があるとした例である（注6も参照）。

(12) a.　大降りがするならば、おつまが帷子濡らさうより八分位で駕籠を
　　　　借れ。　　　　　　　　（51-近松 1709_17001,3560)（再々掲）

　現代共通語の発想を、より明確に意識した場合、「大降りがする」ことが発話時から見て特定時において生起した状況を仮定し、その際にどうあるべきと考えるかを主節に続ける。つまり、未来時を点的に示す「大降りになったら」など、テンス性を明示したタラバを用いた表現として捉えることになるのではないかと思われる。
　ただし、現代共通語でも、やや硬い、文語調の表現内であれば、同じ状況に対して(12)のごとくナラバを用いる言い方も不可能なわけではない。それは、近世前期でのこの使用例がそうであったように、この状況に対して、ナラバを用いて「大降りがする」という1つの事態としての成り立ちに基づき、〈事実についての仮定〉を表示する表現法である。古代語の発想に基づくナラバ節の方法を適用していると言い換えることもできる。現代語と近世前期語の時代差とも捉え得る一方で、現代語でも文体差として併用可能であり、このように位相差の因子ともなり得るものと見る。

5.3　逆接の仮定表現に及ぶ影響

　以上、順接仮定では、「表現者把握」優位の言語になる中で、既定性やテンス表示を言語化する動きとしてナラバの用法の特定化があり、そしてその利便性が受け入れられ、発達しながら一般化していたと捉えてみた。ところが、逆接仮定では同じような変化が起きていない。このことについては、3節で検討したとおり、仮定条件の場合、既定性のある前件を用いる必要性も頻度も、順接に比べて逆接が格段に低かったことが関わっていよう。順接仮定を表す連体ナラバは、特に「表現者把握」優位の言語では既定性アリであることを明示するうえで役割を果たせる形式であった。その点、逆接仮定の連体ナリトモの場合、その形式を取っても文意に与える影響は相対的に弱い。このように逆接仮定ナリトモ節は、「表現者把握」が優位な言語であっ

ても、特に活用語述語を承ける方法を積極的に用いる必要性が低かったことが、育たなかった事情の背景にはあったものと見ることができる。

　その一方で、近世には「でも」「じゃとて」など、体言性の述語を承ける新たな接続辞が発達期を迎えている(矢島 2023c 参照)。

(22) a.　いや／＼たとへ無筆でも、判がなくは筆の軸。手形は我ら筆取る。
　　　　　　　　　　　　　　　　　　　(51-近松 1711_18001,42420)
　　 b.　蒟蒻の田楽を百五十串蒟蒻の銭ぢやとて、砂にして吸はせうか。
　　　　　　　　　　　　　　　　　　　(51-近松 1707_07002,62970)

　こうした類にも表現が広がる中で、副助詞化を強めていたナリトモ節は逆接仮定の領域からは退いていくものと理解される。

6　おわりに

　本稿では、日本語において「事態描写」優位から「表現者把握」優位へという表現方法上の大きな移り変わりがあったことを想定することにより、冒頭(2)に示した問いに対して、以下の説明が可能であることを述べた。

(23) a.　古代のナラバ節は体言ナラバ、連体ナラバ、モノナラバ、トナラバ等、いずれも名詞節を承ける構造を有する。その ナラバ節は古代語の「事態描写」優位の言語下で〈事実としての仮定〉を表すものだったが、中世以降の「表現者把握」優位の言語下では、その体言的な事態の成り立ちに対する見込み(真か偽か＝「既定性」)を問うところとなり、認識的条件文として再解釈され、現代共通語的な意味を獲得すると理解することができる。
　　 b.　逆接仮定のナリトモ節では前件の〈任意事態〉性により、既定性を問う意味が稀薄であるため、既定性を表示し得るナリトモとい

う方法は選好されず、順接ナラバとの非対称性を生じる。

　従属節内の主述を明示し得る連体ナラバは、事態の成り立ち方が既定的であることを表示する形式として直接的に対応し得た。近世前期には、連体ナラバはその特徴を顕在化させる中で、使用の拡大そのものも起こっていた。対する連体ナリトモは、大きな表現史の推移の中で固有の存在意義を担い直す要素を持たずに退潮傾向を示す。両形式が示す非対称的な歴史は、様々な事情が複層的に関わる中で実現していることが知れる。

　なお、本稿のように言語事実の捉え方自体に変化があったことを想定する考え方は、そもそも実証が困難なことでもあり、さらなる検証が必要なことは言うまでもない。こうした試みが日本語文法史の進展に資するところがあることを願う。

注
1　以下の本文ではナラバは「ば」を取らない「なら」も含めた意味で用いる。
2　本稿の「既定性」は、(3a)で見る表現者の見込みに基づく範囲に限定するが、有田が「既定性」として特定する範囲は、それのみならず(3c)に見る既実現事態における既実現性も含んだものであり、異なる。ただし有田もこうした「既定性」の区別は厳格に行った上で議論するものであり、認識的条件文の捉え方に関しては、有田と本稿とで違いが生じるわけではない。
3　条件表現史における「既定性」の有無の区別は、従来の研究では「完了性・非完了性」の別で把握されてきたことと関係が深く、おおよそ「既定性」アリが「非完了性」、「既定性」ナシが「完了性」と対応する（日本語学会2008年度春季大会シンポジウム報告(2008)「日本語の条件表現—体系と多様性をめぐって—」『日本語の研究』4-4参照）。小林(1996)では体言ナラバ節は検討の対象外であるが、連体ナラバ節が「非完了性」(つまり「既定性」アリ)のみならず、「完了性」(「既定性」ナシ)の用法でも中世期まで用いられていて、中世後期以降、「完了性」にタラバが発達・侵出する中で、「非完了性」の特徴を明確にしていくことなど、現代共通語とは大いに相違する状況にあった様子を明らかにしている。その小林による観察結果も、後述する本稿の見方——古代語のナラバが体言ナラバ節を構成し、中世期以降、認識的条件文として再解釈されるに至る——によって説明されるものと考える。

4　(7) の諸例のトナラバを、「なら」は動詞「成る」の未然形とする考え方がある（CHJ の形態素解析もその一例）。が、「～となり」の文法的性格について詳細に検討する辻本 (2017) に従い、本稿は文相当句を承けるナラバ節のトナラバと見る立場を取る。

5　北﨑 (2023) は「何を以てか知るとならば」など不定語疑問の主題化の問題を取り上げるものであるが、トナラバ（トナレバ）と、引用トを取らないナラバ（ナレバ）との発生の前後関係、出自の相違などに関わって議論している。さらにこの種のナラバ（ナレバ）が「中世後期の抄物」に続いて「典型的な口語資料では隔絶するが、(略) 国字解、心学道話などの講義体の資料には引き続き用いられる」(p.25) ことを述べる。こうした文相当句を承ける形式が、ある種の文体的な特徴とともに継続使用される歴史があることも注意される。注 16 も参照。

6　こうしたナラバ節については、文語性に関する指摘（鈴木 1993．1.2 節参照）の他、有田 (2007：104) は「状態性の述語ほど容認度が高く」、「動作性述語ほど容認度が低く」なることを指摘している。本文に示す近世期の (12) の例は「動作性述語」であり、特段、文語調がうかがえる場面での使用でもないことから、現代共通語よりもナラバの承ける範囲が広かったと見る。この広狭が生じる事情については 5.2 節の検討を参照されたい。

7　古代における逆接仮定トモの全称性については、山口堯二 (1980：93) において「条件の成立しない場合をふくめて、包括的に例外なくその帰結を保証する」「あらゆる条件のもとにおいてその帰結に例外はないと保証すること」として特徴づけられている。なお山口は、こうした表現特性を生じることについて、順接条件が係助詞ハ、逆接条件が係助詞モによって構成されることから説明しており、本稿もその理解に立っている。

8　トモの成立期である上代の用法を検討する山口佳紀 (1985：446) は、トモの「情態句を構成するト」に関わって、「〈動詞終止形＋ト〉は〈動詞連用形＋テ〉と同じく、動詞が連用修飾格（副詞格）に立つための一形式である」と捉え、連用形接続の場合と「同価値性を示す」ことを指摘する。動詞連用形は事態を構成する要素を客体的概念レベルで表すものであり、トモ節が「（話者非関与の）事態」をなすと捉えることの妥当性を裏付けよう。

9　ちなみに逆接仮定節の〈必須事態〉性は、テンスを表示する方法の他、(本文でも一部後述する通り) 連用修飾的に主節と関係を構成する方法 (例、「そう言われても困ります。」) などによって表される。こうした表現は、中世期以前においては、逆接仮定の専用形式ではない「トテ」節、「テ＋モ」節などが担う。そのあたりについては、矢島 (2024) で、タリトモがタトモへと、一旦は形を変えたにもかかわらず定着しなかった事情などとも合わせて論じている。

10　「の」と既定性表示との関係は有田 (2007) に詳しい。逆接仮定もノデアッテモやノデモ類であればナラバ節と同様にル形とタ形の対立を取り得、既定性を帯びた

表現を構成すると考えることができる。

11　検索対象は［時代＝奈良・平安・鎌倉・室町・江戸］、短単位検索［「キーの条件を指定しない」／後方共起1：「語彙素読み」ナリ∧「品詞」の「大分類」が「助動詞」／後方共起2：「語彙素読み」が「トモ」］指定とした。

12　484例中残りの13例はナリトモが活用語に続くものであるが、以下の本文で述べる(17)の2例を除く11例は「いかやうになりとも言はふ」などのようにいずれも副助詞としての用法例であることが確認できる。

13　「となりとも」に近い表現を、「不合におはすといふとも、翁らが宿りのやうにはべらむやは」(20-大鏡1100_02003,47150)のように、「といふとも」が担っていた可能性がある。山口堯二(1996：111)でも「といふとも」を「（と）なり」を関連付けて捉える考え方が示されている。

14　4.2節は、ナリトモの副助詞化は疑問詞（＝量化詞）との親和性と関わっているのではないかという査読者のコメントに基づき、検討したものである。なお、ナリトモ・デモが副助詞化する様相に関わって詳細な観察記述を行う矢毛(1997)はその変化にナリトモ類が「最低限度の志向対象」を示す役割を持っていたことが関与するとする。疑問詞による全称的な表現は、それに該当する事柄のうち、極端に位置する1要素を想起させる。こうした構造が、「最低限度の志向対象」を示すところとなり、副助詞としての内実を創り出していたと考えられる。

15　注11に示す調査範囲でのCHJの検索によると、近世期以降、活用語による述語を取るナリトモ節は見出すことはできない。

16　逆接仮定における既定性の表示は、書き言葉などの厳密さを要する文体では求められる。既定性を明示する方法の1つである逆接仮定ノデアッテモ（例(15b)参照）は、CHJ・BCCWJ（『現代日本語書き言葉均衡コーパス』2023/10/01確認）に基づく調査範囲では雑誌『太陽』など近代以降の硬質な文体より成る資料に見出すことができる。ちなみにノデアッテモはナラバではなくノデアレバ類と比較すべきレベルに位置づく表現形であるが、ノデアレバ類の発達も近代以降である。
　なお注5で、文相当句を承ける構造に関して文体的な特性を指摘する北﨑(2023)を引いた。前件に大きな情報量を要するという点で、既定性を明示する方法と同じ事情を有するが、この種の表現は概して文体面で特定の位相で必要とされた歴史があった可能性がある。

17　これは、ナラの承前の準体句を［体言句］と捉えていたものから、［活用語による述語句］としての解釈へという変化とも一体である。本稿としては準体句の変質と表現指向の変化の両者を因果関係で捉えていないが、そのあたりについてはさらに検討の余地があると考えている。

18　阪倉(1958)は、連体ナラバの表現の拡大に関わって、次を指摘する。
　それ（＝中世末期においてタラ・ナラが仮定表現の中心語形になること）はまづ、古代語における仮定条件表現が、(1)事実の生起そのことを前件として提

出し、それに導かれる事態を個別的に推測するものであつたに対して、近代語のそれは、「あり」といふ存在を意味する要素をふくんで、前件が一つの事実として提出されるかたちをとることによつてもうかがはれるやうに、(2)仮定条件表現そのものが、恒常仮定的性格をおびるにいたつたことを意味する。(括弧内、及び下線は稿者による)

阪倉は未然形＋バがタラ・ナラといった特定形式を専らに用いる方向に推移するという形式面に着目し、下線(1)から(2)への表現方法の変化を説く。本稿は、なぜそうした変化が起きたのかについて、その根底を支える発想法の変化を想定することにより説明を試みるものである。

使用コーパス
国立国語研究所(2023)『日本語歴史コーパス』((バージョン 2023.3, 中納言バージョン 2.7.2) https://clrd.ninjal.ac.jp/chj/

参考文献
青木博史(2022)「文相当句の名詞化」青木博史・岡﨑友子・小木曽智信編『コーパスによる日本語史研究　中古・中世編』pp.89–108. ひつじ書房
有田節子(2007)『日本語条件文と時制節性』くろしお出版
小田勝(2015)『実践詳解古典文法総覧』和泉書院
北﨑勇帆(2022)「原因・理由と話者の判断」青木博史・小柳智一・吉田永弘編『日本語文法史研究 6』pp.133–156. ひつじ書房
北﨑勇帆(2023)「「不定語疑問文の主題化」の歴史」『日本語文法』23(2): pp.19–35. 日本語文法学会
小林賢次(1996)『日本語条件表現史の研究』ひつじ書房
阪倉篤義(1958)「条件表現の変遷」『国語学』33: pp.105–115. 国語学会
鈴木義和(1993)「ナラ形式の条件文の諸タイプ」益岡隆志編『日本語の条件表現』pp.131–148. くろしお出版
辻本桜介(2017)「文相当句を受けるトナリについて―中古語を中心として―」『ことばとくらし』29: pp.3–19. 新潟県ことばの会
日本語記述文法研究会(2008)『現代日本語文法 6　複文』くろしお出版
矢毛達之(1997)「仮定条件句末形式出自の助詞について―デモ・ナリトモの意味機能変化―」『語文研究』84: pp.28–38. 九州大学国語国文学会
矢島正浩(2017)「中央語におけるナラバ節の用法変化」有田節子編『日本語条件文の

諸相─地理的変異と歴史的変遷─』pp.115-138. くろしお出版

矢島正浩(2023a)「原因理由史の再理解」『国語学研究』62: pp.1-13. 東北大学大学院文学研究科国語学研究室

矢島正浩(2023b)「逆接確定条件史の再編─事態描写優位から表現者把握優位へ─」『国語国文』92(8): pp.1-18. 京都大学文学部国語学国文学研究室

矢島正浩(2023c)「近世前期における逆接仮定条件史─トモとトテ・テモ共存の意味─」岡部嘉幸・橋本行洋・小木曽智信編『コーパスによる日本語史研究　近世編』pp.33-55. ひつじ書房

矢島正浩(2024)「文法史としての仮定節史─タラバとタリトモの消長をめぐって─」『国語国文学報』82: pp.1-17. 愛知教育大学国語教育講座

山口堯二(1980)『古代接続法の研究』明治書院

山口堯二(1996)『日本語接続法史論』和泉書院

山口佳紀(1985)『古代日本語文法の成立の研究』有精堂出版

【付記】本研究は、JSPS 科研費 22K00587 の助成を受けたものである。また、本稿の中で、逆接仮定節における既定性を論じるところがあるが、有田節子氏より私信において種々ご教示を賜った。査読者からも、ナリトモの副助詞化に関わる具体的な助言も含め、数々の有益なコメントをいただいた。記して感謝申し上げます。

形容詞語幹動詞の自他対応関係の歴史

村山実和子

1　はじめに

　現代共通語(以下、現代語)の派生動詞には、(1)のように形容詞と形態的に共通する部分を有し、自他対応を持つものがある。このように形容詞語幹を語基に持つように見える派生動詞(本稿では、以下、「形容詞語幹動詞」と総称する[1])の自他対応は、現代語においては(2)に示すように「－まる／－める」の型が主流である。

(1) a.　河岸工事の結果、川幅が狭まった。
　　b.　県は河岸工事をして川幅を狭めた。　　　　　(杉岡 2002：104)
(2)　薄まる／薄める、固まる／固める、清まる／清める、狭まる／狭める、高まる／高める、強まる／強める、ぬくまる／ぬくめる、はやまる／はやめる、低まる／低める、広まる／広める、深まる／深める、丸まる／丸める、緩まる／緩める

　　　　　　　　　　　　　　(関口 2020 で取り上げられた語例より抜粋)

　しかし、形容詞語幹動詞で自他動詞対(以下、動詞対)が見られるものは、この型に限らず見られる。(3)は、ナロック・パルデシ・影山・赤瀬川(2015)で示された現代語における有対動詞のリストから、形容詞語幹動詞に該当する例を抽出したものである。このリストでは、形態的・意味統語論的な派生

関係にもとづいた分類が行われており、(3a) には「非他動化」の類型（他動詞から自動詞を派生する類型）、(3b,c) には「他動化」の類型（自動詞から他動詞を派生する類型）に分類されていた語例を挙げた。

(3) a. 非他動化：母音語幹動詞(Vv)＞母音語幹動詞＋ar (Vv+ar)
「緩める」＞「緩まる」
b. 他動化：子音語幹動詞(Vc)＞母音語幹動詞(Vv)
「痛(傷)む」＞「痛(傷)める」、「苦しむ」＞「苦しめる」、「温(ぬる)む」＞「温める」、「休む」＞「休める」、「緩む」＞「緩める」
c. 他動化：その他
「細る」＞「細める」

　先に見た形容詞語幹動詞「－まる／－める」は (3a) の型に含まれるが、(3b,c) に含まれる動詞対も、それぞれ形容詞「痛い」「苦しい」「ぬるい」「やすい」「緩い」「細い」に関連するものであり、形容詞語幹動詞の自他対応には、複数の型がありえることがわかる。さらに (3a,b) の「緩める」＞「緩まる」、「緩む」＞「緩める」はいずれも「緩い」に関連する動詞対であるが、このように複数の型にわたって併存する動詞対[2]があることも注目される。これらの事例から、形容詞語幹動詞における自他対応の型は一様ではない、ということが窺える。

　また、詳細は後述するが、現代語における主要な型である「－まる／－める」に含まれる動詞対の多くは、「対」として出揃う時期が近代以降に集中している。以下、「深まる／深める」、「薄まる／薄める」の調査内での初出と思しい例を挙げる。

(4) a. 某(それがし)遊廓(ゆうかく)に連れ行かれしが、其砌(そのみぎり)より不図(ふと)或芸子(あるげいこ)と申換(もふしかは)し、夫(それ)より愛情(あいじよう)日(ひ)に月(つき)に深(ふか)まり、今(いま)となりては引(ひ)くに引(ひ)かれぬ義理合(ぎりあひ)になりました。

(名和淵海［生年不明］『仏教徳育談　修身斉家』［1894 刊］)
 b. 広瀬川袖漬くばかり浅きをや心深め〈深目〉て我が思へるらむ
(万葉集・巻第七・一三八一・10-万葉 0759_00007,81630[3])
(5) a. 〔稿者注：麻酔性毒物の中毒の時には〕或は又沢山水を飲ませますと胃中に這入って居る毒が自然薄まりますから先づ水を多量に飲ませてそれから嘔吐させても宜しいです。
(三好常三郎［1872 生］述・高木兼寛閲『傷病応急手当法講義』［1903 刊］)
 b. 糸或は布に染めたるものを鑑別するには濃き硫酸に漬けて先づ糸或は布を共に解かし後水を以て薄める時は沈殿物を得。之を漉して水にて洗ひ後「アムモニア」に解かすべし。
(山岡次郎［1850 生］『初学染色法 染料薬品之部』［1888 刊］)

　上代から例の見える他動詞「深める（深む）」に対し、近代以降に例が見えはじめる自動詞「深まる」のように成立時期に隔たりのある対、「薄まる／薄める」のようにいずれも近代の同時期に見られるようになる対など、その出揃い方はさまざまであるが、いずれにせよ、この型の動詞対がまとまって得られるのは近代まで待たねばならない。

　以上、形容詞語幹動詞の自他対応の型が一様ではないこと、現代語で中心的な型である「−まる／−める」の動詞対が出揃うのが近代以降であることを考えあわせると、そこには何らかの歴史的な変遷があることが予想される。そこで、本稿では、形容詞語幹動詞の動詞対の主要な型である「−まる／−める」が定着するまでのプロセスに注目することで、形容詞語幹動詞における造語の史的変遷の一端を明らかにすることを目指すこととする。

　以下、本稿の構成を示す。まず、第 2 節において関連する先行研究を整理したうえで、本稿の目的をあらためて確認する。第 3 節で形容詞語幹動詞の自他対応の推移について概観し、主力となる型に歴史的変化が見られることを指摘する。次いで第 4 節で「−まる／−める」の体系が整った背景を記述し、第 5 節で周辺的な形式に触れる。第 6 節はまとめである。

2 先行研究

2.1 「−まる／−める」に関する研究の動向

　この動詞対の一群については、語構成の観点から「形容詞語幹を語基とする派生動詞」の一部として論じるもの（斎藤 1990）、形容詞語幹動詞ならではの自他交替の特徴について語彙概念構造を用いて論じるもの（影山 1996、杉岡 2002・2009）、類義関係にある語・句（「広げる／広がる」と「広める／広まる」、「形容詞連用形＋なる／する」など）との比較を行うもの（斎藤 1990、新谷 2024a・b）などが見られるが、いずれも現代語を対象とした研究が中心に進められてきた。歴史的研究の必要性も指摘されるものの[4]、実際に扱った研究は限られており、この型の成立の経緯について論じたものは見られないようである。なお、歴史的な観点から派生動詞「−まる／−める」の自他対応を取り上げるものに関口（2020）が見られるが、その概要と課題については 2.3 節で述べる。

2.2 語形成史上の動詞派生と形容詞との関係

　古代語における形容詞と動詞との対応について形態的な面から整理した安本（2010a）の量的な調査では、中古において、形容詞を素材とした動詞派生が上代に比して多く見られるようになったことが示される。一方、属性形容詞とそれに対応する動詞との対応について論じた安本（2010b）では、古代語で見られた形容詞と派生動詞との機能分担が現代語では見られなくなることなどを理由に[5]、形容詞に対応する派生動詞の必要性が次第に薄れていくことへの指摘がある。ただし、安本（2010b）は主に古代語を対象とした研究であり、現代語の状況を踏まえた見通しは示されるものの、形容詞に対応する派生動詞が中世以降にどのように推移するかについては明らかではない。形容詞語幹動詞「−まる／−める」は先に示したように近代以降に新たな造語の事実があり、この点について検討の必要があるように思われる。

2.3 通時的観点から見た日本語の動詞の自他対応

　形容詞語幹動詞に限らず、日本語の自他対応や、その変化の方向性を問ううえでは、通時的な調査の必要性が夙に指摘されてきた。特に、類型論の観点から日本語の動詞対について論じたナロック (2007) の「自他動詞対という語彙化したものの派生関係を分析する際、ただ共時的に単純に線上の音韻列を比較して認定するのでは、派生関係を正しく把握することができない。実際の通時的成り立ちを見て、派生関係が生産的であった時代、あるいはそれにできるだけ近い時代にさかのぼって派生関係を認定する必要がある」(p.164) という指摘は重要である。ナロック (2007) では、動詞対の歴史的派生関係にもとづいて、日本語の動詞の自他の類型を整理し、その出現時期（『日本国語大辞典 第二版』における初出を手掛かりとする）と照合した結果、「日本語は形態的には自動詞をベースとする他動化型が支配的である」が、「歴史的な流れとして、他動化型が減少し、不定型などが増え、また、本来他動型・非他動型であるパターンが中立型のように見えるようになる」(p.165) と、日本語の自他の類型に通時的な変化が見られることを明らかにした[6]。

　さて、2.1 節で触れたように、関口 (2020) は、日本語の自他動詞対の中で接辞 {-ar-} を含む自動詞と対応する他動詞の性質について論じるものである。ナロック (2007) の調査方法を参考に『日本国語大辞典 精選版』における初出年代から推定した成立時期の先後関係・時代差の有無による分類を行った結果、「自動詞が遅れて生まれてくる対」と、「成立時期に差（ここでの基準は初出時期が 100 年以上離れているかどうか）がない対」との間で、動詞の意味特徴に異なりがあるという考えを提示した。その中でも、形容詞派生動詞（本稿における「形容詞語幹動詞」）の場合、自動詞が遅れて生まれてくる派生動詞は「段階的な程度変化 (degree achievement)」(杉岡 2002) の性質が強く、変化の終結点が想定されにくいのに対し、初出年代にそれほど差が見られない派生動詞に分類される「固まる」と「丸まる」は段階的な程度変化の解釈が相対的に弱く、変化の終結点が強く意識される傾向にあると

述べる。また、自動詞が遅れて生まれてくる派生動詞の場合、「*太郎が狭まる」のように有情物を対象に取れないのに対し、「固まる」「丸まる」では有情物を取れる点も、ほかの形容詞派生動詞に比べて特異であるとする。関口(2020)は、現代語の共時的な観点から形容詞派生動詞の自他対応を論じた杉岡(2002)の主張を引き継ぎつつ再考するもので、そこに歴史的な派生関係の視点を持ち込む点で、稿者と問題意識を同じくする。ただし、初出年代に差が見られないグループ(「固-」「丸-」「薄-」の3語が所属)において、「固まる」「丸まる」に見出した特徴が、「薄まる」には該当せず、「薄める／薄まる」の場合は、自動詞が遅れて生まれてくる派生動詞と振る舞いを同じくしている可能性がある(関口2020：59注38参照)と例外扱いしており、その分類の妥当性に疑問も残る。あわせて、調査の主眼が接辞 {-ar-} を含む自動詞にあるため、「細る／細める」、「緩む／緩める」のような「−まる／−める」以外の型を含めた自他対応は検討されていない。しかし、形容詞語幹動詞の自他対応の先後関係や史的変遷を見るうえでは、その他の自他対応の型も含めた全体像を見る必要があるといえる。

2.4　本稿の目的と対象

　本稿で扱う形容詞語幹動詞の史的変遷について、語形成の観点からは主に古代語を対象とした研究が進められており、中古語において形容詞からの動詞派生が盛んに行われたことが明らかにされている。一方、現代語では古代語のような形容詞と動詞との対応関係が衰退していることも示唆される。また、自他対応の観点からは、日本語の動詞対全体における通時的な類型変化が指摘されているものの、形容詞語幹動詞に限れば現代語の研究が中心であり、「−まる／−める」という特定の型が主軸となっている背景については明らかになっているとは言い難い。そこで、本稿では、形容詞語幹動詞の自他対応について、複数の型がありながら特定の型に集中していること、その体系が整う時期が比較的新しいことに注目し、その過程について語形成史の観点から記述することを目指す。

本稿で取り上げる形容詞語幹動詞については、共通する基体として想定される形容詞があり、それと対応する形態を持つ動詞がある、ということを重視して調査を行う。その際、調査の対象に以下の条件を定める[7]。

・派生動詞と形態的・意味的に共通する形容詞が、その動詞より前の時代または同時代に見られること
・対のいずれかがラ行四(五)段の自動詞、またはマ行下二(一)段の他動詞と形態的に共通する部分を有し、同様の意味を表す動詞対であること(「−まる／−める」の型との連続性を検討するため)

以上の観点で収集した動詞対について、それぞれが「対」として出揃うようになった時期を整理し、各時代における形容詞語幹動詞の動詞対にどのような型があり、どのようにして現代語に見られるように「−まる／−める」の体系が中心となるのかについて検討していくこととする。

3 形容詞語幹を語基とする動詞の自他対応の史的変遷
3.1 調査結果の概観

2.4節で示した調査の目的と対象にもとづき、いつごろ、どのような動詞対が見られるかを見ていく。調査結果を一部先取りすれば、本稿で対象とする形容詞語幹動詞の自他対応は、大きく以下2つの型に分けることができる。

A) 活用型対立型　　マ行四段・自動詞／マ行下二段・他動詞
　　　　　　　　　e.g. 緩む／緩む(緩める)
B) 接辞付加対立型　ラ行四段・自動詞／マ行下二段・他動詞
　　　　　　　　　e.g. 緩まる／緩む(緩める)

それぞれの型に該当する動詞対にどのようなものがあったか、という観点で調査内容を整理したものが表1である。この一覧表では、動詞対と認められるもののうち、遅い方の初出時期を「動詞対が出揃った時期」とみなした。それぞれの語の調査内における初出時期は表中の［ ］内に示す。また、表中では、活用型対立型の場合は自動詞／他動詞、接辞付加対立型の場合は他動詞／自動詞の順で配置しているが、以下、動詞対の用例を挙げる際には自動詞→他動詞の順に統一した。

表1 形容詞語幹動詞の動詞対が出揃う時期の推移[9]

	活用型対立型 マ行四段：自／マ行下二段：他	接辞付加対立型 マ行下二段：他／ラ行四段：自
上代	やすむ／やすむ（安） ［8C後］／［8C後］	やすむ／やすまる（安） ［8C後］／［771］
中古	くろむ／くろむ（黒） ［810頃］／［10C後］ あかむ／あかむ（赤） ［10C後］／［10C後］ しろむ／しろむ（白） ［10C後］／［10C後］ たゆむ／たゆむ（弛） ［10C後］／［947-957頃］ かろむ／かろむ（軽） ［1010頃］／［1010頃］ くるしむ／くるしむ（苦） ［898-901頃］／［1010頃］ まろむ／まろむ（円） ［1028頃］／［1010頃］	ひろむ／ひろまる（広） ［764］／［898-901頃］ かたむ／かたまる（固） ［8C後］／［905-914頃］
中世前期	はやむ／はやむ（早） ［1170］／［10C後］ たかむ／たかむ（高） ［1163］／［948］ ひらむ／ひらむ（平） ［9C末］／［1220頃］ いたむ／いたむ（痛） ［830頃］／［13C前］	きよむ／きよまる（清） ［8C後］／［1105］ はやむ／はやまる（早） ［10C後］／［1120頃］（［1603-4］）

中世後期	あをむ/あをむる（青） ［898–901］/［1603–4］ ふとむ/ふとむる（太） ［1463–4頃］/［1603–4］ ぬくむ/ぬくむる（温） ［室町末］/［1603–4］ ゆるむ/ゆるむる（緩） ［1603–4］/［1223頃］ つよむ/つよむる（強） ［1604–1608］/［1595］ くらむ/くらむる（暗） ［1603–4］/［1690か］	まるむる/まるまる（円） ［1477］/［1527］ ゆるむる/ゆるまる（緩） ［1223頃］/［1591］ ほそむる/ほそまる（細） ［1069–77頃］/［1603–4］
近世	ぬるむ/ぬるむる（温） ［970–999頃］/［1677］	せばむる/せばまる（狭） ［1150頃］/［1639］
近代	うすむ/うすめる（薄） ［1934］/［1888］	たかめる/たかまる（高） ［948］（［1872］）/［1839］ よわめる/よわまる（弱） ［1477］/［1888–9］ くろめる/くろまる（黒） ［10C後］/［1890］ ふとめる/ふとまる（太） ［1603–4］/［1894］ ぬくめる/ぬくまる（温） ［1603–4］/［1896］ ひくめる/ひくまる（低） ［1711］/［1896］ つよめる/つよまる（強） ［1595］/［1901］ うすめる/うすまる（薄） ［1888］/［1903］ ながめる/ながまる（長） ［1872］/［1913］ ふかめる/ふかまる（深） ［8C後］/［1894］ ぬるめる/ぬるまる（温） ［1677］/［1969］

　なお、釘貫（1996：325）で、上代において自他対応関係による派生と体言や形状言を派生源とする造語法とは関係が希薄であり、「きはむ→キハマ

ル、かたむ→カタマル、さだむ→サダマル、ひろむ→ヒロマル、かしこむ→カシコマル、のような組織的な関係」(下線は稿者による)が生じるのは中古以降であると指摘される[8]ように、当該時期にはまだ形容詞語幹と共通する語基を持つ動詞の派生自体が限られていると考えられるため、基本的に中古以降の状況を見ていく。

3.1.1　中古・中世前期

　中古に入ると、釘貫(1996)や安本(2010a)が指摘したように形容詞からの派生と見られる動詞が増加する。活用型対立型の例が中心的であり、色彩や形状などを表す形容詞との対応が目立つ。(6a,b)には形容詞「軽し」と対応する「かろむ」を、(6c,d)には〈気・力が入らない〉意を表わす形容詞「弛し」と対応して〈油断する〉〈油断させる〉意を表わす「たゆむ」を挙げた。(6e,f)「ひらむ」は形容詞「平し」と対応するもので、〈平たくなる〉〈平たくする〉意を示す。

(6) a.　斎宮におはしまししころほひの御罪軽むべからむ功徳のことを、かならずせさせたまへ。
　　　　　　　　　　(源氏物語・若菜下・20-源氏 1010_00035,310440)
　　b.　我にその罪を軽めてゆるしたまへと仏を念じきこえたまふに
　　　　　　　　　　(源氏物語・賢木・20-源氏 1010_00010,188920)
　　c.　〔この局は人通りが多く、来客などがあるため〕昼などもたゆまず心づかひせらる。　(枕草子・うちの局・20-枕草 1001_00073,1430)
　　d.　〔やりこめられた相手が〕いとつれなく何とも思ひたらぬさまにて、〔こちらを〕たゆめ過ぐすもまたをかし。
　　　　　　　　　　(枕草子・うれしきもの・20-枕草 1001_00258,7380)
　　e.　しろきおほきなるうし、つのすこしひらみたるなむ
　　　　(古本説話集・70 [1130]：『日本国語大辞典』(以下、「日国」)「ひらむ」)

f.　兵、弓を平め、矢をそばめて、通し奉る。
　　　　　　　　　　　　（平治物語・上・30-平治 1246_01009,2260）

　接辞付加対立型の語例は限られるが、現代にも持続する基本的な動詞対がいくらか見られるようになる。(7)には「固い」「広い」と対応する例を示した。

（7）a.　霰乱れて　霜こほり　いやかたまれる　庭の面に
　　　　　　　　　（古今和歌集・巻第十九・雑躰歌・20-古今 0906_00020,14060）
　　　b.　いざ子ども狂わざなせそ天地の堅め〈加多米〉し国そ大和島根は
　　　　　　　　　　　　（万葉集・巻第二十・10-万葉 0759_00020,62860）
　　　c.　古よりかく伝はるうちにも、ならの御時よりぞ〔歌は〕ひろまりにける。　　　（古今和歌集・仮名序・20-古今 0906_00001,22830）
　　　d.　つひに他の朝廷にもわが国にもありがたき才のほどを弘め、名を残しける古き心をいふに
　　　　　　　　　　　　（源氏物語・絵合・20-源氏 1010_00017,44070）

3.1.2　中世後期

　前代から継続して活用型対立型の動詞対が一定数見られるが、接辞付加対立型にも新たな例が加わる。活用型対立型の例を(8)に、接辞付加対立型の例を(9)に示す。

（8）a.　ねやのうづみ火みなきへてはいもぬくまぬあかつきのそで
　　　　　　　　　　　（御伽草子・聖徳太子の本地［室町末］：日国「ぬくむ」）
　　　b.　Nucume,uru,eta.　ヌクメ，ムル，メタ（温め，むる，めた）暖める．¶ また、鳥が卵を暖めかえす．例, Tori tamagouo nucumuru（鳥玉子を温むる）　　　　　　　（邦訳日葡辞書［1603-4］、p.475）
　　　c.　此旨わきまへぬ好士は、くだけちぢみふとみたれども、結構の句をのみむねと思へり　（ささめごと［1463-4］：日国「ふとむ」）

  d. Futome, uru, eta フトメ，ムル，メタ（太め，むる，めた）。大きくする，あるいは，一層太くする．（邦訳日葡辞書［1603-4］、p.286）

（9）a. 雨ガ湿セバ塵ホコリガマルマツテ不起也

（三体詩幻雲抄［1527］：日国「まるまる」）

  b. 公孫述ガ攻ラルヽ時ハ土ヲダニマルメテ食タゾ。

（史記抄・一一・58 オ［1477］）

  c. Fosomari,u,atta. ホソマリ，ル，ッタ（細まり，る，つた）細くなる．

（邦訳日葡辞書［1603-4］、p.265）

  d. Fosome,uru,eta. ホソメ，ムル，メタ（細め，むる，めた）細くする，または，小さくする．¶Cuchiuo fosomuru.（口を細むる）口笛を吹こうとする人がするように，口を小さくつぼめる．

（邦訳日葡辞書［1603-4］、p.265）

当期の特徴に、同じ形容詞語幹を持つ自動詞が複数併存して見られることが挙げられる。例えば（10）は形容詞「緩い」に対応する派生動詞の例であるが、（10c）の他動詞に対し、（10a）のような接辞付加対立型、（10b）のような活用型対立型の対が考えられる。また、主要な2つの型とは異なるが、（11a）に挙げた「強る」は（11c）の「強むる」と対をなすようにも見える。『日本大文典』には（11b）に挙げた「Tçuyomi, mu（強み，む）」（土井忠生訳pp.249–251）の例も見えるため、これも複数の自動詞が併存したものと考えられる。

（10）a. Passiones ノ yurumaran（ユルマラン）トスルトコロヲクゲンノ ダウグノウエニヒキヒロゲタテマツリテ

（サントスの御作業・2［1591］：日国「緩まる」）

  b. †Yurumi, u, runda ユルミ，ム，ンダ（緩・弛み，む，んだ）Yurumaru（緩・弛まる）に同じ．（邦訳日葡辞書［1603-4］、p.837）

  c. Yurume,uru,eta. ユルメ，ムル，メタ（緩・弛め，むる，めた）ゆる

める，あるいは，ゆとりをつける．¶ 比喩. Cocorouo yurumuru.（心を弛むる）心をくつろがせる，あるいは，ゆるめる．

(邦訳日葡辞書［1603-4］、p.837)

(11) a. Tçuyori,ru,otta. ツヨリ，ル，ッタ（強り，る，つた）強化される，あるいは，強くなる．例，Ienga tçuyoreba, acuga youaru.（善が強れば，悪が弱る）善が強くなれば，悪が衰え弱る．

(邦訳日葡辞書［1603-4］、p.638)

b. Tçuyoi（強い），Tçuyome, uru（強め，むる）。Tçuyomi, mu（強み，む）。Tçuyori, ru（強り，る）（日本大文典［1604-8］、pp.249-251）

c. Tçuyome,uru,eta. ツヨメ，ムル，メタ（強め，むる，めた）強化する，あるいは強くする．¶ Fitono cocorouo tçuyomuru.（人の心を強むる）人に力を与える，または，元気づける．

(邦訳日葡辞書［1603-4］、p.638)

『日本大文典』では当期の動詞派生について、「多くの形容動詞の語末のi（い）を Me（め），又他のものは Mi（み），Ii（じ），Xi（し），Ri（り），Ye（え）に変へて，能動動詞及び中性動詞を作る」（土井忠生訳 p.249）として、(11b)に挙げた例のほかに「Catai（固い），Catame, uru（固め，むる）。Catamari, ru（固まり，る）」「Futoi（太い），Futome, uru（太め，むる）。Futori, u（太り，る）」といった例を列挙しており、形容詞と関連付けられる派生動詞に複数のバリエーションがあったことを窺い知ることができる。

3.1.3 近世

近世においては、いずれの型にも新たな動詞対はほとんど見られない。活用型対立型には(12)に挙げたように既存の「ぬるむ」と対をなす他動詞「ぬるむる」が見られ、接辞付加対立型には、(13)のように「狭むる」と対をなす自動詞「狭まる」の例が見られた。

(12) a.　親王もまた御心ぬるみて解くる銅屋

　　　　　　　　　　（浄瑠璃・用明天皇職人鑑・第一［1705 初演］）

　　b.　若水を少ぬるめてかくるにや

　　　　　　　　　　（俳諧・六百番誹諧発句合・春一［1677］：日国「ぬるめる」）

(13) a.　窄狭
サウケウ
　腹ノ名ガセバマツタヤウデ、キヅマリニシテイルカセニナ

　　　　ヒ事ゾ。或ハ、湯水ナドモ何ニトヤラ通リニクヒ事也。

　　　　　（『病論俗解集』［1639］：『時代別国語大辞典室町時代編』「せばまる」）

　　b.　〔丹波栗の大きさを自慢して〕両手を壱尺ほどひろげて、これほど有

　　　　といへば、いかに丹波くりじやとて、あんまり手のひろげやうが

　　　　大そうだ。もちつとせばめやれ。（噺本・大栗［1772–1781 頃刊］）

3.1.4　近代以降

　近代以降、活用型対立型に該当する新たな造語として「薄む」があったが、その他の四(五)段活用の動詞とは時代的な隔たりが大きく、それ以前の活用型対立型を参照した逆成によるものと見ておく。一方、接辞付加対立型に新たな形式がまとまって見られ、現代に見られる対が出揃うこととなる。先行して使用例のあった他動詞「−む(−める)」に遅れて、自動詞「−まる」の形式が見られるようになる、という例が多数を占める。(14)には「強まる」「深まる」「弱まる」「低まる」の例を挙げた。

(14) a.　かくて時平の生前は、中央政府の權力つよまり、國庫も充實せり。

（大町桂月［1869 生］「藤原時平」『太陽』［1901］・60M 太陽 1901_01034,96490）

　　b.　某
それがし
遊郭
じようろや
に連れ行かれしが、其砌
そのみぎり
より不図
ふと
或芸子
あるげいこ
と申換し、夫
それ
より愛情
あいじやう
日
ひ
に月
つき
に深まり
ふか
、今
いま
となっては引くに引かれぬ義理合
ぎりあひ
になりました。

　　　　　　　　　（名和淵海『仏教徳育談　修身斉家』［1894 刊］：(4a)再掲）

　　c.　遙か遠方まで美音が響き渡って〈略〉処々方々で弱まったり絶え絶えになったりして

（ツルゲーネフ作・二葉亭四迷［1864 生］訳『めぐりあひ』
［1888–1889］：日国「弱まる」）
d. 更に低まりたる音調の、風なき夜半に弱々しく
（泉鏡花［1873 生］『琵琶伝』［1896 刊］：日国「低まる」）

ただ、中には「薄い[10]」「高い[11]」に対応する派生動詞のように、自動詞と他動詞がともに同時期に見られるものもある。

(15) a. 〔稿者注：麻酔性毒物の中毒の時には〕或は又沢山水を飲ませますと胃中に這入って居る毒が自然薄まりますから先づ水を多量に飲ませてそれから嘔吐させても宜しいです。
（三好常三郎述・高木兼寛閲『傷病応急手当法講義』［1903 刊］：(5a)再掲）
b. 又糸或は布に染めたるものを鑑別（みわく）するには濃き硫酸に漬けて先づ糸或は布を共（とも）に解かし後水を以て薄（うす）める時（とき）は沈殿物を得（う）。之を漉（こ）して水にて洗（あら）ひ後「アムモニア」に解（と）かすべし
（山岡次郎『初学染色法 染料薬品之部』［1888 刊］：(5b)再掲）
(16) a. 彼の胸馬背（キャウバハイ）とて肩の圓く高まりて胸の下は却て大に凹み且つ其身も健かならざる者は多くは身体の位置を直ぐすべき此法則に背きたる人なり
（初学人身窮理・上［1839 刊］・60T 人身 1876_01002,28490）
b. TAKAME,-ru,-ta, タカメル, 高, *t.v.* To make high, heighten.
（和英語林集成（再版）［1872 刊］）

3.2 自他対応関係の通時的変化

3.1 節で見た形式の推移について小括する。まず、形容詞語幹動詞と対応する形容詞については、活用型対立型に含まれる「苦しむ／苦しめる」「痛む／痛める」の「苦し」「痛し」をのぞき、性状や色彩、空間の大小を表す属性形容詞（近代のものは特にスケールの両極に位置するようなものが目立

つ[12]) との対応が中心であり、動詞化することによって、その形容詞で表される状態に変化する／させることを表す。

　その自他対応の型の推移を見ると、中古～中世後期までは活用型対立型の動詞対が中心であるのに対し、近世以降、活用型対立型に属する新たな動詞対が次第に生じなくなり、近代に入って、それまで散発的であった接辞付加対立型の動詞対がまとまってみられるようになる。現代語における活用型対立型は型として衰退しており、その型に含まれる動詞対も、冒頭の (3b) に示した語例が残る程度である。なお、中世後期においては、「強む」「強る」、「緩む」「緩まる」のように複数の自動詞が併存する例が見られる点も特徴であるが、この点については第 5 節で述べる。

　歴史的派生関係が不明瞭な点もあるが、中世にかけて形容詞語幹を語基にとる動詞には、自動詞が先行して生じたと見られるものが多分に含まれ、「他動化型」[13] の傾向にある。それに対して、近代以降は先行して存する他動詞に適応するように生じた自動詞が目立ち（関口 2020 の調査結果と同様である）、「非他動化型」の傾向が見える。基本的には、ナロック（2007）で示された動詞の自他の大勢と矛盾しない。活用型対立型は基本的に自動詞が先行し、下二段化による派生が行われたものと見られるが、その派生元の動詞の多くが、形容詞からの動詞派生が盛んな中古期に造語されたものであることを考えると、派生元となる動詞に限りがあったために、新たな造語が次第に行えなくなったのではないかと考えられる。他方、接辞付加対立型は、先行する他動詞に適応するように自動詞が生じるものがほとんどである。それぞれの型に対応する形容詞は必ずしも一致しないものの、活用型対立型と接辞付加対立型で中心となる造語の時期に差があることには、その形態的な派生関係も影響しているものと考えられる。

4 「−まる」「−める」型の台頭

4.1 近代以降の新たな自動詞の派生

　前節で確認したように、形容詞語幹動詞においては、近代以降に接辞付加対立型の動詞対がまとまって見られるようになる。その多くは、自動詞「−まる」が近代以降に新たに生じたことによって対をなしたものであるが、先行する他動詞の語幹に接辞 -ar が加わった自動詞の派生は、「受ける」に対する「受かる」、「求める」に対する「求まる」など形容詞語幹動詞に限らず見られるものである。そのような「-u」「-er-u」の対応があるものから新たに「-ar-u」という自動詞が派生される語群について取り上げた西尾(1954)は、それらが動詞の自他対応の中で最も有力な「-er-u／-ar-u」の群にひきつけられて、類推的に派生したとし、その成立の機縁を以下の比例式とともに示す((17)には具体的な対立例から「受かる」が導き出されることを示した式を、(18)にはそれを一般化した式を引用した)。

(17) あげる：あがる　　　　(18) 〈A-eru〉：〈A-aru〉
　　 かける：かかる　　　　　　　〈B-eru〉：〈B-aru〉
　　 〈(稿者注)中略〉　　　　　　 〈C-eru〉：〈C-aru〉
　　 ＝うける：X　　　　　　　　 ── : ──
　　 X＝うかる　　　　　　　　　 ── : ──　etc
　　　　　　　　　　　　　　　　 ＝〈M-eru〉：X
　　　　　　　　　　　　　　　　　X＝〈M-aru〉

　なお、動詞の自他対応の型の中でも、下一段活用の他動詞から自動詞を派生する型と想定されるものには、「-er-u／-ar-u」の型のほかに「付く／付ける」などの「-u／-er-u」の型もあるが、西尾(1954)は、新たに語を派生する形式として語形が短くなる後者は採用されにくいこと、前者のほうが所属する実例数も多く、例が増えれば増えるほど「型」としての同化力を強め

ることから、前者が有力な型と見なされるのではないか、とする。「-er-u／-ar-u」の型が最も生産的であることはナロック(2007)でも追認される。

　ここで形容詞語幹動詞に話を戻すと、他動詞「深む(深める)」が先行していたところに、近代になって自動詞「深まる」が得られるようになる例などは、「受かる」を含むその他の動詞群と同じく、多数派の「-er-u／-ar-u」の型の類推によって生じたという説明が可能である。ただし、それは近代におけるすべての形容詞語幹動詞の動詞対に当てはまるものではない。たとえば「薄まる」と「薄める」はいずれも近代のほぼ同時期に見られるようになったもので、その成立に先後関係は見られず、いわば形容詞「薄い」から直接それぞれの派生動詞が生じたような恰好である。そのとき、それぞれの語幹で指標となる接辞は -ar／-er ではなく、-mar／-mer であり、少なくとも近代以降に造語された形容詞語幹動詞の動詞対の場合は、西尾(1954)の提示した比例式とは異なるものを想定する必要がある。また、その他の動詞の自他とは異なり、自他対応の型の変化が「形容詞語幹動詞」全体に及んでいることも検討の必要があるだろう。

4.2　形容詞語幹動詞の自他対応と「群化」

　従来、形容詞語幹動詞の自他対応には複数の型が併存していたのに対し、近代以降は「-mar/-mer」という同じ形態的特徴で実現する方向にシフトしている。それは形容詞語幹動詞で自他対応を持つ動詞対全体に関わる体系変化であると考えられるが、そのような変化のプロセスは小柳(2022,2023)が説く「群化」によって説明可能であるように思われる。小柳(2022,2023)は亀井孝の提唱した「群化」を参考に、ある語に起こった変化がどのようにして群全体に及ぶかを理論的に検討し、以下のように規定する。

(19) ある群的意味特徴を共有する語群が、その反映として特定の指標形態を共有すること。また、ある語が、ある語群の群的意味特徴に合致する意味特徴を有したために、その語群が共有する指標形態を持つよう

になること、つまり、その語群に加わった微証として指標形態が実現すること。　　　　　　　　　　　　　　　　　　　（小柳 2023：280）

　現代語における形容詞語幹動詞の自他対応が接辞付加対立型「−まる／−める」に移行していくことを、この「群化」の観点で考えてみたい。まずこの動詞群に共通するのは、段階性を持つ形容詞と関連付けられる動詞対であるということである。その形容詞の持つ段階性を反映し、動詞化によって状態（程度）変化すること／させることを表すようになる。そのような形容詞との対応関係をもって状態変化・他動性を表すことが群的意味特徴となり、それらが共有する指標形態「-mar/-mer」が取り出され、ほかの形容詞語幹動詞にも及ぶようになったと考えられるのである。(20)にはその比例式を挙げた。

(20)　固い〔(固イ・段階性を持つ形容詞)：-i〕：固まる〔(固イ・状態変化)：-mar(u)〕：固める〔(固イ・他動性)：-mer(u)〕
　　　＝強い〔(強イ・段階性を持つ形容詞)：-i〕：X〔(強イ・状態変化)：x〕：強める〔強イ・他動性)：-mer(u)〕
　　　X＝強まる〔(強イ・状態変化)：-mar(u)〕

　左辺には、範例として、形容詞「固い」と対応する「固まる／固める」の動詞対を挙げた。状態（程度）変化を表す自動詞は -mar という形態を、他動詞化した場合には -mer という形態を持っている。このような意味と形態との相関を参照して、条件に合う形容詞「強い」から状態変化を表す自動詞を求めれば、「強まる」が出力されるということになる。(20)の右辺には、「強む」「強る」といった自動詞化の例もある「強い」を試みに代入したが、ここにたとえば形容詞「近い」を入れれば、リストには無い新たな「近まる」「近める」の動詞対を求めることができる[14]。類推の背景には、西尾（1954）が説くように動詞の自他対応の中で最も有力な「-er-u／-ar-u」の群にひき

つけられたことが想定されるが、より厳密にその実態を捉えようとするならば、一段化が進行した後の対（「固める／固まる」「広める／広まる」「丸める／丸まる」……）を比例群として[15]意味特徴と形態的特徴との間に相関関係が生じ、近代以降に「-mar/-mer」を指標とした新たな自動詞（または動詞対）を生じさせるようになったものと考えられる[16]。

5　周辺的な形式

　本稿の冒頭で示した形容詞語幹動詞の自他対応の型には、以下のように自動詞「細る」と他動詞「細める」の対応も含まれていた。また、中世後期にもやはり、「強る／強むる」が対応しているように見える例があったが、これらの形容詞語幹動詞の自他対応における位置づけについても確認する。

(21) 他動化：その他　「細る」＞「細める」（3c の再掲）

　このようにラ行四（五）段活用の形容詞語幹動詞で、語幹部分が共通する下二（一）段活用の他動詞が存するものには、ほかに「はやる」「細る」「弱る」「太る」が挙げられるが、いずれも自動詞単独では中古に成立したものと見え、その後、ほかの形容詞から派生した例は見られない。

(22) a.　いとも清げにもの思ひに沈みたまへるほどのしわざにや、髪の裾すこし細りて、さはらかにかかれるしも、いとものきよげに
　　　　　　　　　　（源氏物語・初音・20-源氏 1010_00023,18280）
　　b.　然テ、此糸ヲバ細メ可遣方無シテ、繚フ程ニ
　　　　　　（今昔物語集・巻第二十六・第十一・30-今昔 1100_26011,7600）
　　c.　晉ト越ト共ニセヌハ呉ハヨワラウゾ（史記抄・十・51 オ［1477］）
　　d.　一ニナツテ秦ヲヨワメウトスルゾ　（史記抄・四・61 ウ［1477］）

(23) a.　Fortesco, is. Lus. Fazerse forte. Iap. Tçuyoru, qengoni naru.

(羅葡日辞書 p.295［1595］)

b.　Fortifico, is. Lus. Fortificar. Iap. <u>Tçuyomuru</u>, <u>qengoni nasu</u>.

(羅葡日辞書 p.295［1595］)

　(23)に挙げた『羅葡日辞書』内の語釈(「堅固になる」「堅固になす」)は、見出し語「強る」「強むる」が自他対応の関係にあると意識されていたことを示唆するものの、このような「対」は、活用型対立型・接辞付加対立型に比して限られた例しか得られない。中古以降、活用型対立型に一定の動詞対が見られるものの、他方で、形容詞を素材とした動詞の派生は自由に行われていた。そのとき、活用型対立型に相当する自動詞を持たなかった他動詞と、たまたま形態的・意味的に対応する自動詞とが実質的な自他対応を持ちえたものの、新たな形式を生むには至らなかったものと見ておく[17]。

　また、形容詞語幹動詞で自他対応を持つものは、第3〜4節で見たように接辞付加対立型の組み合わせで安定していくこととなる。結果的には、他動詞はすべてマ行下二(一)段活用の動詞であったため、対応する自動詞が一本化していく変化でもあった。そのような体系の整備と足並みを同じくして、あるいは個別の事情によって、その他の形容詞語幹動詞の動詞対には持続しなくなるものが見られる。「弱る／弱める」と「弱まる／弱める」が併存するように、「強る／強める」が持続することもありえたように思われるが、「強い」に関しては「強まる／強める」の動詞対のみが持続している。このことには、その派生動詞が表せる意味が作用するものと考える。

　例として(24)に「強い」および関連する派生動詞が立項される『和英語林集成』の「強い」関連語彙を挙げた[18]。再版・第三版に変更はなく、他動詞(transitive verb)に「強める」、自動詞(intransitive verb)に「強る」が立項されている。また、イディオムである「強く・なる」も挙げられるが、「強む」「強まる」の立項は見られない。「強る」の訳には "To grow stronger, severe, or more violent." とあり、対して「強く・なる」には "to become strong or powerful." とあることから、「強る」のほうに段階的な変化が読み取れる。

(24) a. TSZYOKU, ツヨク, 強, *adv*, Idem, 一*naru*, to become strong or powerful.
　　b. TSZYOME, -*ru*, -*ta*, ツヨメル, 強, *t.v.* To make strong, To strengthen, encourage, invigorate. *Hi wo* 一, to make a fire burn more intensely. *Kokoro wo* 一, to encourage, or animate. *Karada wo yojo sh'te tszyomeru*, by taking care of one's health to invigorate the body.
　　c. TSZYORI, -*ru*, -*tta*, 強る, 強, *i.v.* To grow stronger, severe, or more violent. *Zen ga tszyoreba aku ga yowaru*, as virtue becomes stronger vice grows weaker. *Kaze ga* 一, the wind increases in violence.

(25) How it swells! 如何に夫れ（Gush of euphony）が強まるよ、
　　Swells. 増大する、強まる、膨大す

　　　　　　　　　（山県五十雄［1869生］註『英詩研究・中』［1904刊］）

　これに対し、(25)に挙げたのは、『和英語林集成』と成立時期の近い英詩の和訳中の「強まる」の例である。これは"swells"という語にあてた訳であり、この単語も段階的な変化を含意していると思しいことから、「強る」と「強まる」が意味的に近いことが理解される。そのように、「強まる」が「強る」の意味範疇を覆うことができたために、「強る」は持続（または復活）しなかったのであろう[19, 20]。「強る」の場合には当てはまらないものの、形容詞の表す意味を動詞化するうえでは「形容詞連用形＋する（なす）」「形容詞連用形＋なる」のように分析的に表すことも可能であり、かつ利便性も高い。同表現と形容詞語幹動詞の類似性についての指摘は安本（2010b）、関根（2001）、新谷（2024a, b）にも見られ、完全に換言できるものではないが、形容詞語幹動詞において、一部の語が持続しなかったことには、類似した形式で代替できるという事情もあったものと考えられる。

6 おわりに

本稿では、形容詞語幹動詞の自他対応の歴史について以下のことを示した。

- 形容詞語幹動詞で自他対応を持つ型は、歴史的に見て「緩む／緩める」のような活用型対立型（自動詞から他動詞を派生する「他動化」）と、「緩める／緩まる」のような接辞付加対立型（他動詞から自動詞を派生する「非他動化」）に二分される。中世後期頃までは前者が優勢であるが、近代に入って接辞付加対立型（「−まる／−める」）が主要な型に転じる。
- 中世までの動詞対は自動詞ないし他動詞からの形態的派生によるものと考えることができるが、少なくとも近代以降の接辞付加対立型は、それまでに生産された動詞対に対する「類推」で生じている。
- 近代における形容詞語幹動詞の自他対応は、日本語の動詞の自他の中でも主要な「-er-u／-ar-u」の影響を受けつつ、派生する際の形態的な指標に「-mar／-mer」を持ち、それが同じ「形容詞語幹動詞」に及んでいる点で特異である。このプロセスは「群化」によって説明することができる。
- 「細る／細める」は形容詞語幹動詞の語彙的な動詞対のひとつと見ることができ、歴史的にも類例が見られるが、新たな語を派生する「型」とまではいえない。形容詞語幹動詞の自他対応における自動詞として「−まる」が安定していく中、個別の語において「−まる」と競合するものには現代語に持続しない場合がある。

今回は考察対象としなかったが、形容詞語幹動詞で自他対応関係を持つものには、「広がる／広げる」のように異なる形態をとるものもある。また、自他のいずれかしか見られないものもある。それら形容詞語幹動詞の造語の歴史的な全体像については今後の課題である。

注

1　現代語の先行研究では「形容詞派生動詞」（杉岡 2009 では「形容詞由来動詞」と

も）とするものが多く、形容詞からの派生を含意していると思しいが、歴史的に見ると、小柳(2011)のいうところの「情態語基」から動詞・形容詞が派生したものや、逆成によって成立した場合と区別しがたいものも含むため、便宜上、この名称で「形容詞と形態的に共通する部分を有する動詞」を表すこととする。なお、斎藤(1990)も共通の語幹から形容詞ないしは動詞が派生したと見て、「同根動詞」という名称も用いており、その共通する要素を「形容詞語幹（から派生する動詞）」と呼ぶことが不適当であることの断りがある(p.104)ことも付言しておく。

2　形容詞語幹動詞に限定したものではないが、現代語の動詞対における併存例については須賀(1980)、大関(2021)に指摘がある。

3　以下、『日本語歴史コーパス』を用いて検索・引用した例には、コーパス内のサンプルIDと開始位置を併記する。

4　斎藤(1990)に対する森山(1995)の書評も参照。また、関根(2001)も、斎藤(1990)で論じられた「高い」に関連する派生動詞について、歴史的な観点からその意味記述を再考したものであり、同様の問題意識で論じられたものである。

5　安本(2010b)は品詞ごとの構文的特徴に注目し、中古における属性形容詞が主に連体修飾用法で用いられるのに対し、その派生動詞は述語用法で用いられるというように役割の分担が見られると指摘する。しかし、現代語では属性形容詞にも述語用法があるために、それを担うはずの動詞の必要性が薄れ、属性形容詞に対する派生動詞がなくなる方向にあると説明している。

6　Narrog(2016)、ナロック・パルデシ・赤瀬川(2015)も参照。

7　新谷(2022)では、奥津(1967)、早津(1987)をもとに、自他対応の定義として、①自動詞と他動詞が形態的に共通する部分をもつもの、②自動詞と他動詞の表す意味に同一性が見られるもの、③自動詞文のガ格が他動詞文の動作の対象を表すヲ格として現れるもの(新谷2022：74)を示している。そのような定義を設けることが望ましいものの、文献上の限られた例において③のテストが困難であったことから、本稿においては形態的・意味的に共通することのみを条件とした。意味についても、対応する形容詞と派生動詞、古代語と現代語との比較などは検討を措いた。

8　釘貫(1996)は、自動化接辞 -ar を含む語群の登場はもう少し下ると指摘するが、本稿では形容詞「やすい(安)」と関係する「やすむ／やすまる」の対を表に含めた。また、釘貫(1996：328)では「かたまる」等の自動化派生群の登場が中古以降になることについて、「伝達要求（自動化派生）が生じて派生形が産出されるだけの時間が奈良時代終了時までに与えられていなかったことを示すものと思う」と述べ、体言や形状言を派生源とする動詞群が相対的に新しいことを示しているとする。

9　表中の対について、以下補足する。
　　・日国の初出において『古事記』『日本書紀』が挙げられる場合、歌謡の例以外

・「やすむ」(四段)の初出に日国では『万葉集』3645番歌の例(「わぎもこは早も来ぬかと待つらむを沖にやすま〈也須麻〉む家づかずして」)が挙げられるが、助詞「や」＋「住む」とする解釈(『新編全集』の頭注による)が妥当であると考え、ここでは初出例には認定しなかった。

・「はやまる」の初出にあたる『今昔物語集』の例は〈度を過ごして早くする。急ぎすぎる〉意の例であり、〈時期が早くなる。速度が速くなる〉意では『日葡辞書』が初出となる。この対を中世後期に含めても本稿の主張には影響しない。

・「くらむる」について日国では『元禄版古今著聞集』の例を挙げ、1254年とする。ただし該当箇所は宮内庁書陵部本では「くらむ(四段)」であることから、元禄版の刊年に替えた。

・「あをむる」について、『日葡辞書』には「Ximo(九州)」の言葉との注記がある。

10 「薄い」を動詞化したものでは、「薄る(薄れる)」「薄らぐ・薄ろぐ」が古代から見られる。その他動詞形が近代まで見られないことは不審でもあるが、自発的な変化を表すことが中心で、〈薄い状態にする〉という表現自体が必要とされなかったということも考えられる。「薄く＋する」という形式についても、『日本語歴史コーパス』で調査した範囲では、幕末の人情本の例が早いものであった。

11 「高む」(下二段)は訓点資料に早く例が認められる(「丘陵の駿骶たるを崇(タカム)」漢書楊雄伝天暦二年点、11ウ7［948］)ものの、その後近代まで用例が見いだせないことから、実際には近代において一般化したものと見ておく。なお、『和英語林集成』の初版［1867刊］には掲載がなく、再版［1872刊］から立項されている。

12 対義関係を持つ形容詞が必ずしも今回のような形容詞語幹動詞を有するわけではない。例えば「遠い―近い」の場合、「遠ざかる」「遠ざける」「遠のく」「近づく」「近づける」のような別語がそれを担っており、「短くなる」ことを表す際には「縮む」のように形態的に関連のない語がそれを担うこともありえる。

13 先行研究の枠組みを援用するが、本稿の対象とする形容詞語幹動詞は、本来、動詞化によって「そのような状態になる」ことが中心的な意味をなすと考えられる。そのため、必ずしも「他動詞」を基準と考えるものではない。用語の選択や、歴史的な派生関係の把握に関しては、なお検討を必要とする。

14 『日国』に「近める」の立項はないが(「近まる」には近代の例がある)、SNSでは以下のような例を採取できる。「知らない人なら丁寧語で話しつつ距離とりながらじりじり近めて離れてまた近める」(2015/03/01投稿、2024/05/10確認) (https://x.com/nakuroaoi/status/571724725065412608)

15 ここでは終止連体形で代表させているが、ほかの活用形の使用状況もあわせて詳細に検討する必要がある。

16 自動詞が新たに必要とされたことについて、自動詞が遅れて登場した派生動詞は対象に有情物を取らず(関口 2020)、現代語の「−まる／−める」は、端的に情報を伝える硬い文体で用いられやすい傾向がある(新谷 2024b)といった報告を踏まえると、近代以降の無生物名詞など欧文脈の影響(森岡 1999)も想定されるが、今後、近代の用例の文体や資料を精査することで明らかにしたい。
17 「強る」のようなル語尾の自動詞には「強らす」「強らかす」のように生産的で分析可能な使役を表す接辞を付加することもできたため、語彙的な動詞対が定着しなかった可能性もある。
18 「強る」は近世以降に使用例が見えず、『和英語林集成』の例文が『日葡辞書』と同じであるため、同辞書の項目をそのまま引き写した可能性が高いが、古語扱いはされていないため、ひとまず理解語彙ではあったものと見ておく。
19 「強る」の消長を論じた伊原(1985)は、「強る」が用いられなくなった要因を、「弱る」に比してその使用例が少ないこと、競合する類義語・表現(「募る」「強く・なる」など)との関係から、「強る」自体の用いられる場面が限られていたことを要因に挙げる。その主張を否定するものではなく、ここでは「弱る」「弱まる」のように併存できた可能性が否定される理由として、意味範疇の重なりを指摘した。
20 関連して、現代語で併存する自動詞・他動詞の意味差を論じた須賀(1980)には、「やすむ・やすまる」「緩む・緩まる」のように〈-u〉〈-aru〉で併存する自動詞には、前者が動作的な意味を分担し、後者が状態変化的な意味を分担するという傾向が認められるとの指摘がある。また、併存している例について「弱る」には〈困る・迷惑する〉という派生的な意味があり、それを「弱まる」では表わしえないことを考えても、何らかの意味差を持つものが併存している、と考えることができるように思う。

調査資料・使用テキスト
引用に際し、句読点や漢字表記など本文を私にあらためた箇所がある。
【上代】万葉集…国立国語研究所(2017)『日本語歴史コーパス 奈良時代編Ⅰ万葉集』(短単位データ 1.0/ 長単位データ 1.0) ／続日本紀宣命…国立国語研究所(2020)『日本語歴史コーパス 奈良時代編Ⅱ宣命』(短単位データ 1.0/ 長単位データ 1.0) ／延喜式祝詞…国立国語研究所(2022)『日本語歴史コーパス 奈良時代編Ⅲ祝詞』(短単位データ 1.0/ 長単位データ 1.0) ／古事記・日本書紀(歌謡部分)…『新編日本古典文学全集』小学館
【中古〜中世前期】《和文資料》国立国語研究所(2023)『日本語歴史コーパス 平安時代編Ⅱ仮名文学』(短単位データ 1.3/ 長単位データ 1.3) ／うつほ物語・狭衣物語・栄花物語・浜松中納言物語・夜の寝覚…『新編日本古典文学全集』小学館／《訓点資料》『漢書楊雄伝天暦二年点』…大坪併治(1976)「漢書楊雄伝天暦点解読文」『岡山大学法文学

部紀要』36 ※語の有無の検索に『訓点語彙集成 1 〜 7』汲古書院を使用／《説話・随筆》国立国語研究所 (2016)『日本語歴史コーパス 鎌倉時代編 I 説話・随筆』(短単位データ 1.1/ 長単位データ 1.1) ／《日記・紀行》国立国語研究所 (2017)『日本語歴史コーパス 鎌倉時代編 II 日記・紀行』(短単位データ 1.0/ 長単位データ 1.0) ／《軍記》国立国語研究所 (2022)『日本語歴史コーパス 鎌倉時代編 III 軍記』(短単位データ 1.0/ 長単位データ 1.0)、延慶本平家物語…北原保雄・小川栄一編『延慶本平家物語』勉誠社

【中世後期】《キリシタン資料》天草版平家物語・天草版伊曾保物語…国立国語研究所 (2024)『日本語歴史コーパス 室町時代編 II キリシタン資料』(短単位データ 1.1/ 長単位データ 1.1) ／羅葡日辞書…金沢大学法文学部国文学研究室編『ラホ日辞典の日本語本文篇・索引篇』、『羅葡日対訳辞書フランス学士院本』清文堂出版／日葡辞書…土井忠生・森田武・長南実編訳『邦訳日葡辞書』岩波書店／日本大文典…土井忠生訳註 (1955)『ロドリゲス日本大文典』三省堂／《狂言資料》天理本狂言六義…『狂言六義全注』勉誠社／虎明本狂言集…国立国語研究所 (2016)『日本語歴史コーパス 室町時代編 I 狂言資料』(短単位データ 1.1/ 長単位データ 1.1) ／《抄物資料》史記抄・蒙求抄・毛詩抄・四河入海…岡見正雄・大塚光信編『抄物資料集成』清文堂／中華若木詩抄…古田龍啓・北﨑勇帆・青木博史編 (2024)『ひまわり版抄物コーパス』(ver.2024.3) ／中興禅林風月集抄…来田隆編『中興禅林風月集抄』清文堂

【近世】《浄瑠璃》近松世話物浄瑠璃 24 作品…国立国語研究所 (2020)『日本語歴史コーパス 江戸時代編 III 近松浄瑠璃』(短単位データ 1.0) ／《随筆・紀行》国立国語研究所 (2023)『日本語歴史コーパス 江戸時代編 IV 随筆・紀行』(短単位データ 0.8) ／《洒落本》洒落本 30 作品…国立国語研究所 (2019)『日本語歴史コーパス 江戸時代編 I 洒落本』(短単位データ 1.0) ／『日本語歴史コーパス』収録外の洒落本作品追加 35 作品…洒落本大成編集委員会編『洒落本大成』中央公論社／《人情本》人情本 8 作品…国立国語研究所 (2019)『日本語歴史コーパス 江戸時代編 II 人情本』(短単位データ 0.8) ／『春告鳥』…『新編日本古典文学全集』小学館／《噺本》武藤禎夫・岡雅彦編『噺本大系』東京堂出版／《その他》『新編日本古典文学全集』小学館および『日本古典文学大系』岩波書店所収の仮名草子・浮世草子・滑稽本／嚶鳴館遺草…検索は JapanKnowledge 所収『東洋文庫』、引用は愛知県立図書館公開のデジタル画像〈https://websv.aichi-pref-library.jp/wahon/detail/201.html〉に拠る。

【近代】《口語資料・録音資料》国立国語研究所 (2021)『日本語歴史コーパス 明治・大正編 III 明治初期口語資料』(短単位データ 0.9) ／国立国語研究所 (2022)『日本語歴史コーパス 明治・大正編 VI 落語 SP 盤』(短単位データ 1.0) ／《雑誌・新聞・教科書》国立国語研究所 (2019)『日本語歴史コーパス 明治・大正編 I 雑誌』(短単位データ 1.2) ／国立国語研究所 (2023)『日本語歴史コーパス 明治・大正編 V 新聞』(短単位データ 0.8) ／国立国語研究所 (2024)『日本語歴史コーパス 明治・大正編 II 教科書』(短単位データ 1.2) ／《小説》国立国語研究所 (2021)『日本語歴史コーパス 明治・大正編 IV 近代小説』(短単位データ 1.0) ／《辞書》和英語林集成 (初版／再版)…検索・画像確認

ともに明治学院大学図書館『和英語林集成デジタルアーカイブス』（https://mgda.meijigakuin.ac.jp/waei）を利用。

また、『時代別国語大辞典上代編』三省堂、『時代別国語大辞典室町時代編』三省堂の項目も目視で確認したほか、補助的な手段として、JapanKnowledge 所収の『日本国語大辞典　第二版』『新編日本古典文学全集』『東洋文庫』の全文検索、および次世代デジタルライブラリー（https://lab.ndl.go.jp/dl/）の全文検索を利用して古典籍を対象に含めた用例収集を行った。本文中の用例のうち、次世代デジタルライブラリーの検索結果にもとづくものは、『初学染色法 染料薬品之部』『傷病応急手当法講義』『修身斉家』『英詩研究』が該当する。

参考文献

伊原信一(1985)「動詞"つよる（強）"の成立とその意味に就いて」『国語国文学研究』20: pp.1–28. 熊本大学

大関洋平(2021)「分散形態論と日本語の他動性交替」岸本秀樹編『レキシコン研究の現代的課題』pp.1–23. くろしお出版

奥津敬一郎(1967)「自動化・他動化および両極化転形―自・他動詞の対応―」『国語学』70: pp.45–66. 国語学会

影山太郎(1996)『動詞意味論―言語と認知の接点―』くろしお出版

釘貫亨(1996)『古代日本語の形態変化』和泉書院

小柳智一(2011)「被覆形・情態言・形状言・情態性語基」高山善行・青木博史・福田嘉一郎編『日本語文法史研究 1』pp.1–20. ひつじ書房

小柳智一(2022)「類推・追」青木博史・小柳智一・吉田永弘編『日本語文法史研究 6』pp.107–131. ひつじ書房

小柳智一(2023)「一から多への言語変化―類推と群化―」ナロック ハイコ・青木博史編『日本語と近隣言語における文法化』pp.271–289. ひつじ書房.

斎藤倫明(1990)『現代日本語の語構成論的研究―語における形と意味―』ひつじ書房

新谷知佳(2022)「自他対応をもつ動詞における自動詞と他動詞の使用比率に基づく分析―動詞対の形態的特徴に着目して―」『KLS Selected Papers 4』pp.73–88. 関西言語学会

新谷知佳(2024a)「「－まる」「－める」を伴う形容詞派生動詞の使用傾向―自他対応に着目して―」『阪大日本語研究』36: pp.45–62. 大阪大学大学院人文学研究科基盤日本語学講座

新谷知佳(2024b)「形容詞派生動詞に関する一考察―「形容詞の連用形＋なる／する」

との比較から―」『日本語文法』24(1): pp.3–19. 日本語文法学会

須賀一好(1980)「併存する自動詞・他動詞の意味」『国語学』120: pp.31–41. 国語学会

杉岡洋子(2002)「形容詞から派生する動詞の自他交替をめぐって」伊藤たかね編『文法理論　レキシコンと統語』pp.91–116. 東京大学出版会

杉岡洋子(2009)「形容詞から作られた動詞」影山太郎編『日英対照　形容詞・副詞の意味と構文』pp.191–222. 大修館書店

関口雄基(2020)「{-ar-}型自動詞と、対応する他動詞の派生関係について―『日本国語大辞典精選版』の初出年代から比較した有対自動詞の性質について―」『筑波日本語研究』24: pp.31–66. 筑波大学大学院博士課程人文社会系日本語学研究室

関根紗絵(2001)「形容詞語幹から派生する動詞の語構成と意味の史的研究―「たかまる」「たかぶる」「たかめる」について―」『日本語文化研究』4: pp.89–105. 比治山大学日本語文化学会

ナロック ハイコ(2007)「日本語自他動詞対の類型論的位置づけ」影山太郎編『レキシコンフォーラム No.3』pp.161–193. ひつじ書房

ナロック ハイコ・パルデシ プラシャント・赤瀬川史朗(2015)「日本語自他動詞対のコード化の頻度論的動機付け　大規模コーパスによる検証」パルデシ プラシャント・桐生和幸・ナロック ハイコ編『有対動詞の通言語的研究　日本語と諸言語の対照から見えてくるもの』pp.25–41. くろしお出版

ナロック ハイコ・パルデシ プラシャント・影山太郎・赤瀬川史朗(2015)『現代語自他対一覧表 Excel 版』〈https://watp.ninjal.ac.jp/resources/〉

西尾寅弥(1954)「動詞の派生について―自他対立の型による―」『国語学』17: pp.105–117. 国語学会

早津恵美子(1987)「対応する他動詞のある自動詞の意味的・統語的特徴」『言語学研究』6: pp.79–109. 京都大学言語学研究会

森岡健二(1999)『欧文訓読の研究―欧文脈の形成―』明治書院

森山卓郎(1995)「〔書評〕斎藤倫明著「現代日本語の語構成論的研究―語における形と意味―」『国語学』180: pp.47–52. 国語学会

安本真弓(2010a)「古代日本語における形容詞と動詞の対応形態とその史的変遷」『国語学研究』49: pp.124–110. 東北大学大学院文学研究科国語学研究室

安本真弓(2010b)「中古の状態形容詞における動詞との対応とその要因：形容詞から動

詞が派生した対応を中心として」『文芸研究　文芸・言語・思想』170: pp.1–14. 日本文芸研究会

Narrog, Heiko. (2016) Japanese Transitivity pairs through time - a historical and typological perspective. Kageyama, Taro & Wesley M. Jacobsen（eds）, *Transitivity and Valency Alternations,* 249–287. Berlin: Mouton de Gruyter.

【謝辞】本稿は「第298回筑紫日本語研究会」(2024年3月29日)における口頭発表の内容を加筆修正したものです。席上ご教示を賜った先生方、修正の過程で貴重なコメントを下さった編者の先生方、川瀬卓氏、久保薗愛氏、北﨑勇帆氏に御礼申し上げます。本稿は、国立国語研究所共同プロジェクト「通時コーパスの構築と日本語史研究の新展開」、JSPS科研費20K13059による成果の一部です。

副詞「道理で」の成立

古田龍啓

1 問題の所在

　現代日本語の副詞「道理で」は、「原因や理由がわかって納得するさま」（『明鏡国語辞典　第3版』）を表す。日本語記述文法研究会編（2003）では、「直前に判明した事実がそれまでに思っていたことと整合的に関係づけられ、納得した」用法（以下、納得用法）を持つ述語形式「と思った」が、「道理で」をしばしば伴うこと、「と思った」は、同じく納得用法を持つ「はずだ」「わけだ」と置き換え可能であることが指摘されている。(1)に具体例を示す。

（1）雨か。どうりでむしむしする｛と思った／はずだ／わけだ｝。
（日本語記述文法研究会編 2003）

　もともと名詞として用いられていた漢語「道理」が、「道理で」の形で副詞として用いられるようになった経緯を論じる先行研究に、Shibasaki（2019）がある。Shibasaki（2019）は、『日本国語大辞典　第2版』（以下、『日国』）を基に、上方浄瑠璃『源平布引滝』（1749 演）に「道理で」の初出例が見えることを指摘する。その上で、近世期の洒落本・人情本を『日本語歴史コーパス』を用いて調査したが、それより古い例が見つからなかったことを根拠に、明治・大正期の資料に焦点を当て、成立過程について考察している。

　Shibasaki（2019）は、「道理で」の成立の経緯について、(2)に示す4つの

段階からなる仮説を提示する。第1段階として、主題の助詞「は」を伴う名詞化辞の付された節を受け、「…は道理だ」とコピュラとともに「道理」が名詞述語文を構成する段階、第2段階として、「…する道理であるが」のように、接続助詞「が」を伴うなどして従属節末に現れ、節と節を結びつけている段階を置いている。さらに、第3段階として、「さような道理であるから」のように指示的要素を伴い、「道理で」が文頭で用いられる句として、文と文とをつなぐ段階を想定し、最終的に、第4段階として、「道理で」が単独で用いられ、副詞として働くようになったと主張している。

(2) Stage 1: [clause NML + *wa* TOP + *douri*-COP] SENTENCE 1
　　　Stage 2: [clause1(NML) (+ *wa* TOP) + *douri*-COP, clause2] SENTENCE 1
　　　Stage 3: […] SENTENCE 1 [DEM + *douri*-COP, …] SENTENCE 2
　　　Stage 4: […] SENTENCE 1 [*douride*, …] SENTENCE 2
　　　　COP=copula; DEM=demonstrative; NML=nominalizer; TOP=topic

　「道理で」の成立の経緯を巡る Shibasaki(2019) の主張は、通言語的に談話標識の成立を論じる Heine et al.(2021) において、日本語における談話標識化の一例として取り上げられており、国際的な影響力も有している。
　しかし、Shibasaki(2019) の議論は、初出例から時代の下る明治・大正期の用例を根拠に成立の経緯を解明しようとするものであり、成立当時・以前の用例を基に、組み立てられたものではない。歴史的経緯の説明としては不合理なものであり、実際の経緯がどのようなものであったか、実例を基に明らかにする必要がある。
　また、18世紀中頃とされる成立時期を巡っても、再考の余地がある。Shibasaki(2019) では看過されているが、『時代別国語大辞典　室町時代編』(以下、『時代別』)の「道理」の項で、(3)の例が示されている。

(3) イヤ〳〵潔イ水哉。道理デ茶モ一段好カツタヨト云タナリゾ。

(新編江湖風月集略註鈔・巻1・12ウ)

　(3)は、抄者未詳であるが、1633年に刊行された抄物資料『新編江湖風月集略註鈔』(以下、『江湖風月集抄』)に見いだされる。終助詞「かな」で終わる先行文に続き、後続文の文頭で「道理で」が用いられていると考えられ、副詞と解釈することもできる。『日国』の挙例より、100年以上、古く、17世紀前半に、副詞用法が成立していた可能性がある。

　そこで、本稿は、中世後期から近世期の資料を基に、副詞「道理で」の成立の経緯を明らかにすることを目指す。構成は次の通りである。2節で、17世紀の抄物資料に「道理で」のまとまった使用例が見つかることを指摘し、その特徴を明らかにする。3節では、近世のその他の資料を取り上げ、他資料における使用実態を示す。4節で、近世に至るまで、漢語「道理」がどのように用いられていたかを概観し、5節で「道理で」の成立の経緯を考察する。

2　抄物資料の「道理で」

　本節では、中世後期から近世初期に成立した抄物資料を調査対象に据え、「道理で」が文献に現れる時期を特定し、成立当初の使用実態を明らかにする。他の修飾要素を伴わず、副詞的に用いられる「道理で」の用例数と、漢語「道理」の総数(「道理で」を含む)を、資料ごとに表1に示す。

　表1から、『江湖風月集抄』を皮切りに、17世紀に成立した資料で計27例(道理デ26例、道リデ1例)用いられていることが分かる。抄物以外の資料も含め、中世後期までに成立した文献では見つかっていない。

　表1に示す5つの資料のうち、『江湖風月集抄』を除く4つの資料は、曹洞宗の僧侶によって東国地方を中心に作成された洞門抄物であり、洞門抄物に用例が集中していることが分かる。

表1 抄物資料の「道理で」「道理」の用例数

	刊行・書写年・撰者（抄者）	道理で	道理
江湖風月集抄	1633 刊 抄者未詳	1	10
勝国和尚再吟	成立・刊行年不詳 勝国良尊（1546〜1640）	13	37
扶桑再吟	1654 刊 扶桑大噭（？〜1645）	4	44
大淵和尚再吟	1659 刊 大淵文利（？〜1636）	5	9
火堯和尚再吟	江戸初期成立 1659 写 火堯和尚（不詳）	4	8
	合計	27	108

※「道理」は「道理で」の用例数を含む

2.1 「道理で」の統語的特徴

まず、「道理で」が出現する統語的位置を確認する。(4a, b, c)に示すように、27例中23例が文頭に現れている[1]。その一方で、(4d)に示すように、主題を表す助詞「は」の後で用いられているものも1例ある。

(4) a. 同破、雪峰モ趙州ハ古仏也ト云テ、尊仰在ツタナ。道理デ、盗賊モ侵レ之不レ得、伏羲黄帝モ友レ之不レ得ゾ。
（勝国和尚再吟・巻2・24オ、ウ）

b. 龍ハ海底ニ臥シ、虎ハ山林ニ在テ其居ヲ改ヌハ、幞頭脚ヲ引イタ両手ノクツロガヌ故ヱ。勅書――楼、道理デ、六朝ノ風景ニモ変色ハ無カツタゾ。　　（大淵和尚再吟・中・27ウ）

c. 何レモ本位ノ行ジ羊サマヽダ。道理デ、今マニ門風盛ンナゾ。
（火堯和尚再吟・54オ）

d. 千載ノ老児カトスレバ、顔色ハ玉ニ依俙シ、万年ノ童子カトスレバ、鬢髪ハ糸ヨリモ白イゾ。投子青ハ、道理デ、其ノ語声ヲ聴ケバ、千古ノ韻ト成テ響キ、其ノ余娟ヲ見レバ山翠リト成ツテ万重

新ナゾ。　　　　　　　　　（勝国和尚再吟・巻2・7オ、ウ）

　調査資料には句点が付されていないため、文頭という判断を巡っては、文の区切れの解釈が問題となる。直前に現れる要素のうち、(4a)のような終助詞が12例（「ぞ」6例、「な」3例、「か」2例、「かな」1例）、(4b)に示す注釈対象の引用・漢文が7例、(4c)のコピュラのダ・名詞(以テノ外カ)が1例ずつある。これらは、文の切れ目と認定して問題ないだろう。また、(5)に示すように、発話者を表す「興化ハ」に続き、引用された会話文の冒頭で用いられているものも、文頭と認められる。

(5) 処ヲ、興化ハ、道理デ価イヲ付ル底ガ御━無イト、殊ノ外カ、卓上セラレタ。　　　　　　　　　（勝国和尚再吟・巻1・39オ）

　文頭か従属節末か曖昧な例に、(6)の諸例がある。(6a)の「云」は、「道理で」で始まる会話文の直前に現れており、イハクなどと訓じ、「道理で」を伴う会話文を導くと解釈した。(6b, c)の助動詞「つらう」、(6d)の「応諾」に続く「道理で」は、文頭の可能性が高いが、従属節末である可能性も捨てきれず、確例とは言えない。

(6) a. 圭广和尚ノ会下デ、圭寿ト云老僧ノ法問ニ、棒下ノ一句ハ伊ント、爰ナ火打袋デ、ホツキト鳴イタゾ。処ヲ、圭广ノ噫ネツテ云、道理デ、ヲ主ハ順礼圭寿ト名ヲ付テ、疎行ノ沙門デ居ラレタ。
　　　　　　　　　　　（勝国和尚再吟・巻1・3オ）
　　b. 同説云、碓坊邊ヨリ立チ登ル煙気ヲ忍大師道人ノ気也ト深ク歎ジテ社ソ、不会無能ノ廬老ニ衣鉢ヲ授与ナサレツ郎。道理デ、前世ニモ記シ、後世ニモ仰イダヨ。　　　（扶桑再吟・巻3・13ウ）
　　c. 此ノ林中マデハ一度ビ至ルモスルガ、是レヨリ彼方ハ行カントシ、還ラントシテモ、終イニ及ビ難イト云ハ、霜雪ノシグレモ及

バヌ一処ガ在ルト見エタゾ。其コヲ威音ノ寐殿トハ云フツ郎。<u>道理デ</u>、那畔窓前ノ寒松ハ、始終、槹ナゾ。（扶桑再吟・巻4・7オ）

d. 洞谷竜和尚云、鷲霊デハ妙ト説キ、遥カノ少室デハ禅ト行ジ、今日ハ喚ビ応諾。<u>道リデ</u>、門風盛シナゾ。　　（火堯和尚再吟・53ウ）

ただし、曖昧な例を除いても20を超える確例があることから、17世紀中頃には、文頭で副詞的に用いられる「道理で」が成立していたといえる。

2.2 「道理で」の機能

　続いて、先行文と後続文との関係を押さえながら、「道理で」の機能について考察したい。文脈が十分に把握できていない例もあるが、概ね、先行文が後続文の原因・理由となっており、後続文が、先行文の表す事態から生じた順当な結果を表すことが見て取れる。

　(7)では、先行文で、中国の禅僧・雪峰が、「古仏」と評するほど趙州を尊敬していたことが語られている。他方、後続文では、盗賊が趙州を襲うことができなかったことなどが説かれており、先行文で示される趙州の人となりが、後続文で説明される事態の原因・理由であると捉えることができる。

(7) 同破、雪峰モ趙州ハ古仏也ト云テ、尊仰在ツタナ。<u>道理デ</u>、盗賊モ侵レ之不レ得、伏羲黄帝モ友レ之不レ得ゾ。

　　　　　　　　　　　（勝国和尚再吟・巻2・24オ、ウ：4aの再掲）

　(8)は、禅僧・潙山の水牯牛への生まれ変わりを題材とした漢詩に対する注釈であり、漢詩の引用の直後に、「道理で」が現れている。【】で補った引用部では、夜に鳥が林の中へ身を投じ、暁にまた飛ぶことが、生まれ変わりの比喩として詠まれており、引用部で描かれる牛への生まれ変わりが、後続文の語る「棺の中に衣服だけが残っている」ことの原因・理由となっている。

（8）両辺――飛【両辺語出分身処　夜鳥投林暁復飛】、<u>道理デ</u>、化シ去タ棺内ニワ衣モ斗リ残ツテ走。　　　　　　　（勝国和尚再吟・巻1・35 ウ）

　このように、「道理で」は先行文と後続文の因果関係を表す場面で用いられており、原因・理由を表す順接の接続詞として機能している。

2.3　納得感の有無
　最後に、現代語の「道理で」が表す納得用法との関わりを見ておきたい。現代語において納得感を示す「はずだ」や「わけだ」について、寺村（1984：261-311）は、「ある事実（Q）について、どうしてそうなのかと思っていたら、その疑問に答えるための他の事実（P）――Pならば当然Qだと了解される、そういう事実――を知った、という状況で使われる」と説明している。納得感は、先に抱いていた疑問や不審が、新たに直面した事実によって解消され、心に安定が生じた際に感じられるものであるが、用例の解釈のみでは、納得の意を表すか判断しがたい。そこで、先行文の指す事実が、直前に判明したものかどうかに着目しながら、用例を見ていくことにする。
　直前に判明した事実を表すものに、（9）がある。（9）は、名水と名高い恵山の水でいれた茶を飲んだ後、水辺へ赴き水の潔さを目の当たりにし、茶が旨い理由を得心した場面である。水の潔さに気づいた直後の感慨を語る文の文頭に「道理で」が位置しており、「納得感」を伴うと解釈できる。

（9）水辺ヘ行テ水ノ根源ヲ見タナリ。イヤ〰︎潔イ水哉。<u>道理デ</u>茶モ一段好カツタヨト云タナリゾ。　　（江湖風月集抄・巻1・12 ウ・3 の再掲）

　続く（10）は、興化が、皇帝秘蔵の宝を見たいと申し出た場面である。皇帝が、「値段が付けられない中原の宝」と語る自身の顔を見せた直後に、「道理で値段をつけることが出来ない」と興化が納得している。

(10) 処ヲ、興化ハ、<u>道理デ</u>価イヲ付ル底ガ御—無イト、殊ノ外、卓上セラレタ。　　　　　　　　　　　（勝国和尚再吟・巻1・39オ：5の再掲）

このように、計3例ある会話文・心内文の中には、先行文が、外部からもたらされた「直前に判明した事実」を表し、「道理で」が納得感を伴うと解釈できるものがある。しかし、用例の9割弱を占める講者の注釈文に現れる用例に、そのような特徴は認めがたい。

例えば、先に見た (7)(8) の例で、「雪峰が趙州を尊敬している」「潙山が牛に生まれ変わる」という事実に、講者が後続文を述べる直前に気づいたとは考えにくい。むしろ、過去に学んだ知識に基づき、先行文と後続文の因果関係を講者が聴衆に説明していると捉えるべきであろう。

益岡 (2007：85–108) は、現代語の説明のモダリティを整理するに当たり、因果関係を説明する用法（因果説明）を、「所与の事態から生じる結果を説明」する「因果伝達」、「発話時における話し手の新たな認識」を表す「因果認識」に大別し、現代語で「道理で」と共起できるのは「因果認識」のみであることを指摘している。益岡 (2007) の整理に基づけば、抄物資料の注釈文に現れる用例は「因果伝達」、会話文・心内文の例は「因果認識」に該当する。

「道理で」は、17世紀の抄物資料において、専ら文頭で順接の接続詞として用いられており、用例の大半が「因果伝達」であるが、会話文・心内文に「因果認識」の例も僅かながら存在すると、その特徴をまとめることができる。

3　近世期の他資料の「道理で」

続いて、近世期の他資料における「道理で」の使用実態を確認する。

3.1　17世紀

まず、抄物資料と重なる17世紀の資料を取り上げる。虎明本狂言（1642写）や天理本狂言（寛永・正保頃写）、江戸の噺本や上方の歌舞伎台帳で計4

例が見つかる。江戸・上方両方の資料に現れ、いずれも会話文の冒頭で用いられている。

　(11a)は、「御床しさは、富士の山にて候」という文面を見た二郎冠者が、手紙に富士山が入っていると誤解し、「道理で重い」と語る場面である。先行文が手紙を見たことに伴う直前に判明した事実を表しており、納得感を伴うと解釈できる。(11d)では、尋ねた相手の名が「もじの」と「文字」を含むことを直前の会話から知り、「文字」が名に含まれているから利口なのだと得心している。4例すべてが、「因果認識」を表すと解釈できるものである。

(11) a. 　^{アト}〰おこせいと云て、二郎冠者、取つて読む、御床しさは、富士の山にて候、道理で重い、富士の山まで、入て置かれたと云
　　　　　　　　　　　　　　　（天理本狂言・文荷［寛永・正保頃写］）
　　b. 　^(鎌倉)〰そなたハいかやうなる人ぞ　〰ミやこのもの、なのりのごとくいふ　^(鎌倉)〰さてハ聞及で御ざる、都のかうやくねりハそなたか　^(都)〰中〰　^(鎌倉)〰ダウリデ、松やニクサカツタヨ
　　　　　　　　　　（虎明本狂言・膏薬煉：上欄への頭書［1642写］）
　　c. 　うば、あれはなんじやととわせられけれバ、姥のぞきミれバ、しわのよりたる丸き物二つさがりたるをミて、生梅干と申ますもので御座ると云。お姫様、どうりでおれがまゑが、つをひくといわしつた。　　　　　　　　　（江戸噺本・正直咄大鑑［1687刊］）
　　d. 　「むゝ、そちは禿か。名は何と云。」「もじのと申ます。」「むゝ、道理で利口な。所はどこぞ。」
　　　　　　　　　　　　　　（上方歌舞伎・けいせい浅間嶽［1698演］）

3.2　18世紀以降

　続いて、18世紀以降の用例を押さえる。上方・江戸、前期・後期（宝暦［1751〜］以降）に分け、「道理で」の用例数を表2にまとめる。17世紀同様、上方・江戸両方で用いられており、49例すべてが会話文に現れている。

表2　18世紀以降の「道理で」の用例数

近世前期上方語	12	近世前期江戸語	2
近松世話物	1		
噺本	1	噺本	2
歌舞伎台帳	10		
近世後期上方語	9	近世後期江戸語	26
洒落本	1	洒落本	1
歌舞伎台帳	3	歌舞伎台帳	1
菅専助世話物	5	滑稽本	21
		人情本	3

　「道理で」の出現位置は、文頭が最も多く、43例（88％）を占める。(12)に示すように、「ハヽア」「なる程」といった納得した際に発する感動詞の直後で用いられるものがあり、共起関係からも「納得感」を伴うことが裏付けられる例が増えている。

(12) a.　半［三郎］　…中略…地蔵を盗み井戸に蓋をしたのはおのれじやな。国分寺の似せ坊主め。ハヽア、道理で、てんのてん〰で、いやがらしおつた筈じや。サア其地蔵をこつちへ渡せ

（上方歌舞伎・山椒太夫五人踊［1735 演］）

　　 b.　呑「なる程、どふりで、塩が、ちとからくつて、おつな匂ひがすると思つた。ゲツゲツ」（江戸滑稽本・八笑人・2編下［1821 刊］）

　(12)(13)に示すように、後続文の文末に「と思つた」や「と思ふた」、「筈じや」といった納得用法を持つ文末形式が現れ始め、中でも、「と思ふた」「と思つた」「に思ふた」が16例（33％）と3割以上を占めている。(13b, c)のように、従属節末に現れる「と思つたら」「と思へば」（各2例）も見える。

(13) a.　［十代］北　アヽ是〰、めつそふな、三ぶさん。イヤ申、わたし

やアノ三ぶさんとは何でも御ざんせぬ。三ぶさんの所は此隣で御座ります。　左　ヤア、道理できれいな店じやと思ふた。
（上方歌舞伎・傾城室町桜［1743 演］）
b.　「どうりで天井が騒騒しいと思つたら、何匹も居たのだナ」
（江戸滑稽本・七偏人・初編巻之中［1857 刊］）
c.　だうりでこのごろみえぬとおもへば、さてハ女ばう持おつての事か
（江戸噺本・水打花［享保頃］）

また、(14)では、「道理で」の後続文が「是見さしやんせ」という行為指示となっている。孤例ではあるが、「道理で」の一語文と解釈できる。

(14) 是はマア、たつた一ト夜さ宿借して、黄金廿枚とは夥しい金儲けでござんす。道理で、是見さしやんせ。
（上方歌舞伎・粂仙人吉野桜［1744 演］）

全 49 例が、直前に判明した事実に基づく「納得感」を伴うと解釈でき、18 世紀の「道理で」は、現代語と同様、「原因や理由がわかって納得するさま」を表す際に用いられていることが分かる。

4　漢語「道理」の変遷

2 節と 3 節では、抄物とその他の資料に分け、近世の「道理で」の特徴を明らかにした。本節では、成立の経緯を解明するため、近世に至るまで、漢語「道理」がどのように用いられてきたか、議論に必要な範囲で概観したい。

「道理」は、『韓非子』を始めとする中国の古典作品で用いられており（池田 1970）、日本でも、早く『続日本紀』といった漢文資料、『落窪物語』や『源氏物語』などの中古の和文資料で使用が確認できる。

中古和文資料[2]では 21 例が見つかるが、うち 18 例（86%）と 8 割以上が会

話文に現れている。(15c)のように、助詞を取り動詞の項となったり、(15d)のように助動詞「なり」を伴い述部に現れたりと、「物事のことわり」などを意味する名詞として用いられている。(15e)に示すように、名詞相当の先行する節を受け、名詞述語文を構成するタイプも中古からある。

(15) a.　夫縁道理以従事者、無不能成。　　　　　（韓非子・解老第 20）
　　 b.　凡主政・主帳者…中略…前労徒廃、後苦実多。於義商量、甚違道理。　　　　　　　　　　　　　　　　（続日本紀・巻 8:『日国』）
　　 c.　道理にまかせて、おのれより外に領ずべき人なむなきとおぼゆれば　　　　　　　　　　　　　　　　　　　　　　　　（落窪物語・巻 3）
　　 d.　「たちぬる月の二十日のほどになむつひにむなしく見たまへなして、世間の道理なれど、悲しび思ひたまふる」（源氏物語・若紫）
　　 e.　この領じ造らせたまひけむ、一方には道理なれども、券のさまを見はべれば、　　　　　　　　　　　　　　　　　　（落窪物語・巻 3）

中世前期に入っても、仏教説話や軍記物語[3]に用例が見られ、「道理」は、30 例中 23 例（77%）と、引き続き、会話を中心に用いられている。(16)に示すように、名詞述語文を構成するものは、中世以降も使用が確認できる。既知の事実について、それが別の既知の事実からの当然の帰結であることを認定するものであり、(16c)では、毛織物・皮製品を意味する「氈裘」が多いのは、馬・牛・羊が多いから当然であることが述べられている。

(16) a.　陰陽師の曰く、「仰せらるる事、もとも道理なり。
　　　　　　　　　　　　　　　　　　　　　　　　　　　（宇治拾遺物語・巻 12）
　　 b.　「さては死骸無きも道理なりけり」とて、これを求むるに及ばず。
　　　　　　　　　　　　　　　　　　　　　　　　　　　（土井本太平記・巻 18）
　　 c.　馬・牛・羊ガ多ホドニ、氈裘ノ多ハ道理ゾ。
　　　　　　　　　　　　　　　　　　　　　　　　　　（史記桃源抄・貨殖列伝）

d.　尤そなたの身にてハ、さやうにおもやるも道理なれ共、わらハが
　　かせいでやしなひまらせう程に、心安ふおもやれ

(虎明本狂言・川上［1642写］)

　加えて、中世後期には、従属節末で用いられる「道理」に、(17)に示す新たなタイプが現れる。(17a)のように「という」を介して連体修飾節が「道理」にかかるもの、(17b)のように連体修飾節が直接「道理」にかかるものがあるが、いずれも「衆力功ヲナス」「チリツモツテ山トナル」といった成句を取っている。修飾要素を伴う点は異なるが、従属節末において、副詞用法と同じ「道理で」という形で現れていることが、注目される[4]。

(17)a.　大ナ家ノカタムクガ、コロビカヽツタニ、スケヲカウテ、ヲシナヲ
　　　　サウハ、一本ノ木デハナルマイゾ。ホソクトモ、アマタアレバ、衆
　　　　力功ヲナスト云道理デ、サヽユルゾ。　　　　(玉塵抄・巻6・6オ)
　　b.　谷ハヒクウテ物ノタマル所ゾ。又、フカイ谷ト云ヘドモ、久フナレ
　　　　バ、ゼンヽニウマリテ、チリツモツテ山トナル道理デ、陵トナル
　　　　ゾ。　　　　　　　　　　　　　　　　　(詩学大成抄・第9冊・62オ)

　たとえば、(17a)では、「細くとも柱が多くあるから、大きな家を支えることができる」という因果関係が成り立つためには、「衆力功ヲナスト」の表す「単独の力では困難でも多数の力を合わせれば物事に成功する」(『日国』)という条件が、前提として必要である。成句を受け、従属節末に現れる「道理で」は、因果関係が成立する前提となる条件を経験則の形で述べているといえる。
　また、「道理」は、とりわけ近世以降、応答表現としても活発に用いられている。(18a)では、「推量して被下」などの依頼・命令に対して、「当然」の意を表す「道理」を重ねて「道理ヽ」と応答したり、「お道理でござり升る」などと答えたりすることで、「当然のことながら、依頼・命令に応じ

る」という承諾の意を示している。(18b) では、「逢いたいわいなふ」という発話に対して、当然さを表す「道理」を用いて応答することで、「そのように思うのは当然で、理解できる」という賛意が示されている。

(18) a.　次郎［権左］　永々御面倒に預り、礼奉公もいたさせませず連れて帰り升る。私共が心底ヲ御推量被成被下ませい　ト泣く　庄［五兵衛］　道理〳〵。此方迎も推量して被下　ト泣く　次郎［権左］お道理でござり升る
（上方歌舞伎・心中鬼門角［1710 演］）
b.　三五［与五］　これ〳〵。其様に無理を言ふな。死んだ者には逢れぬわいやい　富［三次郎］　でも逢いたいわいなふ　三五［与五］道理じやなア　（上方歌舞伎・敵討巖流島［1737 演］）

漢語「道理」が、中古以降、話しことばとして、会話において活発に用いられていることが見て取れる。

5　「道理で」の成立

これまでの議論を踏まえ、本節では「道理で」の成立過程を明らかにしたい。

5.1　成立の場

まず、「道理で」の成立の場について、考えたい。2節や3節で示したように、「道理で」は、17世紀中頃にまとまった数の用例が現れ始めたが、用例の大半を洞門抄物が占めていた。洞門抄物は、東国の言語を反映すると目されているため、「道理で」が東国方言であったかどうかが問題となる。

「道理で」は、洞門抄物に加え、同時期の上方語資料にも用例があり、また、抄物資料においても、孤例ではあるが、東国との関わりがうかがわれな

い『江湖風月集抄』で用いられていた。これらの事実を踏まえると、東国方言ではなく、上方・東国両方の地域で用いられた共通語的な性格を有する語であったと考えられる。

　また、成立当初の段階で、狂言資料や歌舞伎台帳などの会話文でも見つかることから、「道理で」の成立の場は、学問の場に限定されない、日常の話しことばであったと推測される。

5.2　接続詞化

　17世紀の「道理で」は、主として文頭で、先行文と後続文が原因・理由の関係に立つことを表していた。このような因果関係を説明する「道理で」は、述部で用いられる「道理」から派生したと考えられる[5]。「物事のことわり」を意味する名詞「道理」は、名詞相当の先行する節を受けるなどして、述部で用いられることで、当該の節が表す事実が、別の既知の事実からの「当然の帰結」であることを示す。「道理で」は、「物事のことわり」が表す法則性に由来する「当然性」を仲立ちに、新たに先行文と後続文の間に立つことで、後続文の表す事態が、先行文の表す事態からの「当然の帰結」であることを示す接続詞として、まず、成立したと考えられる。

　成立当初の「道理で」は、用例数の多寡の違いはあるものの、「因果伝達」「因果認識」を問わず、広く因果関係の説明に用いられていた。

　「道理で」が、「因果伝達」「因果認識」という2つの説明様式にわたり、使用された点に関連し、ここで、現代語の順接の接続詞「それで」「だから」を取り上げたい。「だから」については蓮沼(1991)が、「それで」を巡っては有賀(1993)が、対話における機能について論じている。

　いずれも、「だから」や「それで」が、同一話者の発話を結ぶ「因果伝達」に該当する用法に加え、対話者などによってもたらされた新たな事実によって原因・理由がわかり、納得する用法を持つことを、(19)の例を示しながら指摘している。例えば、(19a)では、娘から提示された新たな情報によって、父親が娘の帰りが遅い理由を得心した場面で「それで」が、(19b)では、日

焼けしている理由に納得した場面で「だから」が用いられている。

(19) a. ［クリスマス会の準備に追われる小学生とその父親］
　　　　娘：クラスのみんなで役割分担してるんだよ
　　　　父親：それでこのごろ帰りが遅くなったりするんだな
　　　　　　　　　　　　（漫画・Papa told me・スノーフレイク：有賀 1993）
　　b. A：あの人たち、夏休みに3週間も沖縄に行っていたんだって
　　　　B：だから、真っ黒に日焼けしているんだね　　　　（蓮沼 1991）

　加えて、甲田（2001：176–205）は、順接の接続詞のうち、「因果認識」を表す用法を有するのが、会話体で使用できるものに限られ、「したがって」や「ゆえに」といった書きことば的な性格を持つものには認められないことを指摘している。
　このように、話しことばとして用いられる順接の接続詞が、同一の話者によって展開される一方向的な独話においては「因果伝達」を、話者が交替する対話においては「因果認識」を表すことが、現代語において、明らかにされている。また、両用法の関係について、いずれも先行文と後続文の間の「因果関係の接続を担う」（蓮沼1991）点が共通することも指摘されている。
　近世と現代とで時代は相違するが、「道理で」は、口頭語的性格を有する接続詞として成立したため、「だから」や「それで」と同じように、独話と対話にまたがり用いられ、「因果伝達」「因果認識」の両方を担うことができたのだろう。年代の明確な文献上の例としては、「因果認識」が先行するが、「道理で」は、一方向的な独話の場において、「因果伝達」を表す接続詞として使われ始め、因果関係の接続を担う点を仲立ちに、比較的早い段階で、対話において話し手の「因果認識」を示す用法を獲得したと考えられる。

5.3　接続詞から副詞へ

　接続詞として成立した「道理で」は、17世紀の段階では「因果伝達」「因

果認識」両方を表しえたが、18世紀に入ると、前世紀は数の限られていた「因果認識」へと、用例が偏りを見せている。「と思った」や「はずだ」に代表される納得用法を表す文末形式と意味的な呼応関係が結ばれるようになり、「道理で」に「納得感」が焼き付けられていく中、次第に「因果伝達」を示す用法を失い、「因果認識」へと特化したと考えられる。接続詞として用いられた17世紀の段階に比して、先行文と後続文との関係を示す機能が相対的に弱まり、対話において話し手の認識を表す方向へと変化しており、この段階で、「原因や理由がわかって納得するさま」を表す現代語と同様の副詞「道理で」が成立したといえる。

「納得用法」への特化は、「道理」が、とりわけ近世以降、対話の場において、相手の発言を受けて、話し手が何らかの判断を示す際に用いられる機会が増えたことにより、促されたと考えられる。

前節で指摘したように、近世期には、命令・依頼を承諾したり、話し手の認識に対して賛意を示したりする場合に、「道理〜」「お道理でござり升る」といった「道理」による応答表現が活発に用いられていた。応答表現も、「因果認識」を表す用法と同様に、相手の発言を受け、話し手が、自身の既存の知識に関連付け、その場で判断を下すというプロセスを取る。「道理」が応答表現として多用されていくことと軌を一にして、対話の場において、話し手の態度を示す「因果認識」を表す使用例が増えたことによって、「道理で」は「納得用法」に特化することになったと考えられる。

5.4 「で」を伴う経緯

考察の締めくくりとして、「道理」が、助詞「で」を伴い接続詞化・副詞化した経緯について考えたい。漢語副詞の変遷について論じる前田(1983)が指摘するように、漢語が近世期において副詞化する場合、何も伴わないϕ型や、ニやトを伴う例が大勢を占める。「で」を伴うものは、近世に入って初めて現れるが、類例は少ない[6]。

「道理」が、助詞「で」を伴う理由としては、次のことが考えられる。

1つは、中世後期から近世前期にかけ、「体言＋で」型の接続詞が成立していることである。(20)に示すように、「形式名詞＋で」型の接続詞「ところで」、「指示詞＋で」型の「そこで」が中世後期に、「それで」が近世前期に生じている。

(20) a. 其クジニ、一クジカ出タゾ。<u>処デ</u>、臣下共ガ今年バカリ代ヲ御モチアラウカト云心ニミタゾ。　　　（蒙求抄・巻1・4オ：『日国』）
　　 b. 京カラ一人ホシイト請ゾ。<u>ヽコデ</u>、相如ヲ中郎将ニナイテ、節ヲ建テ使タラシムルゾ。　　　（蒙求抄・巻6・2オ：湯沢1929）
　　 c. さればそちに逢ひたいというて泣いて居る者がある。<u>それで</u>呼びにやつた。　　（上方歌舞伎・丹波与作手綱帯［1693 演］：『日国』）

　これらは、原因・理由を表す順接の接続詞として働き、先行文と後続文の因果関係を表す点で「道理で」と重なる。「で」を構成要素に含み、類似した機能を有する接続詞が中世後期から現れ始め、近世初期にも存在していたことが、「で」を伴う形で固定化した背景として考えられる。
　もう1つは、修飾要素を伴い、従属節末で用いられる「道理で」が、先行して存在することである。前節で指摘したように、成句を伴い、当該の因果関係が成立する条件を説明する「道理で」が、中世後期以降、見つかった。ただし、これらの連体修飾要素は、経験則を表すものであり、個別の事態間の因果関係を表す「道理で」が取る先行文とは、性質が異なる。そのため、このような例から、直接、接続詞化が進行したとは考えられない。
　しかし、(6)に示したように、抄物資料には、文頭か従属節末か曖昧な例もあった。従属節末で用いられた「ところで」や「ほどに」が、文頭に立ち、接続詞化するように、従属節末に現れる「道理で」が、「で」を伴う形で副詞化したことに寄与した可能性がある。
　ロドリゲス『日本大文典』が、「それ<u>で</u>(Sorede)腹をたてられた」「お叱りあった<u>で</u>(attade)煩うた」などの例を挙げ、指摘するように、中世後期の段

階で、「で」は、「Yotte（依って）、tocorode（所で）、fodoni（程に）の意、即ち、理由を意味する」ことができた（土井忠生訳、p.548）。「で」を伴うことによって、「道理」は、原因・理由の接続詞としての機能を持つことが顕在化される。「体言＋で」型の接続詞や、従属節末に現れる「道理で」の存在を背景に、「で」を伴う形で接続詞化・副詞化したと考えられる。

6 おわりに

　本稿では、副詞「道理で」を取り上げ、その成立過程を明らかにした。17世紀中頃にまとまった数の用例が現れること、当初は「因果説明」の接続詞として、「因果伝達」「因果認識」いずれも表すことができたが、18世紀に入り、「因果認識」に特化し、副詞化したことを示した。

　「道理で」の成立当初に、現代語にはない「因果伝達」を表す用法が存在したことは、これまで看過されており、洞門抄物の用例によって、初めて明らかとなった。洞門抄物は、位相や地域的な偏りはあるものの、資料の手薄な16世紀末から17世紀にかけて数多く作製されており、当期の言語現象が観察できる日本語史資料として有益である。近年は言語資料として用いられる機会が乏しいが、本稿によって、その有用性を改めて示すことができただろう。今後も、積極的に調査を進め、活用を図りたい。

注

1　洞門抄物に特徴的な表記について、本稿に関わる代表的なものを示しておく。ソウ（候）＝走、ヨウ（助動詞）＝羊、ラウ（ラ行四段未然形語尾＋ウ）＝郎、コソ（係助詞）＝社、ゴザナイ＝御—無イ

2　会話の用例数を丸括弧で囲み、資料ごとの「道理」の総数を示すと、『落窪物語』4例（4例）、『源氏物語』5例（3例）、『讃岐典侍日記』1例、『大鏡』11例（11例）となる。

3　注2と同様の仕方で、資料ごとの「道理」の総数を示す。『今昔物語集』（本朝部）3例（3例）、『宇治拾遺物語』5例（5例）、『十訓抄』3例（2例）、『覚一本平家物語』7例（5例）、『土井本太平記』12例（8例）。

4　(17b) は、「ゼン＼ニウマリテ、チリツモッテ山トナル。道理デ、陵トナルゾ」のように、「道理で」が文頭に位置すると解釈することも可能である。実際、市立米沢図書館蔵『詩学大成抄』(室町末期写) では、文の切れ目を表す朱点が「道理で」の直前にあり、朱点を付した人物は、そのように解釈していたと考えられる。山口 (2011 : 161–175) が指摘するように、近代においても類例が存在すること、トイウを介在する例が見られること、16 世紀の段階では文頭と判断できる確例が存在しないことを根拠に、従属節末であると解釈した。

5　成立の経緯について詳細に論じるものではないが、佐藤 (1958)、山口 (2011) が、述部に現れる「道理だ」を形容動詞と見た上で、「道理で」をその「連用形」(佐藤 1958)、「連用形の特殊な用法」(山口 2011) と説明している。

6　前田 (1983) は、「で」を伴い近世期に副詞化した漢語の例として、「道理で」の他に、「神に誓って、そのとおりであること。まちがいないこと」(『日国』) を表す「誓文で」を挙げる。

使用テキスト

資料の引用に際して、私に句読点を加え、合字を開いたり、漢字の字体を現行のものにしたり、振り仮名を省略したりするなど、表記を改めた。
○落窪物語・源氏物語・讃岐典侍日記・大鏡…国立国語研究所 (2023)『日本語歴史コーパス 平安時代編Ⅰ仮名文学』(短単位データ 1.3 / 長単位データ 1.3) ○続日本紀・けいせい浅間嶽…新日本古典文学大系 (岩波書店) ○今昔物語集 (本朝部)・宇治拾遺物語・十訓抄…国立国語研究所 (2016)『日本語歴史コーパス 鎌倉時代編Ⅰ説話・随筆』(短単位データ 1.1 / 長単位データ 1.1) ○覚一本平家物語…国立国語研究所 (2016)『日本語歴史コーパス 鎌倉時代編Ⅲ軍記』(短単位データ 1.0/ 長単位データ 1.0) ○土井本太平記…西端幸雄、志甫由紀恵『土井本太平記―本文及び語彙索引―』(勉誠社) ○史記桃源抄…亀井孝、水沢利忠『史記桃源抄の研究　本文篇』(日本学術振興会) ○蒙求抄…抄物資料集成 (清文堂出版) ○玉塵抄…抄物大系 (勉誠社) ○詩学大成抄…新抄物資料集成 (清文堂出版) ○扶桑再吟・大淵和尚再吟・火堯和尚再吟…禅門抄物叢刊 (汲古書院) ○勝国和尚再吟…土井洋一「『勝国和尚再吟』攷―原文篇 (一) ～ (三) ―」『学習院大学文学部研究年報』15 ～ 17 ○新編江湖風月集略註鈔 (寛永 10 年版東北大学蔵本)…国書データベース (https://doi.org/10.20730/100350865) のカラー画像○日本大文典…土井忠生訳註『ロドリゲス日本大文典』(三省堂出版) ○虎明本狂言…大塚光信編『大蔵虎明能狂言集　翻刻・註解』(清文堂出版) ○天理本狂言…北原保雄、小林賢次『狂言六義全注』(勉誠社) ○山椒太夫五人踦・傾城室町桜・粂仙人吉野桜・心中鬼門角・敵討巌流島…歌舞伎台帳集成 (勉誠社) ○丹波与作手綱帯…鷹野辰之、黒木勘蔵校訂『元禄歌舞伎傑作集　下巻　上方之部』(臨川書店) ○正直咄大鑑・水打花…噺本大系 (東京堂出版) ○七偏人・八笑人…講談社文庫○ Papa told me…YOUNG YOU コミックス (集英

社)〇韓非子…新釈漢文大系(明治書院)〇『明鏡国語辞典　第3版』(大修館書店)〇『日本国語大辞典　第2版』(小学館)〇『時代別国語大辞典　室町時代編』(三省堂)

参考文献

有賀千佳子(1993)「対話における接続詞の機能について―『それで』の用法を手がかりに―」『日本語教育』79: pp.89–101. 日本語教育学会

池田知久(1970)「『韓非子』解老篇の「道理」について」『高知大学学術研究報告　人文科学編』18(7): pp.85–96. 高知大学

甲田直美(2001)『談話・テクストの展開のメカニズム―接続表現と談話標識の認知的考察―』風間書房

佐藤茂(1958)「〈もの〉と〈道理〉―文語語彙と口語語彙との一つのことがらとして―」『福井大学学芸学部紀要　第Ⅰ部　人文科学』8: pp.61–71. 福井大学学芸学部

寺村秀夫(1984)『日本語のシンタクスと意味　第Ⅱ巻』くろしお出版

日本語記述文法研究会編(2003)『現代日本語文法4　第8部　モダリティ』くろしお出版

蓮沼昭子(1991)「対話における『だから』の機能」『姫路独協大学外国語学部紀要』4: pp.137–153. 姫路独協大学外国語学部

前田富祺(1983)「漢語副詞の変遷」『国語語彙史の研究　四』pp.189–231. 和泉書院

益岡隆志(2007)『日本語モダリティ探究』くろしお出版

山口佳也(2011)『『のだ』の文とその仲間　文構造に即して考える』三省堂

湯沢幸吉郎(1929)『室町時代の言語研究』大岡山書店

Bernd Heine, Gunther Kaltenböck, Tania Kuteva & Haiping Long (2021) *The Rise of Discourse Markers*. Cambridge University Press

Shibasaki Reijirou (2019) On the Rise of *Douride* 'no wonder' as a Projector and the Reformulation of Discourse Sequential Relations in Japanese. *Japanese / Korean Linguistics* 25: pp.383–395. Stanford CA: CSLI Publications

【付記】本稿は、第73回西日本国語国文学会長崎大会(2023年9月10日)における口頭発表、ならびに、九州大学大学院人文科学府に提出した博士論文(2023年度)の第Ⅱ部第5章を基に、まとめたものである。発表の席上、その他で、貴重な意見を頂いた。記して感謝申し上げる。また、本研究は、JSPS科研費JP24K16083、JP24H00089の助成を受けている。

古代語「む」の連体用法の意味について

古川大悟

1 はじめに

　本稿は、古代語「む」の連体用法があらわす多様な意味のありかたについて、統一的かつ具体的な説明を提案するものである。稿者はこれまでの研究のなかで[1]、「む」と他の推量の助動詞との意味的関係を論じたことがあるが、終止用法を中心とした議論にとどまり、連体用法については十分な言及ができなかった。しかし、いわゆる推量形式が連体用法をもつことは古代語の重要な特徴のひとつであり、古代語助動詞（ひいては古代語文法）のありかたを全体的に究明するうえでは、連体用法を視野にいれた議論が必須となる。それゆえに本稿は「む」の連体用法に特化した考察をおこない、終止用法をめぐる考察と接続させるための準備を試みるものである。
　使用する資料は萬葉集を中心としつつも、上代・和歌にかぎらず、中古（少なくとも前期）・散文までを視野に入れて広く実態をとらえるべく、10世紀ごろまでの文献を適宜あわせて参照する[2]。年代や文体による大きな差は見受けられないため、基本的に一括して扱い、なんらかの相違を問題とする場合にはそのつど述べる。

2 実例の観察

　「む」の連体用法は、終止用法とは異なり意志や推量をあらわすものでは

ないと考えられることがある。しかし、実際には次のような例がみられる。

（1）うまさけ　三輪の山　あをによし　奈良の山の　山際に　い隠るまで　道の隈　い積もるまでに　つばらにも　見つつ行かむ［見管行武］を　しばしばも　見放けむ［見放武］山を　心なく　雲の　隠さふべしや
　　　　　　　　　　　　　　　　　　　　　　（萬葉集1・17　額田王）

（2）さし焼かむ［刺将焼］　小屋の醜屋に　かき棄てむ［掻将棄］　破れ薦を敷きて　打ち折らむ［所挌将折］　醜の醜手を　さし交へて　寝らむ君故［……］　　　　　　　　（萬葉集13・3270　作者未詳）

（3）内外なる人の心ども、物におそはるるやうにて、あひ戦はむ心もなかりけり。　　　　　　　　　　　　　　　　　　　　（竹取物語）

　(1)は近江遷都の折に、神体とされる三輪山が雲で隠されていることを嘆く歌である。その三輪山を指していう「しばしばも見放けむ山」とは、破線部の「見つつ行かむ」という意志の表現と対応をもち、何度も目をやって三輪山を眺めようという意志が連体の形式であらわされたものである。(2)は、夫が他の女の家に通うことにたいして強烈な嫉妬を表明する歌である。家を焼いてやろう、薦を捨ててやろう、交わしあっている手を折ってやろうという意志が読みとられる。(3)の「あひ戦はむ心」とは、かぐや姫を迎えに来た天人と戦いあおうという思いを指す。これより前の箇所にみられるかぐや姫の発言、「あひ戦はむとすとも、かの国の人来なば、猛き心つかふ人も、よもあらじ」との対応関係が明らかであることから、「む」は意志をあらわすものと解される。

（4）瀧の上の　三船の山に　みづ枝さし　しじに生ひたる　とがの木の　いや継ぎ継ぎに　万代に　かくし知らさむ［知三］　み吉野の　秋津の宮は　神からか　貴くあるらむ　国からか　見が欲しからむ　山川を　清みさやけみ　うべし神代ゆ　定めけらしも　（萬葉集6・907　笠金村）

（5）「あな、若」と思はむこと恥づかしけれど　　　　　（落窪物語巻1）

　（4）は笠金村による吉野讃歌である。一般に宮ぼめの歌には、繁栄が永遠につづくであろうという推量表現が頻出する。たとえば（4）の翌年に詠まれた大伴旅人の吉野讃歌には、「［……］天地と長く久しく万代に変はらずあらむ［不改将有］行幸の宮」（萬葉集3・315）との表現がある。旅人歌の場合は「行幸の宮」という主語が倒置されたものとみて、「む」を終止用法とみなすことも考えられるが、（4）の「かくし知らさむ」は、その後の文のつづき方から明確に連体修飾と解される。讃歌であるからには、「想像の中で命題を真であると認識する」[3]という意味での推量でなければならない。（5）は、帯刀があこぎに相談をもちかけるにあたって、「相談を聞いたらあこぎは私のことを幼稚な人だと思うであろう」とあこぎの心理を推測し、恥じている箇所であり、やはり「む」は推量をあらわすものと把握される。

　以上のことから、「む」の連体用法は終止用法と同様に意志や推量をあらわしうるのであり、両用法の意味に完全な断絶があるわけではないことがわかる[4]。

　「む」の連体用法の機能については、高山善行の「非現実標示」という規定がよく知られている[5]。「非現実」とは、現実の時空の座標軸上に位置づけられないという意味であり、

（6）思はむ子を法師になしたらむこそ心苦しけれ。
　　　　　　　　（枕草子5　能因本は末尾「こそはいと心苦しけれ」）

の「思はむ子」は、実在する特定のだれかを指すものではなく、言語主体の頭の中にある非現実世界の人であるという。これは後に述べるように、「む」の連体用法の重要な一面をとらえた、意義ぶかい指摘である。しかし、既にあげた例でいえば、（1）の「見放けむ山」は現に存する三輪山であるし、（2）の「さし焼かむ小屋の醜屋」も、現に夫が通っている家を指すことが明白で

ある。また、(4)や(5)で推量されているのは、吉野宮における未来永劫の統治のありかた、あるいは相談をもちかけた際のあこぎの心理であり、具体的な時空間上の位置を指摘することができる。こうしたことから、「む」の連体用法の実例全体をカバーするには、いくらか規定を練りなおすのがよいと思われる。

　(1)～(5)は、「む」の連体用法が意志や推量をあらわす例であったが、一方で、そうした叙法的意味がほとんど読みとれない用例も存する。高山善行の指摘する「脱モーダル化」[6]が生じている例である。

（7）［……］丹つつじの　にほはむ［将薫］時の　桜花　咲きなむ［将開］
　　時に　山たづの　迎へ参出む［参出六］　君が来まさば
　　　　　　　　　　　　　　　　　　　（萬葉集6・971　高橋虫麻呂）
（8）「［……］それを取りて奉りたらむ人には、願はむことをかなへむ」
　　　　　　　　　　　　　　　　　　　　　　　　　　　　（竹取物語）
（9）かくて、「そのむすめを得む」といひければ、親、「まだいと若くなむ
　　ある。いまさるべからむ折にを」といひければ　　　（大和物語58）

　(7)・(8)は文中の「む」が、文全体の述部の「む」（破線部）と共起する例である。連体用法の「脱モーダル化」はこのような例にとくに顕著である。(9)は破線部の「まだ」と「いま」で現在と未来の対比がなされ、未来の事態については「む」が用いられている。こうした「む」はほとんどテンス標示に近い機能を担っている。

　「む」の連体用法は、先行論においてもテンス的な未来と関連づけて考えられる場合があり、この考え方は(7)～(9)のような用例を説明するうえで有益である。たとえば小田勝は、時間表現に関する説明のなかで、「連体修飾句が未実現（未来）の出来事をあらわすとき、古代語ではほとんど義務的にム形が現れる」と述べている[7]。一方で、「む」の連体用法の実例全体を、未来という時間的観点のみで説明することは難しい。「む」によって提示され

る事態が、未来のできごととは言いがたい場合もあるからである。

(10)「［……］国王の仰せごとを、まさに世に住みたまはむ人の、うけたまはりたまはでありなむや」　　　　　　　　　　（竹取物語）
(11) 生ひさきなく、まめやかに、えせ幸ひなど見てゐたらむ人は、いぶせくあなづらはしく思ひやられて　　　（枕草子22　能因本も同文）

　一般論などと称される例であり、批評的な文体である枕草子に用例が多く、和歌には少ない。(10)の「世に住みたまはむ人」とは、かぐや姫を念頭において言われているものと思われるが、かぐや姫にかぎらずとも、現にこの世に住んでいる人全般のありかたを述べた発話としても理解できる。(11)は、たとえ想像された人であっても、本当の幸せを知らずに生きている人についての評言である。これらの例を未来という時間的観点によって包摂することは困難である。

3　本稿の問題意識

　以上の(1)～(11)のような用例をすべて説明する規定として、さしあたって妥当であると考えられるのは、野村剛史・尾上圭介によって提唱された「設想」である[8]。(1)～(11)の「む」はすべて、言語主体の頭の中で想像されたことという共通点を有するからである。
　「設想」にたいする本稿の立場を明確化するために、多義的な形式の意味を説明するうえでの方法論について、ここであらためて確認しておきたい。三宅知宏は、レイコフやラネカーによる認知言語学の知見を援用しつつ、多義を分析するための2種のアプローチを提示している[9]。その概要は、下記の(12)のとおりである。「用法」と呼ばれるものは、多義的な形式がもつ複数の意味に相当する。

(12) a. それぞれの用法の中で、最も基本的あるいは原型的な用法［＝プロトタイプ］を仮定し、他の用法はその基本的な用法から拡張したものととらえる。
b. すべての用法に共通する抽象的あるいは本質的な意味［＝スキーマ］を設定し、それぞれの用法はその意味が具体化したものととらえる。

　かつての解釈文法では、たとえば「む」を「推量の助動詞」と呼びながらも、その意味の下位分類のひとつに「推量」を立てるなど、このような意味分析の方法論に対する潔癖さを欠くところがあったので注意したい。三宅による議論のポイントは、上記の 2 種のアプローチは背反せず両立しうるという点にある。スキーマの具体化とみなされる複数の意味のあいだに、拡張関係を認めることもできるのであり、2 種のアプローチを必要に応じてスイッチしながら、多面的な考察をおこなうことも可能なのである。
　このことは見方をかえれば、多義的な形式の意味をより精確に把握するためには、2 種のアプローチの一方のみに偏るのではなく、両者を併用しながら考究を進めることが有益だということになる。とりわけ、スキーマのみによる意味規定では、抽象度の高さゆえに内容が空疎になりやすいという問題点が指摘されることがあり、たとえば認知言語学におけるスキーマティック・ネットワークモデル (schematic-network model) では、スキーマとプロトタイプの両面から複数の意味を位置づけることの有効性が提案されている[10]。
　「む」の連体用法についていえば、(1)～(11)のような用例を「設想」という規定で包摂することは、スキーマにもとづく理解としてまさしく正当であるといえるだろう。一方で、前節での議論をふまえれば、一口に想像といっても、そのなかには様々なレベルの意味が混在していることがわかる。意志や推量という叙法的な意味に加え、そうした叙法性を脱して、ほぼ未来という時間性にのみ関わる場合や、時空間座標上の一点に定位されないという意

味で不定性に関わる場合まで、「設想」と一括することが惜しまれるほどの複雑多様な要素が錯綜しているようにも見受けられる。「む」という助動詞の性格をより精緻に知るためには、スキーマによる理解のみならず、プロトタイプ的な発想法をも導入することで、こうした多様さの背後にある原理を考究することが望まれる[11]。そこで本稿は、「む」の連体用法があらわす意味のありかたについて、「設想」という規定にまで抽象化・均一化する方向とは別に、起点となる意味からの拡がりという観点から、統一的で具体的な説明を提案することをめざす。

次節では、そのための準備として、萬葉集の典型的な用例を確認し、用例に即した実態の把握をより綿密におこなうことにする。

4　萬葉集の典型的用例の検討

萬葉集における「む」の連体用法の例には、際だって多い2つの構文形式がある。第1には、先にあげた

(13)　［……］丹つつじの　にほはむ［将薫］時の　桜花　咲きなむ［将開］時に　山たづの　迎へ参出む［参出六］　君が来まさば
　　　　　　　　　　　　　　　　　　（萬葉集6・971 高橋虫麻呂：(7)の再掲）

のように、述部の「む」と対応するかたちで文中にも「む」が現れる例である。この場合は、「む」の連体用法に叙法的意味がほとんど読みとれず、主節が未来の事態であることに合わせて、連体修飾節にも「む」が要求されたものと理解できる[12]。加えて、

(14)　周防にある磐国山を越えむ［将超］日は手向よくせよ［為与］荒しその道
　　　　　　　　　　　　　　　　　　（萬葉集4・567　山口若麻呂）
(15)　海つ路の和ぎなむ［名木名六］時も渡らなむ［渡七六］かく立つ波に

　　　　舟出すべしや　　　　　　　　　（萬葉集7・1781　虫麻呂歌集）

のように、同じく述部が未来の事態となる命令・願望の類まであわせると、萬葉集中における「む」の連体用法のうち約4割を占める。

　第2には、「〜む＋体言」がないという形で、存在が打ち消されるタイプである。これも萬葉集中の「む」の連体用法のうち約4割に相当する[13]。

(16)　［……］言はむ［将言］すべ　せむ［世武］すべ知らに［不知尓］［……］
　　　　　　　　　　　　　　　　　　（萬葉集2・207　柿本人麻呂）
(17)　白雲のたなびく山の高々に我が思ふ妹を見む［将見］よしもがも［毛我母］　　　　　　　　（萬葉集4・758　大伴田村大嬢）
(18)　川渚にも雪は降れれし宮の内に千鳥鳴くらし居む［為牟］所なみ［奈美］　　　　　　　　（萬葉集19・4288　大伴家持）

　(17)のような希求表現もここに含まれる。対象を希求するということは、裏を返せば今その対象がないということだからである[14]。(16)〜(18)のような例は存在・非存在という肯否の問題に関わる以上、未来という時間的観点ではなく、論理的な面から分析することが望ましい。そのためには栗田岳の所論が参考になる[15]。栗田は「む」の連体用法の意味を「対象限定の極限性」と名づけ、対象をこれ以上限定しえないことの表明であるとする。その挙例にしたがえば、

(19)　「これにただいまおぼえむ古き言一つづつ書け」［……］「とくとくただ思ひまはさで、難波津も何も、ふとおぼえむことを」
　　　　　　　　　　　　（枕草子21　能因本は末尾「ふとおぼえむを」）

では、相手がどの古歌を思いつくのかを知りえないということ、つまり言語主体からの限定を受けないということがあらわされている。

対象を限定しえないということは、稿者なりに言いなおせば、任意の（any）可能性が想定されるということである。たとえば、(16)の「言はむすべ」「せむすべ」がないとは、言うための任意の方法、するための任意の方法が措定されたうえで、その存在が否定されるという構造であり、論理的には not any 〜で完全否定相当になっているものと解される。このように、「む」の連体用法が任意の可能性に関わることを認めれば、中古の次のような例の存在も説明しやすくなる。

(20)「いみじからむ物の上手、不用なり」

（枕草子227　能因本は末尾「不用ならむ」）

(21)「何もあらむ物賜へ」　　　　　　　　　　　　　　　（落窪物語巻1）

　それぞれ、どんな名人であっても役に立たない、何でもよいので物をくださいという意であり、あらゆる可能性を想定する表現である。このような任意の可能性の提起という観点を、本節前半で見た未来や、意志、推量、一般論などの種々の意味と結びつけて考えることはできないであろうか。

5　意味の説明

5.1　説明の方針

　プロトタイプ的な発想法にもとづいて、起点となる意味からの拡がりを考えるにあたっては、種々の意味の先後関係を認定するうえでの基準を明確化しておく必要がある。本稿では、意味Aが意味Bを含意していると判断される場合、別な言い方をすれば、意味Aから意味Bが分析・分節化されうる場合に、「意味A→意味B」という順序を認めるものとする。

　このような先後関係は、共時的な拡がりの原理を説明するものであり、かならずしも通時的な含意があるわけではない。それゆえ、本稿で「意味A→意味B」という関係が描かれたとしても、通時的には「意味B→意味

A」という流れがあることも考えられる。共時的な原理を考究することの意義は、たとえ通時的変化がいかなるものであっても、その変化の意味を明確化するための基礎を提供するという点にある。

たとえば、通時的に「意味 B →意味 A」という変化が生じたことが明らかになった場合、それ自体はひとつの現象が知られたにすぎない。しかし、原理上は「意味 A →意味 B」という分節化が想定されるにもかかわらず、現象上は「意味 B →意味 A」であったという理解がなされれば、現象の意味のレベルにまで理解が進んだことになる。一般に、通時的変化とは現象であり、現象とは、その背後に存する原理的な次元に対するものとして在る。原理的な次元の究明は、通時的研究以前に、通時的観点とは別に、なされる必要がある。それゆえ以下の議論は、それ自体に通時的な含意があるわけではないが、通時的研究にたいする基礎論としての意義をもちうるものである。

5.2　可能性の提起と未来との関係

第 4 節でみた任意の可能性の提起という観点について、任意ということを一旦措いたうえで、時間的な未来と関連づけると、「可能性の提起→未来」という順序が想定される。ある事態が生じる可能性があるということは、現にその事態は生じていないということを含意するからである。未来をマークする用例について「脱モーダル化」という指摘がなされるのも、未来の意味を後発的とみたほうが説明しやすいという事情を反映してのことであろう。

この「可能性の提起→未来」という展開について、さらに厳密に考えてみたい。可能性という概念を、強いて現実的な時間の枠組みによって分析すれば、「未来に〜がありうる」ということになる。つまり、可能性を時間的に分節化して把握すれば、未来の事態ということになる（空間的な分節化も考えられるが、そのことは第 6 節で述べる）。

(22)　**小括 1**　可能性の提起→未来
　　　　　　　　　時間的分析

とはいえ本来的には、可能性とは論理的な概念であるから、現実の時空間の枠組みとは別に考える必要がある。たとえばサイコロを一度投げる場合、現実的にはどれか1つの目しか出ないが、可能性としての目は6種どれもありうる。その意味で、現実に対して可能性は任意であり、不定であり、個別の6種の目に対してすべてありうるという一般性をもつ。ここに、前述の任意ということとの関連や、一般論といわれる意味との接点が見いだされる。

(23) 生ひさきなく、まめやかに、えせ幸ひなど見てゐたらむ人は、いぶせくあなづらはしく思ひやられて　　　　　（枕草子22：(11)の再掲）

は、或る・特定・個別のだれかではなく、可能性としての「えせ幸ひなど見てゐたる人」を指し、本当の幸せを知らない任意の・不定の・一般の人に通じる内容を述べる表現だと考えられる。語用論的意味を保留すれば、そのようなだれかが現に存在するという含意はないので、「～な人がいたとすれば」と仮定で訳される場合があるのである。

(24)「国王の仰せごとを、まさに世に住みたまはむ人の、うけたまはりたまはでありなむや」　　　　　（竹取物語：(10)の再掲）

かぐや姫を念頭においた発言であるとしても、「世に住みたまはむ人」は直接的にかぐや姫という特定の人物だけを指示するのではなく、可能性としての「世に住む人」を指し、世に住む任意の人、一般に世に住む人すべてに通じる内容を述べる表現である[16]。類例をあげる。

(25) 世の中になほいと心憂きものは、人に憎まれむことこそあるべけれ。
　　　　　（枕草子249　能因本には本章段無し）
(26)「心ざしのまさらむにこそはあはめ」と思ふに、心ざしのほど、ただ同じやうなり。　　　　　（大和物語147）

(25)の「人に憎まれむこと」は、可能性としての「人に憎まるること」であり、そのような状況すべてに通じる一般的な内容が記される。(26)の「む」は準体法だが、同様に説明できる。二人の男に求婚されている状況である。「心ざしのまさらむ」とは、可能性としての「心ざしのまさる人」を指し、それは二人のうちどちらでもありうることから、不定の表現となる。以上のように可能性という解釈が適する例、すなわち任意・不定・一般といった意味が明瞭な例では、状態的な意味の述語に「む」が付接するという場合が多い。その理由は次のように説明される。先に述べたように可能性とは論理的な概念であり、未来という時間的枠組みとは別に考えられる。時間とは第一義的に動作性述語に属するものであり[17]、状態性述語とは有縁的でない。「む」の用例のうち、時間的枠組みによらない分析が適する一群に、同じく時間的枠組みに関わらない状態性述語が親和しやすいのは必然的なのである。

　先行学説との関係を確認しておく。栗田岳の「対象限定の極限性」は、まさに任意・不定・一般という性質をとらえた規定であり、それ以前に高山善行がムの連体用法を「非現実標示」として、時空の座標軸上に位置づけることができないと述べたことも、時空間上での個別的な特定が不可能であるという意味で共通している。本稿ではそこから、時間性に依存する未来の意味を区別したうえで関係づけた（前掲(22)**小括1**）点が異なる。さらに以前には、重見一行が「む」の意味を「未来不確定」と述べており[18]、また近年では、仁科明が「む」のあらわす意味領域を「未来と可能性」と規定している[19]。本稿は、「未来」と「不確定」の関係、「未来」と「可能性」の関係を明確化したものである。学校文法の「婉曲」は、個別的な特定がなされないことを表現論的にとらえた指摘であったと評価できる。

5.3　意志と可能性の提起との関係

　以上が(22)**小括1**をめぐる議論であった。ここに意志との関係を加えると、「意志→可能性の提起→未来」という順序が妥当であると考えられ

る[20]。意志はその実現にたいして否定的な契機を与えられる場合、可能性の提起にとどまることがある。

(27) 内外なる人の心ども、物におそはるるやうにて、あひ戦はむ心もなかりけり。　　　　　　　　　　　　　　　　（竹取物語：(3)の再掲）

　第2節で前の文脈を確認したように、基本的には意志と解される例である。しかし、戦いあおうという意志は実際には起こらず、実現もされなかったのであるから、ここでの「あひ戦はむ心」は可能性としてのみ想定されるものであって、現にだれかが抱いている具体的な心情を名ざす表現ではない。いわば戦意といった一般的抽象的概念に相当する表現として分析されうるのである。「む」が意志をあらわすことと、可能性の提起をあらわすこと、すなわち任意・不定・一般といったありかたに関与することとの接点が、こうした例に見いだされる。そして意志という意味が、場合に応じて可能性という意味を顕在化させうるということは、前者が後者の意味を潜在的に含んでいるということの証左でもある。
　さらに類例をあげる。次例は、落窪の君があこぎから、典薬助が忍んでくる可能性に用心せよと聞かされた場面である。

(28) 女君、聞くに胸つぶれて、さらにせむ方なし[21]。さきざき思ひつること、物にもあらずおぼえて、わびしきに逃げ隠るべき方はなし。いかでただ今死なむと思ひ入るに、胸痛ければ、おさへて、うつ伏し伏して、泣くこといみじ。　　　　　　　　　　　　　　（落窪物語巻2）

　ここでの「せむ方なし」は、文脈を重んじて理解すれば、できることならこの状況をどうにか「せむ」という意志に裏打ちされた表現として把握されうる。しかしながら、現実にはその意志を実現する方法はないのであって、「せむ方」という名詞句のみを切りだして解釈すれば、結果としてそれは可

能性としてのみ存する「方」であるという分析が成り立つ。こうした可能性という性格は、同じ「〜む方」という表現でありながら、「なし」のような否定との結びつきをもたない、

(29)「［……］ただともかくも御心して思さむ方にしなしたまへ」
（落窪物語巻 4）

などの例に通じている。(29)はあなたの好きなようにしてくださいという意であって、「思さむ方」は可能性としての「方」を意味し、現実にどう思うかはあくまで相手次第、まさしく任意ということになる。意志と可能性の提起という 2 つの意味領域は、このような諸例をあいだに置くことによって連続的に把握される。

　以上に述べたことを、やや異なる観点もまじえて簡潔に言いなおしておきたい。小田勝は意志の意味について、「実現への強い意志がなければ、希望の色彩を帯びる」と述べている[22]。あわせて提示される用例は、「忘られてしばしまどろむほどもがないつかは君を夢ならで見む」(拾遺集・哀傷・1312、詞書「娘におくれ侍りて」)のように、いくら意志をもっても実現が考えられない場合、すなわち意志の実現が原理的に否定される場合である。とすれば、ここでいわれる「希望の色彩」とは、現実的には生起せずとも論理上は期待しうる可能性の提起ということである。意志が場合によって「希望の色彩」をもちうるということは、意志から可能性の提起が析出されうるということを意味する。

(30) **小括 2**　意志→可能性の提起→未来
　　　　　　　　　　　時間的分析

5.4　未来と推量との関係、そして総括

　最後に推量との関係が問題となる。第 2 節で示した(4)・(5)に代表される

ように、「む」の連体用法があらわす推量は未来の事態を予測するものであるから、未来と推量という２つの意味は表裏の関係をなすことが考えられる。すなわち、可能性が時間的に分析される際に、事態の時間的あり方という対象的意味の側を中心にとらえたものが未来であり、未来における可能性の実現を期するという作用的意味の側を中心にとらえたものが推量であると位置づけられる[23]。以上を要約して図示すれば次のようになる。

(31)「む」の連体用法の意味の説明　総括

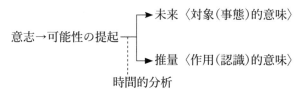

　念のため断っておくと、対象的意味と作用的意味とは原理上つねに表裏一体であり、たとえば可能性の提起という意味の場合も、厳密には可能性という対象の性格と、それを提起するという作用とが不可分に存する。用例に照らして理解しやすいように、(31)では便宜上、未来と推量についてのみ両者を分けて示したが、その両者も全く異なる２つの意味というわけではなく、どちらが卓越的かという濃淡の差によって一応区別されるにすぎない。
　一般に連体句・連体節は、対象のありさまを述べる表現として分析されやすい。たとえば「空がきれい」と「きれいな空」とは、本来的にはともに話者の認識や評価と不可分な、同一のことがらの表現としてありうるにもかかわらず、後者をものの表現とのみ見て、「きれいな」を専らもののありさまとしてのみ理解することがしばしば起こる[24]。同様に、連体節に位置する「む」は、意志や推量という認識作用よりも、可能性や未来といった対象の性格に関わる意味に注意が向きやすい条件下にある。そのために、連体用法における意志や推量という意味のありかたが等閑視されやすく、これまで包括的な意味記述に至ることが困難であったものと思われる。

以上で本稿の主たる目的はとげられたが、一般になじみのないモデルや仮説を主張する際には、それがどれほどまでに有効性をもつのかという、いわば射程の長さを吟味してみることが必要であろう。とくに本稿が「む」の意味の説明に初めて導入したのは、可能性と現実の時間的枠組みとを区別したうえで関連づけるという考え方（(31)の「時間的分析」に関わる部分）である。次節では、「む」の連体用法に類する事例として「けむ」「らむ」の連体用法をとりあげ、こうした考え方が「けむ」「らむ」にも有効であるかどうかを検証しておくことにする。

6　「けむ」「らむ」の連体用法との関係

　まず、「けむ」の連体用法の意味について、「む」の場合と並行的な説明が可能かどうかを確かめる。原理的に過去の事態を意志することはできないので、意志に相当する意味はないが、過去に関する可能性の提起であれば、次のような例がある。

(32) 古にありけむ［有兼］人も我がごとか妹に恋ひつつ寝ねかてずけむ
　　　　　　　　　　　　　　　（萬葉集4・497　柿本人麻呂）

　特定のだれかではない任意の古人について述べている点で、「む」の連体用法との類似性がうかがわれる。さらに、その可能性を現実の時空間に即して分析し、過去になんらかの事態があったことを想定する作用的意味が、過去推量に相当する。

(33) 岩代のきしの松が枝結びけむ［将結］人はかへりてまた見けむ［将見］
　　　かも[25]　　　　　　　　（萬葉集2・143　長奥麻呂）

　第三句の「けむ」は伝聞ともいわれるが、そうした証拠的な観点を持ちだ

すよりも、過去に松の枝を結んだと想定される人ととらえておけば、新たな概念を導入せずに済む。これに対応する対象的意味は、あったはずの過去事態である。対象的意味を中心に読みとるのであれば、「む」が未来をマークする場合と同様に、文末の「けむ」に対応する形で、第三句にも不確実な過去をマークする「けむ」が要求されたという解釈も可能である。ただし、過去事態は「き」「けり」でもあらわしうるため、「けむ」はテンス的な用法に大きく傾向することはない。このことを「む」の側からとらえ直せば、「む」はその他に未来の助動詞がないので、体系上の要請から、対象的意味の濃いテンス標示の機能まで広くカバーしたということである。

同様に「らむ」の連体用法の説明を試みる。原理上、現在発生中の事態を意志することはできないので、意志にあたる意味はないが、現在に関する可能性の提起であれば、次のような例がある。

(34) 天地のそこひの裏に我がごとく君に恋ふらむ［故布良牟］人はさねあらじ
　　　　　　　　　　　　　　　（萬葉集 15・3750　狭野弟上娘子）

「我」と同様に「君」を恋しく思っているような任意の人が措定されたうえで、その存在が打ち消され、完全否定となる。第4節で「む」の例にもとづいて確認した構造と同様である。さらにこうした可能性を現実の時空間に即して分析し、なんらかの事態が現在進行中であることを想定する作用的意味が、現在推量にあたる。

(35) あみの浦に舟乗りすらむ［為良武］娘子らが玉裳の裾に潮満つらむ［三都良武］か
　　　　　　　　　　　　　　　（萬葉集 1・40　柿本人麻呂）

これと表裏する対象的意味は、どこかで生じているはずの現在事態であり、(35)の第二句の「らむ」は、そうした対象的性質をマークするために、文末の「らむ」に応じて要求されたものと解釈することもできる。

以上のように、「けむ」「らむ」の連体用法については、原理的に意志の意味が成立しえないことを除けば、「む」の連体用法と同様の説明が可能であることが確認された。加えて、「む」と「けむ」「らむ」との関係をめぐって補足的な内容を述べておきたい。前節で「む」について、可能性を時間的に分節化することで未来の意味が導出されることを述べた。このとき論理上は、時間的にではなく空間的に分節化する方向もありえたはずである。「降雨の可能性」とは、現実的に分析すれば「今ここでは雨が降っていない」ということであり、「いつか or どこかで降雨が想定される」ということである。可能性を現実的な時間軸に写像すれば、未来を想定する意味が分化する一方で、現実的な空間面に写像すれば、ここではないどこかで事態が生起していることを想定する意味が分化するはずである。しかし、後者の意味領域は実際には「らむ」によって担われており、連体用法の例を見るかぎりでは、「む」がこの領域に侵出することはない。「けむ」「らむ」が時に基づいて意味を分担することに即応して、言語体系上の要請から、「む」にも時間的な分節化こそが求められたのであろう。空間的な分節化は、「らむ」の領域を侵すものであり、時に基づく体系と親和的でないことからブロックされていると考えられるのである。

7　おわりに

　本稿では、「む」の連体用法の意味について統一的・具体的な説明を提案した。意志から可能性の提起が導かれ、さらに可能性が時間的に分析されることで、未来・推量という相即的な2種の意味が析出される。このような考え方によって、「けむ」「らむ」の連体用法についても、ほぼ同様の説明が可能であることを示した。

　今後の課題としては、第1に、「む」の終止用法についても同様の説明が可能であるかを検証すること[26]、第2に、「む」の意味に可能性という観点を導入したことで、他の助動詞との関係、さらには助動詞のつかない形との

関係がどのように描かれるかを明らかにすることがあげられる。ここでは第2の点について、連体用法に関わる範囲で付言しておきたい。助動詞「まし」についてである。「まし」にも連体用法の例が一応存するが、それは、

(36) 高光る我が日の皇子の万代に国知らさまし［所知麻之］島の宮はも
　　　　　　　　　　　　　　　　　（萬葉集2・171　日並皇子舎人）

のような「はも」による喚体文の例に偏り、どれほど一般的な言語現象であったかは疑わしい。これを措くと、「まし」の文中用法として、比較構文にあらわれるものがある。

(37) ［……］うちなびく　春見まし［見麻之］ゆは　夏草の　繁きはあれど　今日の楽しさ　　　　　　　　　（萬葉集9・1753　虫麻呂歌集）

　稿者は以前、「まし」の意味の眼目が可能性の比較にあることを述べた[27]。反実仮想のように、実現済みの可能性と実現しなかった可能性とを比べる場合もあれば、「いかにせまし」のように、まだ実現されていない複数の可能性を比べる場合もある。このように可能性の比較に関わる以上、「まし」が比較構文にあらわれることは自然であるように思われる。しかし結局、(37)のように助動詞外の助詞（「ゆは」）で比較をあらわすのであれば、助動詞自体には比較の意味は不要であり、可能性の提起をあらわすことができれば十分である。文中用法をほぼ持たない「まし」をあえて利用せずとも、「む」で事足りる。現に、中古にはすでに「むよりは」が優勢となり、「まし」の文中用法は衰退している。

(38) おくれゐて嘆かむよりは涙川われおり立たむまづながるべく
　　　　　　　　　　　　　　　　　　　　　　　　（平中物語1）

このように本稿での議論は、「む」以外の形式の説明にまでかかわる広がりをもつことが予想される。その広がりをめぐる詳論は別の機会に期するものとする。

注

1　古川（2023・2024）。
2　ひとまず10世紀ごろまでとしたのは、一度に扱える分量の限度を考慮しての便宜であるが、国立国語研究所『日本語歴史コーパス』の範囲では、中古後期まで含めても本発表の論旨に抵触するような現象はあらわれないことを確認している。対象となる「む」の連体用法の用例数は、萬葉集206例、竹取物語37例、伊勢物語12例、（土佐日記0例、）大和物語15例、平中物語13例、蜻蛉日記78例、落窪物語114例、枕草子71例、三代集（歌のみ）109例。準体法は含めていないが、注目すべき用例は本稿の議論の途中でふれている。なお「かくばかり恋ひむものそと知らませば」のような「〜むもの」という述語の例は、連体用法とは考えない。萬葉集は当該の「む」が訓添でない例に限り、その他の文献も含めて異同の激しい部分は除いていることがあるので、コーパス等で検索される用例数とは必ずしも一致しない。
3　三宅（1995）で示された「推量」の定義（強調は引用者による）。三宅（2011）でもこの定義が引き継がれる。
4　たとえば、尾上（2001）に示された「む」をめぐる一連の議論は、「む」が終止用法でしか意志や推量をあらわさないということを出発点とするが、（1）〜（5）のような用例の存在を認めれば、別の立論が可能になるようにも思うのである。
5　高山（2021）による。
6　高山（2021）、40頁。
7　小田（2015）、156頁。「未実現」という語は、時間的意味にかぎらず用いられることがあるが、引用箇所は第5章「時間表現」であり、ここでの「未実現」はテンス的な未来とほぼ同義に理解することができる。
8　野村（1995）、尾上（2001）。これらの研究以後、「む」の意味を「非現実」や「未実現」と称する場合（井島（2014）、小柳（2018）を参照、irrealisに相当する）も、その内容はおおむね「設想」と重なることが多いので、ここでは「設想」で代表させておく。なお、「む」の意味を「設想」と呼ぶこと自体は山田（1908）にはじまるが、山田の場合は「回想」との対概念、「予期」との類概念という面が色濃い。
9　三宅（2011）、226〜227頁。
10　ラネカーによって提案されたモデルであり、このモデルによる多義語分析の実践例として、籾山（2021）を参照。

11 プロトタイプ的としたのは、助動詞のような機能語の意味を論じるうえで、内容語の場合と同様にプロトタイプ（原型・典型）という言い方をすることが適切であるかという点に、やや疑問が残るためである（たとえば 5.1 節で述べている先後関係の認定のありかたは、内容語の場合とは異なるものにならざるをえない）。本稿で重視したいのは起点となる意味からの拡がりという発想であるから、起点の意味をプロトタイプと呼びうるかは別としても、プロトタイプ的な発想法であることは確かであろう。

12 高山（2021）は、「節が連鎖する場合、現代語でモーダルのマークは主節だけでよいが、古代語では節ごとにマークしていく傾向がある」とする（211 頁）。

13 以上の 2 つのタイプは、中古散文においても、ある程度まとまった用例数を見いだすことができる。枕草子については山本（2003）で、連体用法の「む」と共起する文末表現の調査がなされており、推量・命令・願望・希求との共起が多いことが知られる。また、「む」の連体用法の用例数がとくに多い落窪物語を調べると、第 1 のタイプは約 45％、第 2 のタイプは約 15％を占める。第 2 のタイプが萬葉集に比べて少ないものの、総じて以上の 2 タイプは比較的に頻用されやすい構文形式であるといえる。

14 仁科（2018）によれば、「名詞＋もが（も）」は「あり」の希望、すなわち、ものが「ある」ことへの希望をあらわす。これを裏返せば、現にそれは「ない」ということになる。

15 栗田（2019）による。

16 その中でも話者はかぐや姫を特に意識しているために、「住みたまはむ」という敬語が出るものと考えられる。文法論は話者の意識の研究ではないので、待遇とは次元が異なるものと考えておくべきだろう。

17 川端（1976）。「形容詞文」が時間的分析を経ることで「動詞文」に至るという関係を想起したい。また、木田（2011）は、「む」の推量の意味を未来という時間性から一旦切り離すことで、「む」が形容詞に接続することを説明しており、本稿の考え方と重なるところがある。

18 重見（1999）による。

19 仁科（2023）による。

20 川端（1997）は意志・希求について「情意である限りに我々に直接に与えられた、従って本来的なものとしての未来」であると述べ、そこから二次的に「知的に表象せられた論理時間的な、そして現実には心理時間的な未来」の意味が展開すると述べている（288 頁、傍点原文）。

21 「せむ方なし」で一語とする見方もあるが、「せむ方なく悲し」のように形容詞等の程度強調になる場合を別とすれば、「せむ方もなし」といった例も一定数存するため、ここでは積極的に一語と認める必要はないという立場をとる。かりに一語と見る場合も、ここでの用例は、何か行動を起こそうにもすべがないという原

義にきわめて近い意味で理解しうるものであるから、議論のうえで支障はない。
22 小田(2015)、221 頁。
23 対象的意味と作用的意味については川端(2004)、69 頁に詳しい。さらに川端(1997)では、「可能性を作用的側面において測るのが予想であり、その可能性の総体を知的に表象したのが、対象的側面としての未来に他ならない」(288 頁)とあり、本稿の理解はこれを引きつぐ。なお、こうした理解によれば、本稿がここでいう推量とは、未来のできごとに関する推量という意味に限定されることになる。「む」の連体用法についてのみ言えば、それで問題はないが、終止用法まで含めると部分的に理解を修正する必要が出てくる可能性がある。今後の課題とする。
24 川端(1963)は、そのような一面的な理解を正す論である。なお「きれいな空」は、「きれいな空(だなあ)。」という喚体句として成立するときに、そのことがらとしての性格を明瞭に現す。
25 このように「将」のみで「けむ」という訓が想定される場合も、解釈上・音数律上「けむ」と訓むほかなく、かつ大きな異同のないものは「けむ」の例としている。後の「らむ」の場合も同様である。
26 終止用法においても、意志から可能性の提起を介して推量へという大まかな流れが認められることは、すでに古川(2023)で述べたことがある。また本稿第 2 節で、「む」の連体用法と終止用法の間に完全な断絶があるわけではないと述べたことも、両用法の意味をパラレルに説明できるであろうという見通しを含意する。
27 古川(2019)。

使用テキスト

萬葉集は井手至・毛利正守『新校注萬葉集』(和泉書院、2008 年)、その他は原則として『新編日本古典文学全集』(小学館)により、表記等は私に改めた。用例に遺漏がないかの確認や、用例分布の概況を把握するうえで、国立国語研究所(2023)『日本語歴史コーパス』https://clrd.ninjal.ac.jp/chj/ (2023 年 12 月 30 日確認)を用いた。

参考文献

井島正博(2014)「上代・中古語の推量表現の表現原理」『日本語複文構文の研究』pp.249–278. ひつじ書房

小田勝(2015)『実例詳解古典文法総覧』和泉書院

尾上圭介(2001)『文法と意味Ⅰ』くろしお出版

川端善明(1963)「喚体と述体―係助詞と助動詞とその層―」『女子大文学』15: pp.29–57. 大阪女子大学人文社会学部人文学科日本語日本文学専攻

川端善明(1976)「用言」『岩波講座日本語 6　文法Ⅰ』pp.169–217. 岩波書店

川端善明(1997)『活用の研究Ⅱ』清文堂出版(もと1979年)
川端善明(2004)「文法と意味」『朝倉日本語講座6　文法Ⅱ』pp.58–80. 朝倉書店
木田章義(2011)「形容詞の活用が揃うまで」『訓点語と訓点資料』127: pp.65–79. 訓点語学会
栗田岳(2019)『古代日本語と現実の諸様態』清文堂出版
小柳智一(2018)『文法変化の研究』くろしお出版
重見一行(1999)『助動詞の構文機能研究　時枝詞辞論からの脱出』和泉書院
高山善行(2021)『日本語文法史の視界　継承と発展をめざして』ひつじ書房
仁科明(2018)「「ある」ことの希望―万葉集の「もが(も)」と「てしか(も)」―」『歴史言語学の射程』pp.584–598. 三省堂
仁科明(2023)「非現実領域の切り分け―「ず」「む」「まし」「じ」について―」『国文学研究』199: pp.172–184. 早稲田大学国文学会
野村剛史(1995)「ズ、ム、マシについて」『日本語の研究―宮地裕・敦子先生古稀記念論集』pp.2–21. 明治書院
古川大悟(2019)「助動詞マシの意味」『国語国文』88(1): pp.34–54. 京都大学文学部国語学国文学研究室
古川大悟(2023)「助動詞ムの意味―意志から推量へ」『国語国文』92(2): pp.15–33. 京都大学文学部国語学国文学研究室
古川大悟(2024)「推量の助動詞の意味的体系性について―萬葉集の用例解釈から―」『萬葉』237: pp.71–87. 萬葉学会
三宅知宏(1995)「「推量」について」『国語学』183: pp.76–86. 国語学会
三宅知宏(2011)『日本語研究のインターフェイス』くろしお出版
籾山洋介(2021)『[例解]日本語の多義語研究　認知言語学の視点から』大修館書店
山田孝雄(1908)『日本文法論』宝文館
山本淳(2003)「仮定・婉曲とされる古典語推量辞「む」の連体形―『三巻本枕草子』にある「らむ」「けむ」との比較を中心に―」『山形県立米沢女子短期大学紀要』38: pp.47–62.

【付記】 本稿は第132回国語語彙史研究会(2023年9月30日、オンライン)での発表内容の一部である。席上ご教示を賜った先生方、そして、稿をなすにあたり貴重なコメントを賜った編者の先生方に、記して御礼申しあげる。また本稿はJSPS科研費22KJ3048による成果である。

中古語疑問文の記述法について
―構成要素配列による体系把握―

高山善行

1 はじめに

中古語疑問文は係助詞「ヤ」「カ」を中心とした記述が行われてきたが、体系的研究への展望は開けていないようである。本稿では、構成要素配列に基づく新しい記述法を提示する。その記述法を実際に運用し有効性を試してみる。本稿の構成について述べておく。2節では研究史をふまえて、現状の課題と本研究の目的について述べる。3節では、記述法の理論的背景、仕組みについて述べる。4節では、それを用いて実際に中古語の疑問文の記述分析を行う。5節では、記述法の適用外の用例について検討する。6節は、まとめとして記述法の評価と応用可能性について述べる。7節は、今後の課題・展望である。

2 研究の目的

日本語の疑問文については、現代語、古典語ともにかなりの蓄積がある。文法研究における疑問文観は、以下に代表されるものである。

（1）疑問文には、狭い意味で用いられる場合と広い意味で用いられる場合とがある。狭い意味における疑問文は、文中の命題に対して判断が成立しなかったことを表す文である。判断の不成立を前提として、聞き

手に問いかけることによってそれを解消しようとする典型的な疑問文を質問文として得立させることもある。一方、広い意味における疑問文は、質問文を中心として、その周辺に位置するさまざまな問いかけ的表現を包括するものである。疑問表現と呼ばれることもある。広い意味の疑問文には、命題に対して何らかの判断が成立しているものもある。　　　　　　　　　　　（「疑問[1]」『日本語文法事典』p.153）

　中古語疑問文の研究は、主として「狭い意味」の疑問文を対象としてきたといえる。疑問詞疑問文と肯否疑問文の対立を軸に、係助詞「ヤ」「カ」による疑問文の記述分析が行われた。疑問文の体系に関わる主な研究としては、山口（1990）、近藤（2000）、衣畑（2014）、近藤（2019）がある[1]。これらの成果を継承し、進展させるためには、視野を拡大し「広い意味」の疑問文を射程に収めた体系的記述を目指すべきであろう。「広い意味」の疑問を表す形式は多種多様であり、以下のようなものがある。

（２）a.　疑問詞連体形終止（「いつ鳥の鳴く。」）
　　　b.　疑問詞一語文（「いかが。」）
　　　c.　言いさし（「人の住むにや。」）
　　　d.　「〜の…らむ」構文（「しづ心なく花の散るらむ。」）
　　　e.　潜伏疑問文（「行方も知らず。」）

　（2）のような非係り結び疑問文については十分な記述分析がなされていない。
　疑問文の体系的記述を目指すとき、問題となる点が２つある。ひとつは、文型の多様性である。疑問を表す文型は多種多様であり一筋縄ではいかない。特に、会話文の場合、しばしば倒置、省略が起きる。もうひとつは、意味の曖昧性である。〈疑い〉と〈問い〉、〈疑問〉と〈反語〉、疑問文と感嘆文、推量文等は識別困難である。疑問文の基礎論については別に論じるが[2]、以

下では、体系的記述の出発点として、形式面の整理から始めたい。ただし、これまでの枠組みは疑問文の多様性に対応しておらず、実態に応じた工夫が必要となる。本稿では、新たな記述法を提示し、実際に運用することで有効性を検証してみようと思う。

3 記述法の概要

　本稿が提案する記述法は、疑問文の構成要素配列に基づくものである。以下、高山(2023)と重複するが[3]、記述法の骨子を説明しておこう。
　先行研究で明らかになった中古語の実態から、疑問文を構成する主要要素は、疑問詞(「何」「誰」など)、係助詞(「ヤ」「カ」)、モダリティ形式(「ム」「ベシ」など)、終助詞(「ゾ」「ヤ」など)を指定できる[4]。これらを「**疑問要素**」と呼んでおく。疑問要素は疑問文の骨格を構成し、(3)の意味構造が考えられる。

(3) 疑問文＝［疑問詞……係助詞……モダリティ形式……終助詞］

　(3)の各要素に生起、非生起の別を組み込めば、疑問文は要素配列でパターン化することができる。たとえば、(4)のようなものである。

(4) 要素配列
　　a.　疑問詞＋係助詞＋モダリティ形式＋終助詞
　　b.　疑問詞＋係助詞＋モダリティ形式＋φ
　　c.　φ＋係助詞＋モダリティ形式＋終助詞
　　d.　φ＋係助詞＋φ＋終助詞
　　e.　φ＋φ＋φ＋φ

　(4a)(4b)は、どちらも疑問詞が生起しており疑問詞疑問文を表す。(4a)

は疑問要素がすべて生起する。(4b)は疑問詞、係助詞、モダリティ形式が生起するが、終助詞が生起しない。一方、(4c)(4d)は疑問詞が生起せず肯否疑問文を表す。(4c)と(4d)の差異は、モダリティ形式の有無である。(4e)は疑問要素がひとつもなく、通常の疑問文ではないが、一定の条件下で潜伏疑問文を表す[5]。

このように疑問要素を組み合わせると、理論的には全16種類の配列パターンが得られる。ただし、実際には係助詞の重出制約等で産出が制限されるため、すべてのパターンが現出するわけではない[6]。

本稿の記述法の全体像を(5)で示しておく。

(5) 記述法

	疑	係	モ	終	文例（作例）
[1]	+	+	+	+	*いつか花咲かむや
[2]	+	+	+	−	いつか花咲かむ？
[3]	+	+	−	+	*いつか花咲くや
[4]	+	+	−	−	いつか花咲く？
[5]	+	−	+	+	*いつ花咲かむや？
[6]	+	−	+	−	いつ花咲かむ？
[7]	+	−	−	+	いつ花咲くや？
[8]	+	−	−	−	いつ花咲く？
[9]	−	+	+	+	*花や咲かむか？
[10]	−	+	+	−	花や咲かむ？
[11]	−	+	−	+	*花や咲くか？
[12]	−	+	−	−	花や咲く？
[13]	−	−	+	+	花（の）咲かむや？
[14]	−	−	+	−	花（の）咲かむ？
[15]	−	−	−	+	花（の）咲くや？
[16]	−	−	−	−	行く方知らず。

表の上段は疑問要素（「疑係モ終」と略記）、左の[1]～[16]は、要素の配列パターン（「**疑問文型**」と呼ぶ）を示す。構成要素の生起、非生起は「＋」

「−」で示している。たとえば、[6]は、「＋−＋−」(「疑φモφ」)という要素配列を表す。用例の非存在が予想されるものは文例に「＊」を付す。この記述法の特長は、疑問文型の共通点と差異を可視化し相互の関係を明示する点である。疑問詞疑問文、肯否疑問文を含みつつ周辺的タイプも記述できる。典型的なタイプは疑問要素が揃い、欠けたものが周辺的なタイプ（または非疑問文）となる。

　疑問文の歴史的研究では、柳田（1985）、岡崎（1996）などにより構成要素配列による類型的記述が行われてきた。本研究はそれらの記述の蓄積を継承するものである。しかしながら、研究の目的、方法については先行研究と根本的に異なるところがある。これまでの研究は疑問文を志向するものではなく、係り結びや助詞の記述を目的とするのが一般的である。本研究は疑問文に焦点を当て、疑問文と非疑問文の連続相を捉えることを目的とするものである。

　先行研究が類型的記述で用いる、「疑問詞疑問―肯否疑問」「疑い―問い」「疑問―反語」という枠組みは疑問文を記述対象とするが、非疑問文は対象外である。そのため、潜伏疑問文や疑問文と推量文の境界にある「〜の…らむ」構文等を扱うことができず記述対象が限定される。

　また、先行研究の方法は用例帰納による記述分析であり、非文が扱われていない。疑問詞一語文など構成要素が揃っていない不完全な文の記述分析が十分でない。本研究は、予め構成要素の配列パターンを設定するという演繹的方法によって、非文や不完全文の記述を可能にしている。

　本研究の試みを家の建築に喩えるなら、既存の家を改築、増築するのではなく、いったん更地にして土台を造り直す作業といえるだろう。基礎部分を見直すことは、疑問文研究が次のステージに進む上で有効であると考えられるのである。

4　観察・分析

4.1　資料と方法

本稿では資料として『落窪物語』(平安中期成立、作者未詳)を用いる。主な登場人物は、落窪姫、少将、あこぎ、帯刀である。今回は巻一を調査範囲として用例を調査した(使用テキストは論文末尾参照)。単純読み取りにより疑問文(反語を含む)を抽出すると、235例が得られる。

4.2　全体の傾向

全体的な特徴を見通すため疑問文型と文タイプ別使用の量的分布を見ておく。

4.2.1　疑問文型

疑問文型の用例数を(6)で示す。

(6) 疑問文型

型	用例数	要素配列
[2]	18 （ 7.7）	疑係モφ
[4]	24 （10.2）	疑係φφ
[6]	51 （21.7）	疑φモφ
[7]	18 （ 7.7）	疑φφ終
[8]	39 （16.6）	疑φφφ
[10]	27 （11.5）	φ係モφ
[12]	17 （ 7.2）	φ係φφ
[13]	16 （ 6.8）	φφモ終
[15]	24 （10.2）	φφφ終
[16]	1 （ 0.4）	φφφφ
計	235	

注）括弧内の数字は、全用例数に占める割合を表す。

この調査で用例が確認できた疑問文型は、［2］〜［16］の10種類であった。用例の存在を予想した疑問文型はほぼ出そろっている。一方、非存在を予想したもの（＊を付す）および、［14］（「〜の…らむ」構文）は用例が見られなかった。次に、疑問文型の量的傾向を見てみよう。用例数の多い順に示せば、第1位は［6］51例（21.7%）であり、［8］39例（16.6%）、［10］27例（11.5%）、［4］24例（10.2%）および［15］24例（10.2%）となる。ちなみに疑問詞疑問文と肯否疑問文の割合は、おおよそ2：1である。それぞれの型の用例を挙げておく。本文・現代語訳は使用テキストに拠り、用例末尾の数字は新全集本の頁を示す。

（7）a.　［6］「いかに思ほし惑ふらむ」40
　　　　　〔「姫君はどんなに困惑していらっしゃるだろう」〕
　　b.　［8］「この物どもはしばし侍るべきを、いかが。」55
　　　　　〔拝借の品物など今しばらく必要なのでございますが、ご都合いかがでしょうか」〕
　　c.　［10］〈みづしにや語らはまし〉52
　　　　　〔下仕えの女に相談したらどうかしら〕
　　d.　［4］「などかは、はかなき返事をだに絶えてなき」28
　　　　　〔「どうして、ちょっとした返事さえまったくよこさないのかね」〕
　　e.　［15］「宮仕する人は、かやうの物、必ず持たるは。なきか。」56
　　　　　〔「宮仕えする人は、このような品物は必ず持っている必需品よ。持っていないのですか」〕

　（7a）の疑問文型［6］は、疑問詞に係助詞「カ」が後接しない。中古語の疑問文は疑問詞と「カ」の共起が多いが、用例数が最多の［6］は、「カ」が生起せずモダリティ形式が生起する。これは疑問詞疑問文におけるモダリティ形式の重要性を示唆する。

4.2.2 文タイプ

　疑問文型は、地の文、会話文、心内文、歌、手紙文で使用される。用例分布を(8)で示す。

（8）文タイプ

型	地の文	会話文	心内文	歌	手紙	総計
[2]	1	11	6	0	0	
[4]	0	23	0	0	1	
[6]	1	20	28	2	0	
[7]	0	15	2	1	0	
[8]	0	38	1	0	0	
[10]	7	8	11	0	1	
[12]	1	16	0	0	0	
[13]	0	13	2	0	1	
[15]	0	23	1	0	0	
[16]	0	1	0	0	0	
計	10 (4.3)	168 (71.5)	51 (21.7)	3 (1.3)	3 (1.3)	235

　疑問文が使用される文タイプとしては、会話文が圧倒的に多く168例(71.5%)、次に心内文51例(21.7%)、地の文10例(4.3%)、歌および手紙文3例(1.3%)の順となる。会話文が全用例の約7割を占めている[7]。地の文が少なく会話文が多いのは、作品中に対話場面が多いことの反映であろう。

　疑問文型別に見ると、[4][8][12][15]は会話文への偏りが大きい。これらの要素配列で共通するのは、モダリティ形式の非在である。中古語疑問文にはモダリティが生起することが多いが、この傾向は会話文には当てはまらない。対話の場では対他性明示が優位となり、判断的意味を抑制すると考えられる[8]。用例を挙げておこう。

(9) 文タイプ別の用例

　　a.　[地の文] おとども、児よりらうたくや思しつかずなりにけむ、17

〔中納言も姫君を幼児のころからかわいいとはお思い染みにならないでしまったのだろうか。〕
b. ［会話文］「何のよしにか、こと君どりはしたてまつらむ」20
〔「何だって、今さら、ほかのご主人にお仕え申せましょうか」〕
c. ［心内文］とありともかかりとも、よきことはありなむや。23
〔どうあったところで、自分にすばらしいことがあろうか。〕
d. ［歌］いかなれや昔思ひしほどよりは今の間思ふことのまさるは 46
〔どういうわけですか、あなたと契る前に恋い慕っていた時よりは、あなたと逢った今の後朝の時のほうが恋しい気持がいっそうつのっていることですよ〕
e. ［手紙文］「日ごろは、かき絶えてやみやしなましつらさのみいとどます田のいけの水草……」29
〔「この数日は、手紙を差し上げるのをまったくやめてしまおうかと思います。ご返事がないので、つらさがいっそう増すばかりです……」〕

　ここで文タイプと疑問文型との関係を見ておく。量的には、［4］［8］［12］［13］は会話文に偏り、［6］［10］は幅広く用いられている。［6］は用例数が最も多いタイプである。多様な疑問文型で使用可能であることから、その汎用性が用例数の多さにつながるのであろう。

4.3　個別事例

　ここまで全体的な傾向を見てきた。次に個別事例をとりあげてみよう。以下では、疑問詞畳語形、「〜ムヤ」による終止について見ていく。

(10) 疑問詞の畳語形
　　「誰々かとまりたまへる」33
　　〔「誰と誰とが残っていらっしゃるのか」〕

今回の調査範囲では疑問詞畳語形が一例だけ見られた。『日本語歴史コーパス（CHJ）』を検索すると、上代に「誰」の畳語形はなく、(10)が初出のようである。畳語形はヒト、モノを数え上げる枚挙性を示すから[9]、「誰々」の場合は、「誰と誰と」のようにヒトの個別性が鮮明になる。古代語疑問詞の畳語形については研究が十分なされておらず、量化を視野に入れた記述分析が必要となろう[10]。

(11)「〜ムヤ」終止
　　a.　「〈かくをかしきことを見じ〉と思ふ人はありな<u>むや</u>。」31
　　　　〔〈こんなに楽しいことを見物しまい〉と思う人はありましょうか〕
　　b.　「まろはかやうに見苦しげにはして<u>むや</u>。」34
　　　　〔「私は、このようにみっともないようにはするものか」〕

　「ムヤ」はモダリティ形式「ム」と終助詞「ヤ」の連接形式である。「ムヤ」は文末表現形式として固定的であり複合終助詞といえる。調査では、「〜ムヤ」で終止する疑問文が10例あり、疑問文型は、すべて［13］である。そのうちの9例が、「テムヤ」「ナムヤ」の形をとる。「ツ」「ヌ」はアスペクト形式であるが、「ムヤ」終止の疑問文ではモーダルな性質を帯びている可能性がある[11]。

5　適用外の場合

　今回の記述法には適用外の例が存在する。具体的には、「ヤ」＋疑問詞、名詞＋「ハ」、「ゾ—ヤ」構文の例で、いずれも1例のみである。

(12)「ヤ」＋疑問詞
　　　　北の方、心<u>や</u>いかがおはし<u>けむ</u>、17
　　　　〔中納言の北の方は、どういう心でいらっしゃったのであろうか。〕

疑問詞と「ヤ」「カ」の承接では、「カ」が疑問詞に後接し、「ヤ」が前接することが知られている[12]。量的には、「疑問詞＋カ」が圧倒的に多く「ヤ＋疑問詞」は稀である。この事実をもとに、記述法では、疑問詞＋「カ」を標準としているから、(12)は適用外ということになる。(12)は、作品冒頭で語り手が地の文で北の方について述べている。直訳すると、「北の方は、心がどのようでいらっしゃっただろうか」であるから、「XハYガZ」構文である。この「ヤ」は主題「ハ」に通じる面があると思われる。疑問詞＋「ヤ」の使用条件については提題性の観点からの検討が必要である。

(13) 名詞＋「ハ」

　　（帯刀）「いかが。御送りつかうまつるべき。お笠は」と言へば、37
　　〔帯刀は「いかがですか。お送り申しあげましょうか。お笠は」と言うと、〕

　少将が落窪の姫君の垣間見の後、退出する場面で、家来の帯刀が退出の手伝いを申し出る。「お笠は」は疑問要素なしで疑問を表している。この例は、「お笠は、いかが」のように、「SハPナリ」の述語位置にある疑問詞が省略されたと考えられる。「いかが」はまず先行部分「御送りつかうまつるべき」に係るから、重複を避けたものと解しておく[13]。

(14)「ゾ―ヤ構文」

　　少しうれしと思ふぞ、心地の屈しすぎたるにや。27
　　〔少しうれしいと思うのも、気持が卑屈になりすぎているのだろうか。〕

　(14)は、落窪の姫の気持ちが卑屈になったとする草子地である。係助詞は原則的には同じ文内に重出することができない。この規則をもとに、記述法では係助詞重出の配列パターンを除外している。しかしながら、「ゾ―ヤ構文」は例外である[14]。この構文が成立する理由については説明がなされていないが、「ヤ」の意味機能が鍵となるだろう[15]。

6　まとめ

　本稿では、新しい記述法を用いて記述分析をおこなった。その実践をふまえて、記述法の妥当性を評価し、将来の応用可能性について考えてみたい。
　調査で得た疑問文（全235例）のなかで適用外は3例のみであった。したがって、疑問文のほとんどをカバーしている。また、用例の存在を予想した疑問文型は、ほとんどが出現していた。全体的には、疑問文型の量的傾向、使用された文タイプの傾向を描き出し、個別事例を明るみに出すことができた。適用外の例は少数見られるものの、「まず多種多様な疑問文に網をかけてすくい上げ、そこから漏れたものは個別に記述する」という二段構えをとれば、十分対応が可能である[16]。
　次に、この記述法の応用可能性について考えてみよう。まず第一に、個々の疑問要素の分析が考えられる。疑問文型と各疑問要素との相関を見ていけば、疑問文内のモダリティ形式や終助詞の機能を分析する道が開ける。疑問文とモダリティ形式の共存（いわゆる「疑問―推量」問題）や〈疑い〉と〈問い〉のありかたを解明する突破口になろう。疑問詞、係助詞の意味機能の新たな側面を浮かび上がらせる可能性もある。第二に、疑問と反語の関係について。古文解釈では両者の識別が注目されるが、そもそも反語文の仕組み、成立条件についてよくわかっていない。どういう疑問要素の配列が反語解釈に傾くかがわかれば、成立条件の手がかりにつながる。第三に、疑問文型と使用される文タイプとの関係について。どの疑問文型がどの文タイプ用いられるかを明らかにすれば、疑問文と文体の関係を知ることができる。第四に、この記述法を活用した複数の資料を比較検討することで疑問文使用の実態がわかれば、文学研究に資する面がある。
　以上、記述法の応用可能性をいくつか挙げてみた。今後、中古語疑問文のより細かな記述、新しい事実の掘り起こしが期待される。

7　おわりに

　本稿では、中古語疑問文の新しい記述法を提示し実際に記述分析をおこなった。まだ実験の段階であるから当然ではあるが、事実の指摘、問題提起にとどまる点が少なくない。それらはすべて今後の課題である。今回は、範囲を限定したサンプル調査的なものであり今後データを拡大していく必要がある。この記述法は疑問文の形式を整理するための記述装置(道具)であり、用例の調査・観察の積み重ねによって改良を加えていくつもりである。本論文の着想が、疑問文研究において新たな眺望を開く端緒となれば幸いである。

注
1　林(2020)は、現代語、古典語の疑問文研究を俯瞰するうえで有益である。
2　言語研究の領域を超えて、言語哲学、社会学、心理学等の知見を取り入れる必要がある。
3　高山(2023)では、理論的背景について詳述している。
4　高山(2019)参照。今回は主要要素に終助詞を加え精度を高めた。
5　西山(2003)参照。潜伏疑問文は、変項名詞句とCQ述語で構成される。中古語の潜伏疑問文については、高山・西(2021)参照。
6　高山(2023)参照。
7　『大和物語』では、歌や地の文での使用例の割合が高く、歌物語の特性が現れる。
8　高山(2021)「疑問文と場面性」(第Ⅱ部第2章第3節)では、モダリティ形式不在の疑問文を「実在型疑問文」とした。
9　高山(2005)では、名詞「人」の畳語形が表す枚挙性に言及している。
10　飯田(2019)参照。日本語の量化の問題を論じている。疑問詞を考える上で多くの示唆を含むものである。
11　『あゆひ抄』に「「求めてむ」と詠むは「求めむ」とのみよむよりは確かにしおく心添へり」(巻5［何てむ］)とある。
12　「ヤ」「カ」と疑問詞との承接については、『あゆひ抄』(巻1〈疑属〉)参照。
13　「お笠φ」との差異に注意しておきたい。「桜？」のような名詞一語の疑問文は、中古では確認できていない。
14　近藤(2000)参照。
15　近藤(2019)が指摘する「ヤ」の脱疑問化という観点が重要になるだろう。

16　記述の網の目を細かくすれば適用外を減らせるが、記述の仕組みが複雑になると、システムの効率性を損う。

使用テキスト

三谷栄一・三谷邦明校注・訳『新編日本古典文学全集17　落窪物語』小学館

参考文献

飯田隆(2019)『日本語と論理』NHK出版
岡崎正継(1996)『国語助詞論攷』おうふう
衣畑智秀(2014)「日本語疑問文の歴史変化―上代から中世―」青木博史・小柳智一・高山善行編『日本語文法史研究2』pp.61–80. ひつじ書房
近藤泰弘(2000)『日本語記述文法の理論』ひつじ書房
近藤要司(2019)『古代語の疑問表現と感動表現の研究』和泉書院
高山善行(2005)「助動詞「む」の連体用法について」『日本語の研究』1(4)：pp.1–15. 日本語学会
高山善行(2019)「テーマ解説　モダリティ」青木博史・小柳智一・吉田永弘編『日本語文法史研究5』pp.251–261. ひつじ書房
高山善行(2021)『日本語文法史の視界―継承と発展をめざして』ひつじ書房
高山善行(2023)「中古語疑問文の体系的研究に向けて―構成要素配列に基づく記述法」『愛文』58: pp.1–12. 愛媛大学法文学部国語国文学会
高山善行・西耕生(2021)『中古語における潜伏疑問文の探索と名詞句の意味記述に関する基礎的研究』(科学研究費研究成果報告書)
西山佑司(2003)『日本語名詞句の意味論と語用論』ひつじ書房
林淳子(2020)『現代日本語疑問文の研究』くろしお出版
柳田征司(1985)『室町時代の国語』東京堂出版
山口尭二(1990)『日本語疑問表現通史』明治書院

【付記】 本研究は、JSPS基盤研究(C)「構成要素配列に基づく中古語疑問文の体系的記述」(課題番号21K00545)による研究成果の一部である。

中世和化漢文「上者(ウヘハ)」の機能
―「鎌倉幕府裁許状」からみる―

永澤済

1 問題の所在

1.1 主な論点

　本稿では、次のような中世の判決「鎌倉幕府裁許状」の和化漢文[1]にみられる接続表現「上者(ウヘハ)」の〈原因・理由〉を表す機能について、軍記物語や説話等、和化漢文以外の用例も参照しつつ明らかにする。

　和文としての接続表現「ウヘハ」の歴史については、中古の和文にはみられないこと(馬2018：21)、軍記物語や説話集の中で接続詞相当の用法が一般化するのは鎌倉時代頃からであること(坂詰2007)、などが指摘されている。加えて、「中古以来和式漢文や和漢混淆文に見られる」(吉川1955：35)ことをふまえると、中世和化漢文の「上者」の機能を明らかにすることは、和文を含めた「上者(ウヘハ)」の歴史的変遷の基礎的な研究としての意義ももつと考えられる。

　考察にあたっての主な論点は次の2点である。

【1】「上(ウヘ)＋者(ハ)」の語構成から、〈原因・理由〉を表す機能が生じ得た理由

【2】「上者(ウヘハ)」の〈原因・理由〉を表す機能の性質

　　第3節で論点【1】「「上(ウヘ)＋者(ハ)」の語構成から〈原因・理由〉を

表す機能が生じ得た理由」を検討したうえで、第4節で論点【2】「「上者(ウヘハ)」の〈原因・理由〉を表す機能の性質」を明らかにする。

1.2 考察対象

　問題となるのは次のような例である。いずれも「上者(ウヘハ)」が〈原因・理由〉を表しているが、現代語に訳すと一様ではない。

（1）直継無子之上者、不可有譲状之旨、直経所申有其謂、
　　〔訓読[2]：直継子無きの上者、譲状あるべからざるの旨、直経申すところその謂はれあり、〕　　　　　　　　　（鎌倉幕府裁許状集上 313／1328 年）
（2）元應博多炎上之時、彼文書等紛失之上者、重可被尋下云々
　　〔訓読：元應博多炎上の時、かの文書等紛失の上は、重ねて尋ね下さるべしと云々〕　　　　　　　（鎌倉幕府裁許状集下　鎮西 185／1329 年）
（3）苅田事、自本為板崎郷内之間、令耕作之上者、依何事、夜陰可苅取乎、
　　〔訓読：苅田の事、本より板崎郷内たるの間、耕作せしむるの上は、何事に依り、夜陰苅り取るべきか、〕　　　（鎌倉幕府裁許状集上 245／1305 年）

　(1)は「直継には子がない以上は、(子への)譲状はあるはずがない」と訳せる。前件への後件の依存度が高い文脈であり、「以上は」の訳語をあて得る。一方、(2)は「かの文書等が紛失した(ために内容が不明だ)から、重ねて尋ね下す必要がある」と解釈される。前件と後件の間に因果関係はあるが、前件への後件の依存度は(1)ほどは高くなく、「以上は」では訳しにくい。また、(3)は「間」と「上者」が共起する例で、「当該の田は元々板崎郷の中であるから当方が耕作してきたという状況において、何の理由で夜こっそりと刈り取るだろうか」の意である。「間」が明確な〈原因・理由〉を述べているのに対し、「上者」は、「その状況において」という意味合いの、より緩やかな因果関係を表している。よって、「以上は」とも「から」とも訳しにくい。

中世和化漢文「上者（ウヘハ）」の機能　173

　このように、多様な文脈で使われる「上者(ウヘハ)」の〈原因・理由〉を表す機能とは、どのような性質なのだろうか。

1.3　和漢混淆文や和文の「ウヘハ」の現行訳
　加えて、以下のような和漢混淆文や和文の「ウヘハ」に付される現行の訳文(『新編日本古典文学全集』)にも、同様の点から検討の余地がある。

（4）やがて御入内の日、宣下せられける<u>上は</u>、力及ばせ給はず。
　　〔新全集訳[3]：[二条天皇(主上)は] すぐさま [大宮の] 御入内の日を定めて、宣下なさった<u>ので</u>、<u>そうなった以上</u>、上皇も何とも力及ばずなされようがなかった。〕
　　　　　　　　　　　　　　(平家物語『新全集 45』[4] p.52／13 世紀前半頃)
（5）その上、国々に守護人を置き、厳しく尋ぬる<u>上は</u>、恐ろしとも言ふばかりなし。
　　〔新全集訳：その上、国々に守護人を置き、厳しく捜すのである<u>から</u>、恐ろしいとも何とも言いようがないほどです。〕
　　　　　　　　　　　　　　(曾我物語『新全集 53』p.181／南北朝期頃)
（6）去んぬる六月より内裏へ参り、守護し奉りける<u>上は</u>、近日、ことに諸門を固めて祇候す。
　　〔新全集訳：去る 6 月から内裏へ参上して守護の役についていた<u>が</u>、近ごろはことのほか厳重に諸門を警護していた。〕
　　　　　　　　　　　　　　(保元物語『新全集 41』p.248／1219–22 年頃)

　（4）は前件の「天皇の宣下」が後件を決定づけており、文脈的に前件への後件の依存度が高い。「…ので、そうなった以上」の訳があてられ、上掲(1)に類する。(5)は前件の「厳しく捜す」という事態を受け「恐ろしい」と述べる文脈である。「から」が用いられ、(2)に類する。(6)は前件の「警護に就いていた」という状況において「特に諸門を…」という文脈である。「…が」の訳があてられ、(3)に類する。これらの訳は文脈的には問題なくみえる。

一方で、次の例は『新編日本古典文学全集』で「からには」「以上」の訳があてられているが、それほどの強い因果関係を「ウヘハ」が表しているかどうか、検討の余地があると思われる。

（7）法家に勘へ申さく、「[中略] 然れば、父已に子細ありて弟に与ふるにこそ。されば弟が申す所、その道理あり」と申しける上は、弟と安堵の下文を給ひて下りにけり。
　　〔新全集訳：法律家が答申するには、「…してみれば、父はすでに理由があって弟に与えたに違いない。ならば弟の申すところに道理がある」ということであった。そうであるからには、弟は所領安堵の下文をいただいて九州へ下った。〕
　　　　　　　　　　　　　　　　　　（沙石集『新全集52』p.144／1283年）
（8）「[前略] もつともしかるべき」由合点申されける上は、子細に及ばず、早思し召し定めけり。
　　〔新全集訳：「…よきご決意よ」と［左大臣は］賛意申し上げた以上、もう障りはない。早速［崇徳院（新院）は後白河天皇への謀反の］ご決意を固めた。〕
　　　　　　　　　　　　　　　　　（保元物語『新全集41』p.230／1219–22年頃）

　（7）は前件「法律家が弟の言い分に道理があると述べた」ことを受け、後件「弟は所領安堵の下文をいただいた」と述べている。「からには」より弱い因果関係の「から」あるいは「その事態を受けて」と訳すべき関係にもみえる。同様に、（8）も前件「左大臣が賛同した」ことを受け、後件「崇徳院は決意を固めた」と述べており、「から」や「その事態を受けて」とも訳し得る文脈であり、「以上」の訳に相当するか検討の余地がある。
　本稿では、以上の「上者（ウヘハ）」が使われる文脈の広がりの中で、果たしてこの形式の〈原因・理由〉を表す機能とはどのようなものかを考察する。

2　和化漢文の「上者」と他の資料の「ウヘハ」

　まず、和化漢文の「上者」と他の資料にみられる「ウヘハ」との関係について確認する。「上者(ウヘハ)」は、(9a)(10a)のような中世の和化漢文にも、(9b)(10b)のような和漢混淆文等にもみられる。

(9) a.　此上者不及子細矣
　　　〔訓読：この上は子細に及ばず、〕（鎌倉幕府裁許状集上 32 ／ 1223 年）
　　b.　この上は遁るるところなしとて、
　　　　　　　　　　　（保元物語『新全集 41』p.245 ／ 1219–22 年頃）
(10) a.　去年所当米事、争可有対捍哉之由、則澄令申之上者、不及子細歟、
　　　〔訓読：去んぬる年所当米の事、いかでか対捍あるべきやの由、則澄申せしむるの上は、子細に及ばざるか、〕

　　　　　　　　　　　　　　（鎌倉幕府裁許状集上 83 ／ 1249 年）
　　b.　「〔前略〕もつともしかるべき」由合点申されける上は、子細に及ばず、早思し召し定めけり。
　　　　　　　　　（保元物語『新全集 41』p.230 ／ 1219–22 年頃）〔＝再掲(8)〕

　(9)と(10)で、aの和化漢文の訓読とbの和漢混淆文とを比べてみよう。(9)は「上は」に前接するのが連体修飾語(abとも連体詞「この」)、(10)は連体修飾節(a「…申せしむる」とb「…申されける」)で、それぞれaとbの統語構造が類似している。かつ(10)では、「上は」の後件がa「子細に及ばざるか」とb「子細に及ばず」で、同一の文言である。
　このような点から、中世の和化漢文と和漢混淆文の「上者(ウヘハ)」は同一起源の形式とみて論じてよいだろう。かつ、上述のように「上者(ウヘハ)」の接続表現用法は中古の和文には見られず(馬 2018：21)、中古以来和式漢文や和漢混淆文に見られ(吉川 1955：35)、鎌倉時代頃から軍記物語や説話集の中で一般化した(坂詰 2007)。よって、当初「上者(ウヘハ)」は漢文系

の文体に偏って使用され、その起源は和化漢文であったと推定し得る。

3 「上（ウヘ）＋者（ハ）」から〈原因・理由〉機能が生じ得た理由

　そこで本節では、和化漢文を資料に冒頭の論点【1】「「上（ウヘ）＋者（ハ）」の語構成から、〈原因・理由〉を表す機能が生じ得た理由」を考えてみたい。

3.1 「上（ウヘ）」の〈累加〉用法起源論の問題点

　同論点に関して、管見の限り、和化漢文を主たる資料とした先行研究はないが、馬（2018：18–20）が、中世の軍記物や説話集を主な資料として論じている。同論は、接続表現「ウヘハ」の起源を、形式名詞「上（ウヘ）」の〈累加〉の意味だとみる。まず、「ウヘ」や「ウヘニ」が「時間を伴わない」用法（例「かずらを髪に飾った、その上更に梅をも賞でようと…」）から「時間を伴う」用法（例「参上し、その上、一言を申し上げたい」）へと〈累加〉用法を拡張させ5、さらにその「時間を伴う事柄の累加」の意味合いは、次のように助詞「ハ」が添加された「ウヘハ」においても認められると論じる。

(11) 義朝・義康は別而故院の仰せをうけたまはりて、去六月より内裡を守護したてまつりけるうへは、近日ことに諸門をかためて伺候す。

（保元物語）［馬 2018：19、本稿(6)と同一場面］

(12) 「義朝、［中略］日来私軍の合戦の時は、朝威に恐れ思様にもふるまはず。今度においては宣旨を承る上は、憚所もなし。……」

（保元物語）［馬 2018：22］

　馬（2018）は(11)を「叙述型」と呼び、前件「義朝と義康が故院の命令で去る六月から内裏へ参上して守護の役についた」に、後件「近頃諸門を厳重に警護していた」という事柄が加わると解釈する。また、(12)を「判断型」と呼び、「この度は宣旨をいただいているからには、何も憚ることはない」

と解釈する。両者ともに、前件が「ある段階に達した状況で、それを踏まえて」の意をもつ点が共通し、そこに形式名詞「ウヘ（上）」の〈累加〉の意味が受け継がれているとみる。そこから〈事態の原因・理由〉と〈判断の根拠〉用法が派生し得たと推定する。

だが、本稿の見方では、馬（2018）による接続表現「ウヘハ」の起源を形式名詞「上（ウヘ）」の〈累加〉の意味に求める推論には、2つの点で再考の余地がある。1点目は、馬（2018）が対象とした中世資料より時代を遡る院政期の和化漢文（「上者」の初期例と考えられる）からみると、「上者（ウヘハ）」の「上」を〈累加〉の意味では解釈しにくい点である（3.2節）。2点目は、「ウヘハ」の「ハ」がなぜ出現したかが説明されていない点である。〈累加〉を表す形式名詞「上（ウヘ）」が実質名詞と同様の格助詞「ニ」を伴うことは、自然に理解される。しかし、〈原因・理由〉用法でなぜ「ハ」を伴う必要があったかは自明ではない。推論が成立するためには、この点について説明が必要となる。そこで本稿では、「ウヘハ」の「ハ」の出自について、和化漢文の「者」の機能による説明を試みる（3.3節）。

3.2 〈累加〉の意味では解釈しにくい院政期の用例

先行研究の〈累加〉用法起源論に関して注目されるのは、以下のような院政期の用例である。「上者」の初期の例と思われるが[6]、〈累加〉の意味とは即座には結びつかないのである。

(13) 右件当職者、為平宗保先祖開発之所帯也、而老耄之尅、前後不覚之上者、於彼所職者、嫡男平宗継仁一円不輸所譲渡也、
〔訓読：右の件、当職は、平宗保の先祖に開発せらる所帯なり、而に老耄の尅、前後不覚之上は、かの所職においては、嫡男平宗継に一円不輸譲渡すところなり、〕
　　　　　　　　　　　　　　　　（平安遺文1963／1122年）

(14) 免除顕然之上者、件四至内所停止検断使之煩并甲乙人等狼藉也、
〔訓読：免除顕然の上者、件の四至内、検断使の煩ならびに甲乙人等の狼藉を停

止するところなり、〕　　　　　　　　　　（平安遺文 3785／1177 年）
(15) 於今度御恩者、九国鋳物師地頭職可給之由、於宗明申之上者、九州鋳物師政所職者、宛給者也、
　　　〔訓読：今度の御恩においては、九国鋳物師地頭職給ふべきの由、宗明において申すの上は、九州鋳物師政所職は、宛給ふものなり、〕
　　　　　　　　　　　　　　　　　　　　　　　（鎌倉遺文 371／1189 年）

　(13) は「平宗保が老いて明瞭な思考ができなくなったから、所職は嫡男の平宗継に譲るところである」の意、(14) は「賦課免除の地であることは明白であるから、その土地内への検断使の介入並びに一般の者の妨害を停止する」の意、(15) は「この度の御恩として、九国鋳物師地頭職を賜りたいと宗明が申したから、九州鋳物師政所職を宛て給うものである」の意ととれる。〈累加〉の解釈を試みると、(13) は「平宗保が老いて明瞭な思考ができなくなった」ことに加えて「所職は嫡男の平宗継に譲る」、(14) は「賦課免除の地であることは明白である」ことに加えて「その土地内への検断使の介入並びに一般の者の妨害を停止する」、(15) は「この度の御恩として、九国鋳物師地頭職を賜りたいと宗明が申した」ことに加えて「九州鋳物師政所職を宛て給う」となるが、いずれも自然な解釈としては成り立ちにくい。
　よって、「上者（ウヘハ）」の〈原因・理由〉の機能は、形式名詞「上（ウヘ）」のもつ〈累加〉的な意味とは独立に発生した可能性も考えなければならない。

3.3　和化漢文からみる「者」の機能

　そこで以下、和化漢文における「上者（ウヘハ）」の「者（ハ）」の機能の方に着目してみる。そこから、冒頭の論点【1】「「上（ウヘ）＋者（ハ）」の語構成から、〈原因・理由〉を表す機能が生じ得た理由」に迫りたい。

3.3.1　中国漢文と日本上代の「者」

　まずその起源と考えられる中国漢文において、「者」は次のような判断文

の主語((16))、叙述文の主語((17))、条件文中で仮定を表す従属節を提示する((18))などの各種用法をもつ(佐藤・小方 2006：145–146)。

(16) 童寄者、彬州蕘牧児也
〔佐藤・小方(2006)訳：童寄は、彬州の薪取や牧牛をする子どもである〕
(童区寄伝(柳宗元))
(17) 北山愚公者、年且九十、面山而居
〔佐藤・小方(2006)訳：北山愚公は、年はもうすぐ九十で、山に面して家を構えている〕
(列子・湯問)
(18) 伍奢有二子、不殺者、為楚国患
〔佐藤・小方(2006)訳：伍子胥には二人の子どもがいる。殺さなければ、いずれきっと楚国の憂いとなろう〕
(史記・楚世家)

瀬間(1994)は、こうした中国漢文の「者」が日本でどう理解され、『古事記』に至る上代の国語表記の中に定着したかを考察し、「早くも上代に於いて、国語の助詞「ハ・バ」の表記として用いられた形跡があり、木簡・万葉集等には少数ながら訓仮字としての使用例も存する」(p.31)と指摘する。次の例がそれに該当する。

(19) 此取人者盗人妻成
(平城宮発掘調査出土木簡概報 20 p.11)〔瀬間 1994：36(提示用法)〕
(20) 参向寮家若緩者(養年□年)
(平城宮発掘調査出土木簡概報 14 p.7)〔瀬間 1994：39(仮設用法)〕
(21) 其地在蔵鈎未不造者今欲得
(平城宮発掘調査出土木簡概報 21 p.6)〔瀬間 1994：39(確定条件用法)〕
(22) 古江久礼者
(平城宮木簡 3097)〔瀬間 1994：39(訓仮字／確定条件用法)〕

同論は「者」が、上代に、日本語の助詞「ハ」に対応する「提示用法」（(19)）と、「バ」に対応する「仮設用法」（(20)）、同「確定条件用法」（(21)(22)）[7]とを既にもっていたことを示す[8]。このうち、「提示用法」と「仮設用法」は(16)-(18)にみるように、中国漢文と共通する。だが、「確定条件用法」は中国漢文にはみられない[9]。これが日本で出現した経緯は、「仮設用法の「者」を接続助詞「ば」で訓読した結果、「者＝ば」が定着し、その結果、仮定・確定の双方の「ば」の表記として「者」字が定着したものと考えられる」（瀬間1994：42）とされる。
　一方、中世和化漢文の「上者」は「仮定条件」は表さず、専ら「確定条件」の〈原因・理由〉のみを表す（第4節に示す）。そこには、上代に既に中国漢文から日本に入り上記のように使用された「者」字の、どのような機能が利いていたのだろうか。

3.3.2　中世和化漢文の「者」

　前節3.3.1に示した上代と同タイプの「者」の用法が、中世和化漢文にも受け継がれている。和化漢文において「者」は、名詞用法を除けば、日本語の「提題助詞〔あるいは取り立て助詞〕」（瀬間1994「提示用法」に対応）、もしくは順接の「接続助詞」（同「確定条件用法」に対応）のどちらかに相当する。次の例で確認しよう。

(23) 於今度御恩①者、九国鋳物師地頭職可給之由、於宗明申之②上者、九州鋳物師政所職③者、宛給者也、
　　〔訓読：今度の御恩においては、九国鋳物師地頭職給ふべきの由、宗明において申すの上は、九州鋳物師政所職は、宛給ふものなり、〕
　　　　　　　　　　　　（鎌倉遺文371／1189年）〔＝再掲(15)〕

(24) 此上猶令違背御下知④者、可被処罪科也、
　　〔訓読：此上猶ほ御下知に違背せしめば、罪科に処せらるるなり、〕
　　　　　　　　　　　　（鎌倉幕府裁許状集上83／1249年）

(23)の①と③の「者」は、訓読「御恩においては」「九州鋳物師政所職は」にみえるように、「提題助詞」に相当する。(24)の④の「者」は、「違背せしめば」にみえるように、順接の「接続助詞」(この場合〈仮定条件〉を表す)に相当する。

では、(23)の②のような「上者」の「者」はどうか。統語的にみれば、名詞「上」に後接するので「提題助詞」にみえる(だからこそ「バ」ではなく「ハ」で訓まれている)。だが、次節3.3.3で述べるように、「然者」と「然上者」との共通性などから考えるならば、「上者」の「者」は確定条件を表す「接続助詞」相当ともみなし得る。

3.3.3 「上者」の「者」は「提題助詞」相当か、「接続助詞」相当か

西村(1998)は、鎌倉時代の上申文書「申状」を資料に、裁許要請文言の定型化と類型を調査した。その結果、同機能を共有する文言として、以下の「仍(ヨッテ)」「然者(シカレバ)」「然上者(シカルウヘハ)」「此上者(コノウヘハ)」「〜之上者(〜ノウヘハ)」等を同類型に位置づけた。

(25) 仍且任道理、且守代々御教書之旨、欲蒙慈恩之御成敗、仍粗言上如件、
　　　　　　　　　　　　　　　　　　　　　　（鎌倉遺文10508／1269年）
(26) 然者任此例、除彼寺用米分田之外、押領公田等可令領之由、欲被宣下矣、仍勒子細言上如件、　　　　（鎌倉遺文1191／1201年）
(27) 然者蒙御憐愍、取最略、以三分一、欲致其沙汰、仍百姓等粗言上如件、
　　　　　　　　　　　　　　　　　　　　　　（鎌倉遺文7943／1255年）
(28) 然上者、被停止非分押領、任相伝道理、如本可令進退之旨、為蒙御成敗、粗言上如件、　　　　　　（鎌倉遺文17398／1290年）
(29) 此上者、早任証文道理、為蒙御成敗、謹言上如件、
　　　　　　　　　　　　　　　　　　　　　　（鎌倉遺文17864／1292年）
(30) 弥増嗷々之色之上者、任傍例、不日被注進武家於悪党人者、召出其身、被処重科、於扶持同心輩者、任被定置旨、欲被行所当罪科矣、

(鎌倉遺文 17944 ／ 1292 年)

　(25)は「X、仍Y」の形で、前件 X を受けて「だから Y(裁許を要請する)」と述べている。(26)と(27)の「X、然者 Y」も同様に「だから Y」を表す。この場合は、指示語「然(シカ−レ)」が前件 X をうけ、「者」が確定条件を表す「接続助詞」相当として働き、「だから」の意を表している。よって「者」は「バ」で訓まれる。同じく、(28)(29)の「X、然上者 Y」も「だから Y」の意であるが、この場合の「者」は、(23)の②「上者」と同様、名詞「上」に後接することから「提題助詞」相当である。よって「ハ」で訓まれる。
　ここで注目したいのが、(26)–(29)の下線部が「だから」の意で共通し、そのいずれにも「者」字が使用され、そこに前接する(26)(27)の「然」と、(28)(29)の「然上」とが形式的に類似している点である。ここから、「然」と「然上」との意味的な類義関係を仮定してみることができる。そしてこの類義関係の仮定は、「然上」における「上」を、次の例にみる「(前の語句に示された)ある人や物事に関する消息、事情、経緯など」(『日本国語大辞典』「上」の項)の意(以下〈状況・事情〉と表記)と捉えた場合、問題なく成立すると思われる[10]。

(31) かかることどものむかしありけるを、絵にみな書きて、故后の宮に人の奉りたりければ、これがうへを、みな人々この人にかはりてよみける。
　　〔新全集訳：このようなことが昔あったのを、絵にみな書いて、故后の宮にある人が奉ったので、このことを、みんなでこの塚の人たちにかわって歌を詠んだ。〕
(大和物語『新全集 12』p.371 ／ 951 年)

(32) 身の上嘆き、人の上言ひ、つゆ塵の事もゆかしがり聞かまほしうして、
　　〔新全集訳：自分の身の上をこぼし、他人のことをあれこれ言い、ちょっとした塵ほどのことも知りたがり聞きたがりして、〕
(枕草子『新全集 18』p.66 ／ 966 年)

(33) また西国のおもしろき浦々、磯の<u>うへ</u>を言ひつづくるもありて、
〔新全集訳：また西の国の風情ある浦々、海辺の<u>景色について</u>言い続ける者もあって、〕　　　　　　　　　　（源氏物語『新全集 20』p.202 ／ 1010 年）

(34) ことに、かたほとりなる聖法師などぞ、世の人の<u>上</u>は、わがごとく尋ね聞き、
〔新全集訳：ことに片田舎にいる聖法師などが、世間の人の<u>上</u>は、自分のことのように尋ね聞き、〕　　　　（徒然草『新全集 44』p.184 ／ 1336 年）

　すなわち「然上者」の「上」は、〈状況・事情〉を表すと解釈するなら、「然者＝そのようであるから」、「然上者＝そのような〈状況・事情〉であるから」のように、両者の類義関係も自然に説明される。
　このような見方に立つなら、(28)(29)のような「上者」の「者」は、訓みは「ハ」であっても、確定条件を表す「接続助詞」相当として機能していると考え得る。同様に、(30)の「<u>X 之上者 Y</u>」においても「者」は「接続助詞」相当で、「Xのような〈状況・事情〉だから」を表していると考え得る[11]。

3.4　小括：「上（ウヘ）」＋「者（ハ）」から説明される〈原因・理由〉の機能

　以上、和化漢文における「上者」の「者」は、統語的には「提題助詞」相当で「ハ」と訓まれるが、機能的には順接確定条件を表す「接続助詞」相当の形式だと捉え得る。かつ、「上（ウヘ）」は〈状況・事情〉の意で解釈するのが自然である。そのような解釈により、「上者（ウヘハ）」が〈原因・理由〉の機能をもつ理由を、「上＝〈(前に示された)状況・事情〉」＋「者＝「だから」(順接確定条件の機能)」という語構成から自然に説明できる。

4　〈原因・理由〉用法

　第 3 節では論点【1】について検討し、「上者（ウヘハ）」は、「者」が順接

確定条件の機能をもち、それにより〈原因・理由〉を表し得ていることを確認した。本節では、論点【2】「「上者（ウヘハ）」の〈原因・理由〉を表す機能の性質」を明らかにする。ここにあらためて代表的な用例を示す。

(35) 直継無子之上者、不可有譲状之旨、直経所申有其謂、
　　　　　　　　　（鎌倉幕府裁許状集上 313 ／ 1328 年）［＝再掲(1)］
(36) 於清長者、舎兄見存之上者、猥難号嫡子歟、
　　　　　　　　　（鎌倉幕府裁許状集上 148 ／ 1279 年）
(37) 同社領弐箇所〈瓶尻・小前沢〉事、為当社別当分之条、雑掌承伏之上者、不及異儀矣、　　　（鎌倉幕府裁許状集上 129 ／ 1272 年）
(38) 本主能直譲状明白之上者、云尼後判譲状、云泰直去文、旁不及異議、
　　　　　　　　　（鎌倉幕府裁許状集上 123 ／ 1271 年）
(39) 狼藉事、右、同勘状云、先日為国司之沙汰、被成敗之由、被載之云々者、此上者不及子細矣　　　（鎌倉幕府裁許状集上 32 ／ 1223 年）

以上「上者（ウヘハ）」は、既述のように広く〈原因・理由〉用法と解釈される。この用法を掘り下げると、以下のような特性が指摘できる。

4.1 前件のレアリティーが「事実的」

まず、「レアリティー」(前田 2009) の観点でみてみたい。レアリティーとは「言語によって表された事態と、現実との事実関係」と定義され（同p.18)、レアリティーが「仮定的」とはいわゆる「仮定」、「事実的」とはいわゆる「確定・既定」をさす。前田(2009：30)は「論理文」4種の体系を次のように整理し、「レアリティー」を最も重要な分類の観点であるとする。

(40)論理文の体系(前田 2009：30)

		論理展開の方向	
		順接	逆接
レアリティー	仮定的	条件文	逆条件文
	事実的	原因・理由文	逆原因文

　例えば次の現代語の文で、「以上(ハ)」「カラニハ」の前件は、レアリティーに関して「仮定的」である。

(41) 批判をする<u>以上</u>、どこをどうただすべきかを明確にして世に問うべきだろう。　　　　　（天声人語『朝日新聞』／ 1986 年）［前田 2009：176］
(42) やる<u>からには</u>とことんまでやってもらいたい。
　　　　　　　　　　　（天声人語『朝日新聞』／ 1987 年）［前田 2009：176］

　(41)(42)では、前件で「批判をする」「やる」という事態が仮定され、それに依存する事態を後件で述べている。このように、現代語の「以上(ハ)」「カラニハ」は、前件に「仮定的」な事態をとることができ、(40)の表にみる「条件文」を作る機能をもつ。
　このレアリティーに関して中世和化漢文の「上者(ウヘハ)」をみると、現代語の「以上(ハ)」や「カラニハ」とは異なる性質をもつ。次のように、前件には既に成立した「事実的」な事態しかとれない。すなわち、(40)の表にみる「原因・理由文」を作る機能のみをもつ。

(43) 而彼圓性以下事、爲住人之身、忘恩顧、俄号地頭、剰稱請所、抑留所務幷年貢檢注之<u>上者</u>、如元爲本所進止、可全寺役之旨訴之、
　　〔訓読：而に、彼の圓性以下の事、住人の身として、恩顧を忘れ、俄に地頭と号し、剰へ請所と稱し、所務年貢檢注を抑留するの<u>上は</u>、元の如く本所進止として、寺役を全うすべきの旨訴之、〕

　　　　　　　　　　（鎌倉幕府裁許状集下　六波羅 50 ／ 1312 年）

(44) 自元應元年、令押領石上村南依荒野之上者、仰使節、被檢見堺、可被付打越分限之由訴之、
〔訓読：元應元年より、石上村南依荒野を押領せしむるの上は、使節を仰せ、堺を檢見せられ、打越分限を付けらるべきの由之を訴ふ、〕

(鎌倉幕府裁許状集下　鎮西160／1324年)

(45) 元應博多炎上之時、彼文書等紛失之上者、重可被尋下云々
〔訓読：元應博多炎上の時、かの文書等紛失の上は、重ねて尋ね下さるべしと云々〕　(鎌倉幕府裁許状集下　鎮西185／1329年)〔＝再掲(2)〕

　(43)は「圓性が俄かに地頭と称し、所務ならびに年貢（の検注）を抑留したから、元の通り本所の進止として寺役を正常にすべき旨を訴える」の意である。前件の「抑留した」という事態は既に起きたことで、「事実的」である。「抑留する以上は（訴える）」とは訳せない。また「抑留した以上は（訴える）」とも訳せず、前件への後件の依存関係を述べる「条件文」の性質はもたない。(44)は「相手方が荒野を横領したから、使節を送り堺を調査し不当な侵害分の権利をこちらに付けていただくよう訴える」の意で、やはり既実現の事態を表し「事実的」である。「横領する以上は（訴える）」とも「横領した以上は（訴える）」とも訳せない。同様に、(45)も「元応の博多炎上の時、かの文書等が紛失して内容が不明だから、重ねて尋ね下す必要がある」の意で既実現の事態である。「紛失する以上は」とも「紛失した以上は」とも訳されない。
　以上、中世の「上者（ウヘハ）」は、前件のレアリティーに関して「仮定的」な機能はもたない点で、現代語の「以上(ハ)」「カラニハ」とは異なっている。なお、前件が事実的か仮定的かという点に関して、次のような例も挙げておきたい。

(46) 彼状謀書也、若雖為実書、訴訟過年紀之上者、難被許容之旨、政世陳之、
〔訓読：かの状謀書なり、若し実書たりといへども、訴訟年紀を過ぐるの上は、

許容せられ難きの旨、政世之を陳ず、〕　　（鎌倉遺文29147／1325年)

　(46)は「若雖為実書」の部分が「もし偽造文書ではなく真正文書であったとしても」と仮定を述べる文脈であるが、ここでは「訴訟過年紀」すなわち「法で定める時効の期間を過ぎての訴訟である」という点は確定している。よって、前件が事実的であるという制約を満たし「上者」が使えている。

4.2　現代語の「以上ハ」に訳せるか

　ここで現代語訳について考えよう。前節4.1に示したように、中世の「上者（ウヘハ）」は「条件文」を作る機能をもたず、専ら「原因・理由文」を作る。よって(43)‒(45)は「以上ハ」とは訳せない。だが、第4節冒頭の(35)‒(39)に示したような文脈では、〈原因・理由〉と〈条件〉とが意味的に近接することから、次のように「以上ハ」でも訳し得る[12]。

(47) 直継無子之上者、不可有譲状之旨、
　　〔拙訳：直継には子がいない｛カラ／以上ハ｝、子への譲状があるはずはない旨、〕
　　　　　　（鎌倉幕府裁許状集上313／1328年）［＝該当部分再掲(1)(35)］
(48) 於清長者、舎兄見存之上者、猥難号嫡子歟、
　　〔拙訳：弟の清長は、舎兄が健在している｛カラ／以上ハ｝、嫡子とは称しがたい。〕
　　　　　　（鎌倉幕府裁許状集上148／1279年）［＝再掲(36)］
(49) 雑掌承伏之上者、不及異儀矣、
　　〔拙訳：…雑掌が了承している｛カラ／以上ハ｝、異議には及ばない。〕
　　　　　　（鎌倉幕府裁許状集上129／1272年）［＝該当部分再掲(37)］
(50) 本主能直譲状明白之上者、云尼後判譲状、云泰直去文、旁不及異議、
　　〔拙訳：本主能直の譲状が明白である｛カラ／以上ハ｝、尼の後判の譲状といい泰直の去文といい異議に及ばない。〕
　　　　　　（鎌倉幕府裁許状集上123／1271年）［＝該当部分再掲(38)］
(51) 狼藉事、右、同勘状云、先日為国司之沙汰、被成敗之由、被載之云々

者、此上者不及子細矣
　　〔拙訳：狼藉の事は、既に国司により裁断が下っている旨、勘状に載っている{カ
　　ラ／以上ハ}、審議に及ばない。〕
　　　　　　　　　（鎌倉幕府裁許状集上 32 ／ 1223 年）[＝該当部分再掲(39)]

　しかし、前件が事実的という「上者」の性質に鑑みれば、(47)–(51)（再
掲＝(35)–(39)）も〈条件〉より〈原因・理由〉の意味合いで捉えるのが適
当だと考えられる。
　同時期の和漢混淆文等の「ウヘハ」でも、前件が事実的であるという点
は、基本的に同様だとみられ[13]、「以上ハ」の訳は適さない。

(52) 法家に勘へ申さく、「[中略] 然れば、父已に子細ありて弟に与ふるに
　　こそ。されば弟が申す所、その道理あり」と申しける上は、弟と安堵
　　の下文を給ひて下りにけり。
　　　　　　　　　（沙石集『新全集 52』p.144 ／ 1283 年）[＝再掲(7)]
(53)「七つ子の、親の敵打つ事は、云ひ伝へたれども、まのあたり未だ見聞
　　かず」とて、奉行人共、「弓箭とる者の子共は、如何にも様有れば」と
　　て、感涙を流しけり。殺害の上は、傍輩のためしにもとて、やがて伯
　　父に預けられけり。されども、実の咎なかりければ、親上りては、親
　　の許にぞ有りける。
　　〔新全集訳：「七歳の子が親の敵を討つとは、言い伝えには聞いたことがあるが、
　　実際に見聞したことはない」と奉行人たちも、「武士の子はやはり違うものだ」と
　　感涙した。殺害した上は同類の者へのしめしにするためにもということで、その
　　まま伯父に身柄を預けられた。しかし、実質的なおとがめはなかったので、父親
　　が帰ってきた後は親もとで過ごした。〕（沙石集『新全集 52』p.370 ／ 1283 年）

　(52)は前件で「法律家が弟の言い分に道理があると述べたから」と、確定
した事態を述べている。本稿冒頭(7)に示した『新編日本古典文学全集』の

現行訳「そうであるからには(弟は下文をいただいて九州へ下った)」のような強い因果関係を含意する〈条件〉的な訳は適さないと考えられる[14]。(53)も同様に「殺害したから」と、確定した事態とその単純な帰結を述べており「殺害した以上は(伯父に身柄を預けられた)」とは訳されない[15]。同様に、訳文に検討の余地があるとした(4)や(8)も、前件に後件が依存する「以上」の訳に相当するほどの強い因果関係は認めにくい。

このように、「上者(ウヘハ)」は、形式的な類似性もあって現代語の「以上(ハ)」「カラニハ」に訳されているケースがあるが、両者の性質は異なる。「上者(ウヘハ)」には条件文に相当する前件への後件の依存関係は認めにくく、原因・理由文として捉えるべきものである。

4.3　現代語の「カラ」に訳しにくい場合

ここまで、「上者(ウヘハ)」の機能を〈原因・理由〉とし、現代語の「カラ」に対応させて考察してきたが、次のように「カラ」にも訳しにくい用例がある。

(54) 右、如郡司申者、以非據、雖押取彼芋、恐罪科、返与本主之上者、狼藉勿論也、可被處御下知違背咎之由、雖訴之、無誤之旨、依聞披歟、
〔訓読：右、郡司申すのごとくんば、非據をもって、彼の芋を押し取るといへども、罪科を恐れ、本主に返し与ふの上は、狼藉勿論なり、御下知違背の咎に處せらるべきの由、之を訴ふといへども、誤り無きの旨、聞披に依るか、〕

（鎌倉幕府裁許状集下　鎮西13／1300年）

(54)は、前件が「不法に芋を押し取ったが、罪科を恐れ本主に返し与えた」で、これを受けた後件が「狼藉であるのは自明である」である。この場合、「カラ」を用いて「不法に芋を押し取ったが、罪科を恐れ本主に返し与えたから、狼藉であるのは自明である」と訳すほどの因果関係を認めにくい。前件と後件は「不法に芋を押し取ったが、罪科を恐れ本主に返し与え

事情を受けて、狼藉であるのは間違いない」程度の関係である。

このように、「上者(ウヘハ)」が使われる文脈には、明示的な因果関係を表す「カラ」の訳をあてにくく、「その状況において」「その事情を受けて」といった訳が適切な場合がある。この事実は、3.3.3 で仮定した「上」の〈状況・事情〉の意とも整合的である。

和漢混淆文にみられる次の例も、同様の文脈に該当すると解釈できる。

(55) 去んぬる六月より内裏へ参り、守護し奉りける<u>上</u>は、近日、ことに諸門を固めて祇候す。
〔新全集訳：去る6月から内裏へ参上して守護の役についていた<u>が</u>、近ごろはことのほか厳重に諸門を警護していた。〕
(保元物語『新全集41』p.248／1219–22 年頃)［＝再掲(6)］

(56)「…いかさまにも、院宣の御返事参り候ふぞと申さるべし」と、様々に教訓を誘らへられけるあひだ、力なくして、領状し、<u>この上</u>は遁るるところなしとて、
〔新全集訳：「…ここはどうしても院の宣旨を承って参上のこと申さねばならぬところよ」と、あれこれ教訓するものだから、為義も進退きわまってともかく承諾、もはや断るわけにもいかず、〕
(保元物語『新全集41』p.245／1219–22 年頃)

(55) は「6月に守護の役についた<u>から</u>、近日ことに諸門を厳重に警護していた」という因果関係では捉えにくく、「守護の役についた<u>状況において</u>」と解釈するのが自然であろう[16]。(56) も「あれこれ教訓されともかく承諾したから、逃げ道はない」という因果関係では捉えにくく、「承諾した<u>状況において</u>」と解釈するのが自然だと思われる。

以上をふまえると、「上者(ウヘハ)」の〈原因・理由〉の意味とは、現代語の「カラ」に訳せるものと便宜的には言えるものの、より本質的には、「カラ」ほどの因果関係を示さず、「その状況において」「その事情を受けて」と

いう意味合いのものだといえる。

4.4 「上者(ウヘハ)」の表す「状況」性

前節 4.3 をふまえ、ともに〈原因・理由〉を表す「間(アヒダ)」と「上者(ウヘハ)」が共起する用例から、「上者」のもつ〈状況・事情〉的な意味合いについて確認する。

(57) 先度裁許之趣、令依違之間、有改沙汰之上者、所不及糺明也
〔訓読：先度裁許の趣、依違せしむるの間、改沙汰有るの上は、糺明に及ばざるところなり〕
(鎌倉幕府裁許状集上 137／1275 年)

(58) 苅田事、自本為板崎郷内之間、令耕作之上者、依何事、夜陰可苅取乎、
〔訓読：苅田の事、本より板崎郷内たるの間、耕作せしむるの上は、何事に依り、夜陰苅り取るべきか、〕
(鎌倉幕府裁許状集上 245／1305 年)〔＝再掲(3)〕

(57)は「前回の裁許に食い違いがあったから再審理を行ったという事情を受けて、さらなる審理には及ばない」、(58)は「当該の田は元々板崎郷の中であるから当方が耕作してきたという状況において、何の理由で夜こっそりと刈り取るだろうか」の意である。この場合「間」は、(57)では「食い違いがあったから」、(58)では「自領の板崎郷の中であるから」という明確な〈原因・理由〉を述べている。それに対し「上者」は、「その状況において」「その事情を受けて」といった、より緩やかな因果関係を表しているとみられる。実は、先の(56)も同様の文構造で(「アヒダ」と共起)、これと似る。興味深いのは、前田(2009：174)による次の例で、現代語の「カラ」と「以上」の間にも同様の関係が認められることである。

(59) 消費者の味覚が頼りにならない以上、今が旬だから、しっかり食べなさいというふうに、売り手がもっと情報を提供する必要がある、と主

張する。　　　（天声人語『朝日新聞』／1991 年）〔前田 2009：174〕

　これについて、前田（2009：174）は「主節事態の原因・理由は「から」節の事態であり、「以上」節ではない。「以上」が表している事態は、その因果関係を成立させている、場面的な「状況」であると言えるだろう」と述べている。ここでの「カラ」と「以上」の関係は「間（アヒダ）」と「上者（ウヘハ）」の関係に対応しており、「以上」と「上者」の〈状況・事情〉的な意味合いが重なるようにみえる[17]。ここからも、「上者」は「カラ」ほどの因果関係を示さず、「その状況において」「その事情を受けて」という意味合いのものだと確認される。

4.5　近世「上者（ウヘハ）」のレアリティー

　最後に「上者（ウヘハ）」のレアリティーに関して次の点を補足する。

(60)　又かたへ夷人が我庵を尋来らんに、いか程道にまよひても、我等が庵
　　　ある上は、何れたづねあふなり。
　　　　　　　　　　　（一休ばなし（仮名草子集）『新全集 64』p.343 ／ 1668 年）

　近世の例であるが、「田舎人が私の庵を尋ね来るのに、どれほど道に迷っても」という仮定的な状況を示したうえで、前件で「私の庵がある（からには）」、それに依存して後件「やがて尋ねあてる」が起こることを述べている。このように近世には、未実現事態を仮定し、前件に依存して後件が起こることを述べる〈条件〉用法が出現している。一方鎌倉期の「上者（ウヘハ）」にそのような機能はなく、専ら事実的な事態を述べる〈原因・理由〉文であった。鎌倉期の「上者」の機能は〈原因・理由〉にとどまり、一部に〈条件〉として訳し得る性質をもちながらも、近世資料にみられるような未実現事態を仮定する〈条件〉機能の獲得にはまだ至っていない。

5 おわりに

　以上、「鎌倉幕府裁許状」の和化漢文を中心に「上者（ウヘハ）」の機能を検討し、あわせて軍記物語や説話等の和化漢文以外の用例との共通性も確認した。結論は次のとおりである。

1. 「上者（ウヘハ）」の〈原因・理由〉の機能は、出現初期とみられる院政期の和化漢文の例を見る限り、先行研究で指摘される「上」の〈累加〉の意味から派生したものとは即座にはいえない。
2. 「上者」の「者」は、名詞を受けることから統語的には日本語の提題助詞「ハ」に対応するが、古文書の定型文脈で「然上者」「〜上者」などが「然者」と同様の機能をもつことなどを根拠に、順接確定条件を表す接続助詞「バ」に相当すると考え得る。
3. 鎌倉期の「上者（ウヘハ）」は〈原因・理由〉の機能をもつ。レアリティーに関して、前件は「事実的」で、「仮定的」な機能はもたない。その点で、現代語の「以上（ハ）」「カラニハ」と異なる。
4. 鎌倉期の「上者（ウヘハ）」の〈原因・理由〉の機能は、現代語の「カラ」ほどの因果関係を示すものではなく、「その状況において」「その事情を受けて」といった、より緩やかな因果関係を示すものである。

注
1. 和化漢文とは日本で成立した漢文体。専ら漢字が使用されるが中国漢文とは異なり、日本語の影響がみられる。単なる誤用の域を超え、中世には日本独自の書記スタイルとして定着し、幕府発給文書をはじめ公私の文書に使用された。変体漢文ともいわれる。
2. 例文末尾の〔〕内の「訓読」は筆者による訓み下し。以下同じ。
3. 例文末尾の〔〕内の「新全集訳」は『新編日本古典文学全集』の現代語訳。同訳の［］内は本稿筆者が補注などから補った箇所。以下同じ。なお、新全集訳は以下に述べるように、「ウヘハ」の解釈に関して再考の余地があろうと思われる部分があるが、そのまま掲載し、本稿本文で検討を加えた。
4. 出典の『新全集』は『新編日本古典文学全集』の略。以下同じ。

5　馬(2018)は、次の(i)は「かずらを髪に飾った、その上更に梅をも賞でようと…」の意味で、前件と後件が同時の「時間を伴わない事柄の累加」とする。時代が下ると、(ii)「老骨の自分(為義)があえて参上し、その上、一言を申し上げたい」のように、前の事柄の成立後に後の事柄が累加される「時間を伴う事柄の累加」の用法がみられるようになるとされる。

(i) あしひきの山下ひかげかづらける上にや更に〔宇倍尓也左良尓〕梅をしのはむ　　　　　　　　　　　　　　　　　　　（万葉集・巻十九）［馬 2018：19］

(ii) 為義既老骨を振て参候の上、所存の旨を争一言申さで候べき。
　　　　　　　　　　（保元物語／1219–22 年頃）［坂詰 2007, 馬 2018：19］

馬(2018)が指摘する「上(ウヘ)」の「時間を伴わない事柄の累加」用法及び「時間を伴う事柄の累加」用法は、「鎌倉幕府裁許状」にも認められる。

(iii) 如十六日状者、不記年号之上、他筆也、〔訓読：十六日の状の如くんば、年号記さざる上、他筆なり、〕　　　　（鎌倉幕府裁許状集上 128 ／ 1286 年）

(iv) 父直両度領掌之上、為母相伝之由、囲申状雖明白、〔訓読：父直、両度領掌の上、母相伝たるの由、圍の申状に明白といへども、〕
　　　　　　　　　　　　　　　　　　　（鎌倉幕府裁許状集上 45 ／ 1228 年）

(iii) は「年号が記されていないことに加え、他者の筆跡である」の意で、「時間を伴わない事柄の累加」用法とみなせる。(iv) は「父の直が 2 度にわたり当地を領掌した後、それを母が受け継いだ」の意で、「時間を伴う事柄の累加」用法とみなせる。ただ、和化漢文には助詞「ニ」に対応する要素をもつ「ウヘニ」に相当する用法はみられない。また、助詞「ハ」に対応する要素をもつのが「上者(ウヘハ)」であるが、そこに〈累加〉の意味を認め得るかどうかは、本稿の論点に関わる問題であり、後述する。

6　上述のように、吉川(1955：35)は、「ウヘハ」は「「…上」・「…上には」と共に中古以来和式漢文や和漢混淆文に見られる」とする。管見の限りで、本稿に挙げた例が「上者」の初期の例とみられる。

7　(22)の「者」は純粋に音を表すとみれば「訓仮字」だが、「者」字が文法的機能をもつとみれば「確定条件用法」でもある(瀬間 1992：40)。

8　直木(1953)は、『古事記』の「者」について同趣旨の分類をしている。同論は、瀬間氏の「提示用法」にあたるものを「A類」「は」とよむ場合。多くは名詞・代名詞に接続する」とし、「上件五柱神者、別天神」「於頭者大雷居」等の例を挙げる。同「仮設用法」にあたるものを「B類」「ば」とよむ場合。多くは動詞・助動詞に接続する」とし、「待撃者、悉攻返也」「若不然者、国難成」「然者」等の例を挙げる。

9　森(1988：160–161)は、中国漢文の「者」は専ら「仮定条件」を表し「既定条件」(本稿の「確定条件」に相当)を表すことはないとしたうえで、『日本書紀』のβ群に偏って「是時以鏡入其石窟者、触戸小瑕」(巻一)のような既定条件用法(いわゆる

10　「上」を〈状況・事情〉の意で解釈すると、〈累加〉の意で解釈しにくい(13)–(15)のような院政期の「上者」も自然に解釈できると思われる(例えば(13)は「平宗保が老いて明瞭な思考ができなくなった」という〈状況・事情〉を受けて「所職は嫡男の平宗継に譲るところである」と解釈できる)。

11　ここで別の仮説として、「上者」の「者」を「提題助詞」相当とみる立場からも、「上」に「者(ハ)」を添加する意義について検討しておきたい。提題助詞「ハ」には、否定文で否定の焦点を取り立てる機能がある。次の(i)に「車で」を加え「ハ」で取り立てて(ii)のように言う時、「車で」は否定の焦点となる。「車で」が強調して否定され、「他の手段で行く」の含意をもち得る。

　(i) 行かない。
　(ii) 車では行かない。

同様に「上者」の「者(ハ)」も「提題助詞」とみるなら、次のような「不及子細〔子細に及ばず〕」や「不及異儀〔異議に及ばず〕」のような否定文脈で、「〜上」部分が取り立てられ、否定の焦点となっているとの解釈も可能である。

　(iii) 狼藉事、右、同勘状云、先日為国司之沙汰、被成敗之由、被載之云々者、此上者不及子細矣　　　　　　　　(鎌倉幕府裁許状集上32／1223年)
　(iv) 同社領弐箇所〈瓶尻・小前沢〉事、為当社別当分之条、雑掌承伏之上者、不及異儀矣、　　　　　　　　(鎌倉幕府裁許状集上129／1272年)

ここで「上」の〈累加〉の意味を取り立てるかたちで(iii)と(iv)を単純化すると、以下のようになる。

　(v) 裁断が下っていることに加えて(は)審議には及ばない。
　(vi) 雑掌が了承していることに加えて(は)異議には及ばない。

より一般化すれば、次のように記述できる。

　(vii) 前件の成立に加えては、後件を「しない」。

ここでは確かに、否定の焦点が明確になり、「者(ハ)」の取り立ての機能が有効にはたらいているといえる。ただ実際の例をみると、本文(13)–(15)のような初期の例が特に否定に偏っているというわけでもない。よって、「者(ハ)」を「提題助詞」相当とみて、その取り立ての機能ゆえに「上」に添加されたというプロセスは想定しにくい。なお、『鎌倉幕府裁許状集　上』における「之上者」の後件の肯定／否定の割合を調べると次の通り否定が56.6%と若干否定に寄るが、肯定文脈でも多く使われており、少なくとも鎌倉時代において、「上」の添加が特に否定文脈で要請されたという判断はできない。

『鎌倉幕府裁許状集上』における「之上者」後件の肯定／否定の出現度数

	肯定	否定	合計
出現度数	56	73	129
割合	43.4%	56.6%	100.0%

12 (47)–(51)（＝再掲(35)–(39)）の文のような、〈原因・理由〉と〈条件〉とが意味的に近接する（「以上（ハ）」「カラニハ」に訳せる）タイプと(43)–(45)のような「以上（ハ）」「カラニハ」には訳せないタイプの違いは、それぞれ、馬(2018)の「判断型」と「叙述型」の区分に概ね一致すると思われる。馬(2018)はこの区分を有効に用いて、中世前期には「判断型」と「叙述型」が併存したが、中世後期以降に「叙述型」が衰退し「判断型」に限定されていくことを明らかにした。このように、変化のプロセスの解明の手段として「判断型」と「叙述型」の区別は有効である。一方、本稿の視点では、鎌倉時代の和化漢文をはじめとする当時の「上者（ウヘハ）」は両タイプを一体に表していた点、およびいわゆる「判断型」であっても、前件には「仮定的」な内容をとれず「事実的」であった点が、その特性を捉えるうえで重要だとみる。

13 中世の和漢混淆文で、次のような助動詞「む」に後接する「ウヘハ」がみられる。この場合の「む」は〈仮定〉ではなく〈婉曲〉（あるいは推量）の意味ととれる。北崎(2022)の指摘する「原因・理由形式の機能拡張の過程に、成立時には推量を含まず、定着後に推量を含めるようになるという傾向」(p.148)に「上者（ウヘハ）」も該当するとみられるかもしれない。和化漢文では和語助動詞「む」の類の要素は表し難く（北崎2022：138–139 の「（原因・理由節が推量表現を含み得ない）構造的制約」に該当するか）、和漢混交文等で使用される過程で推量形式を獲得したと考えられるが、その過程は今後の検討課題である。

 (i) 出家してん<u>うへは</u>、さしも罪深かるべしとも思えず、都近き山里などにぞ押し籠められむずらん　　（保元物語『新全集 41』p.369 ／ 1221–22 年頃）
 (ii) 大極殿なから<u>ん上</u>は、紫宸殿にてこそ御即位はあるべけれ
　　　　　　　　　　　　　　　　　　　（平家物語『新全集 45』p.276 ／ 13 世紀前半頃）
 (iii) われ君に召されん<u>うへは</u>、少将いかにいふとも、詞をもかはし文をみるべきにもあらず　　　（平家物語『新全集 45』p.431 ／ 13 世紀前半頃）
 (iv) 其恩争でか忘るべきなれば、子息たちもおろかに思はず。まして出家などせられな<u>むうへは</u>、子細にや及ぶべき
　　　　　　　　　　　　　　　　　　　（平家物語『新全集 46』p.326 ／ 13 世紀前半頃）

14 日本語記述文法研究会(2008：130–131)で、現代語の「からには」の主節の制約として、主節には行為要求や意志、判断の内容が表されると述べられている。この制約に即してみると、主節で「弟は下文をいただいて九州へ下った」のような単純な事実を述べている訳文の「からには」の使い方自体も、訳文の不自然さを感じさせる要因になっているように思われる。

15 (52)の文脈では、「七歳の子が親の敵を討つとは、「武士の子はやはり違うものだ」と感涙した」というかたき討ちを肯定する内容が述べられ、しかしながら「殺害の上は」「同類の者の手前、何らかの処罰を与えなければならない」という内容が続く。この場合の前件「殺害の上は」は、既に殺害の事態が起こったという事

実を述べる性格をもちながらも、「殺害という事態が起こったならば」という仮定性ももち、そのような事態においては「(道理上必然的に)処罰を与えなければならない」という条件文的な意味合いも認め得る。こうした用法が、後の時代の〈条件〉用法につながるか。

16　この例を、坂詰(2007)は「その上にさらに次の語句の内容を付加することを表すもの」とし、馬(2018)は「前件の「義朝と義康が故院の命令で去る六月から内裏へ参上して守護の役についた」という事柄に、後件の「近頃諸門を厳重に警護していた」という事柄が加わる」とし、いずれも〈累加〉の意味として解釈している。後件で述べられる「警護」は、前件で述べられる「守護の任務」の範囲内にあたるものであるため、「加える」という〈累加〉の意味をそこに読み込む解釈は、容易ではないように思われる。

17　ただし、4.1節で述べたように、レアリティーに関して現代語の「以上ハ」と「上ハ」は性質の異なるものである点には注意が必要である。

使用テキスト

国立国語研究所(2024)『日本語歴史コーパス』バージョン2024.4 https://clrd.ninjal.ac.jp/chj/

小学館『新編日本古典文学全集』(ジャパンナレッジ)

小学館『日本国語大辞典』第二版(ジャパンナレッジ)

東京大学史料編纂所『平安遺文フルテキストデータベース』

東京大学史料編纂所『鎌倉遺文フルテキストデータベース』

瀬野精一郎(編)(1986)『増訂鎌倉幕府裁許状集　上　関東裁許状篇』(吉川弘文館)

瀬野精一郎(編)(1987)『増訂鎌倉幕府裁許状集　下　六波羅・鎮西裁許状篇』(吉川弘文館)

竹内理三(編)『平安遺文』(ジャパンナレッジ)

竹内理三(編)『鎌倉遺文』(ジャパンナレッジ)

参考文献

北﨑勇帆(2022)「原因・理由と話者の判断」青木博史・小柳智一・吉田永弘編『日本語文法史研究6』pp.133–156. ひつじ書房

佐藤進・小方伴子編訳(2006)『漢文文法と訓読処理―編訳「文言文法」―』(原著：楊伯峻『文言文法』)二松学舎大学21世紀COEプログラム

坂詰力治(2007)「形式名詞から接続助詞的用法へ―「〜うへ(上)は」を中心に―」『文

学論藻』81(坂詰力治2011『中世日本語論攷』pp.217–233. 笠間書院に再録)
瀬間正之(1994)「上代における「者」字の用法―助辞用法から助詞表記へ―」前田富祺編『国語文字史の研究 二』pp.31–53. 和泉書院
直木孝次郎(1953)「古事記用字法に関する一試論―者という字について―」『人文研究』4(9): pp.763–781. 大阪市立大学文学会
西村浩子(1998)「鎌倉時代の申状に見られる裁許要請文言の類型について」『鎌倉時代語研究』21: pp.60–83. 鎌倉時代語研究会
日本語記述文法研究会(2008)『現代日本語文法6 第11部　複文』くろしお出版
馬紹華(2018)「「うへは」の意味用法について―中世語を中心に―」『日本語学論集』14: pp.15–33. 東京大学大学院人文社会系研究科国語研究室
前田直子(2009)『日本語の複文―条件文と原因・理由文の記述的研究―』くろしお出版
森博達(1988)「日本語と中国語の交流」『ことばと文字(日本の古代14)』pp.111–174. 中央公論社
吉川泰雄(1955)「接続助詞「から」と慣用語「からは」」『国語研究』3: pp.29–43. 國學院大學国語研究会

【付記】本研究はJSPS科研費JP22K00570の助成を受けたものです。

近世・近代における
ノ有り疑問文使用の拡大

林淳子

1　はじめに

　日本語を史的に見て古代語と近代語に二分する時、その根拠となる文法史上の変化のひとつとして、係り結びの衰退・消滅が挙げられる。そして、これに伴う変化に疑問文の構造の変化がある。すなわち、古代語の疑問文が基本的に「や」「か」の係り結びや係助詞「や」「か」「ぞ」の文末用法によって成立するのに対して、近代語の疑問文は文末に「か」「の」などの(係助詞でない)助詞を置くことによって構成される。

　係り結び消滅後の疑問文の構造変化はおおまかに以下のような流れをたどる。まず、中世に文末に「ぞ」「か」を置く「―ゾ」文型、「―カ」文型が発達し、次第に優勢となり、疑問文型の中心的構成要素が係助詞から終助詞へと移行する(清水1994、紙谷2000など)。そして、中世末期から近世にかけて文末の「ぞ」の脱落が起こり(外山1957、矢島1997、竹村2016)、疑問文型を構成する終助詞は「か」に一本化されていく。近世になると、否定疑問文が発達し(矢島2016)、また、疑いの専用形式である「カナ」「カシラ」が発達したり(中野1993、堀﨑1995)、疑いの表現に推量の助動詞が含まれたりするようになる(小野1998)など、文型の細分化が進む。このようにして、疑問文はその重心を文中から文末に移し、さらにその文末部分を分析的に構成して文型が複雑化・多様化する方向へ変化してきたと言える[1]。

2　目的と対象

　本稿は広義近代語に見られる疑問文の文末構成多様化のひとつとして、ノ有り疑問文の発達を取り上げる。ノ有り疑問文とは(1a)のように準体助詞「の」が構成要素として参画する疑問文であり、(1b)のように「の」が参画しないノ無し疑問文と対をなす。

(1) a.　ノ有り疑問文「もうご飯食べたの？」「もうご飯食べたんですか？」
　　 b.　ノ無し疑問文「もうご飯食べた？」「もうご飯食べましたか？」

　後述するように、ノ有り疑問文も上記の否定疑問文や疑いの表現専用の疑問文と同様、近世に発達した疑問文の文型である。しかしながら、鶴橋(2018)や幸松(2020)がノダ文の一部として文末「ノダ」の疑問文(例「ナゼ〜ノダ」)の存在に言及するなど、ノ有り疑問文の発達はこれまでノダ文一般の発達過程に解消されて理解されてきた。したがって、「ノダ」だけでなく「ノカ」「ノデスカ」「ノ」(ノ止め疑問文)などの形式も含めたノ有り疑問文全体の発達については明らかでない点が多い。
　このような問題関心から本稿筆者はこれまで、出現・発達期のノ有り疑問文の全体的な把握を目的に、林(2023、2024a、2024b)で近世・近代のノ有り疑問文の形式的側面について記述してきた。その際、青木(2016)が近世においては「だ／のだ」の間で形態と意味が対応せず複雑な様相を呈していると指摘するように、新しい文法形式の発達過程においては形式と意味の対応が必ずしも安定しないことを考慮し、ノ有り疑問文の表す意味は扱わず、もっぱら形式のみを対象とした。そこで本稿では、疑問文の表す意味の面、すなわち、どのようなタイプの疑問を表し、どのような場面で用いられるか、という観点で近世・近代のノ有り疑問文を観察してみたい。
　本稿の構成は次のとおりである。まず、3節では考察の前提として、現代共通語の使用実態に基づいて分析したノ有り疑問文の性格を示す。次に、

4節で出現期のノ有り疑問文の使用頻度が現代共通語に比べて低いことを確認したうえで、5節で近世から近代にかけてノ有り疑問文の使用が拡大していく様子を記述する。6節でその拡大がノ有り疑問文の性格に支えられたものであることを述べ、7節で平叙ノダ文と比べながら、本稿の内容をまとめる。

なお、ノ有り疑問文とノ無し疑問文の意味の違いのあり方は、Yes/No 疑問文と Wh 疑問文で異なる（林 2020）が、紙幅の都合により、Yes/No 疑問文のみを対象とし、Wh 疑問文は扱わない。また、疑問文は質問に用いられる以外に疑問を表明して相手からの回答を誘発する場合などもあるが、本稿では質問の文型のノ有り疑問文のみを対象とする。

3　ノ有り疑問文の性格

ノ有り疑問文とノ無し疑問文は「の」の有無によって分けられるが、この形式面での違いは文の文法構造の違い、そして使用される場面の違いを導く。本節では、現代共通語の疑問文における「の」のはたらきを分析した林（2020；第3章）に基づき、ノ有り疑問文の疑問文としての性格を示す。

文に準体助詞「の」があるということは文中に「の」で閉じられる事態「～ノ」があるということである。ノ有り疑問文においてこの「～ノ」が表すのは、話し手の了解内容あるいは想像内容である。

（2）（紙に絵を描いている人に）「絵描いてるの？」
（3）（マグカップを持って給湯室へ向かう人に）「コーヒーでも飲むの？」

たとえば、(2)では眼前の状況に対する話し手の了解内容「（目の前の相手は）絵を描いている」が「～ノ」で表されており、この疑問文は話し手の了解内容が事実と一致するものであるかをたずねている。同様に、(3)は眼前の相手の様子から想像した内容「（目の前の相手は）これからコーヒーなど

の飲み物を飲む」が「〜ノ」で表され、疑問文としてはやはりその内容が事実と一致するものであるか否かを問題にしている。「の」の有無にかかわらず、疑問文は基本的に話し手が言語化した事態が事実として存在するかどうかを問題にするものであるが、ノ有り疑問文の場合、言語化した事態を「〜ノ」の形で1つにまとめることによって、構造自体に「〜ノ」で表す事態と事実との一致を問うという疑問のあり方が焼きつけられていると言える。それは、たとえば「(私が今から行く予定の場所へ)あなたも一緒に行く？」と誘うなど、一致を問う先の事実が存在しない状態で質問が行われる場面ではノ無し疑問文が求められ、「あなたも一緒に行く<u>の</u>？」のようにノ有り疑問文にしてしまうと、この種の質問場面で用いられないことからも裏づけられる。

このように事実への意識が文の構造そのものに備わっているノ有り疑問文は、運用面では下記のような場面で使用が求められる傾向がある[2]。

(A)実態の確認
(4)(紙に絵を描いている人に)「絵描いてるの？」(=(2))
(B)受け入れがたさの表明
(5)(いつもは昼過ぎまで寝ている家族が朝7時に起きてきたのを見て)
　　「もう起きたの？」
(C)真実はどうなっているのかという気持ちでたずねる
(6)「超純水って飲めるんですか？」
(D)事情解釈の正否をたずねる
(7)(マグカップを持って給湯室へ向かう人に)
　　「コーヒーでも飲むの？」(=(3))
(E)「そうでなかったら問題だ」という気持ちでたずねる
(8)(遊びに行こうとする子どもに)「宿題終わったの？」

ただし、上記の場面で必ずノ有り疑問文を選ばなければならないわけでは

ない。たとえば、(6)は「超純水って飲めますか？」とノ無し疑問文を使用してもたずねる内容に変化はなく、せいぜいノ有り疑問文「超純水って飲めるんですか？」の方が真実を知りたいという話し手の気持ちが強く表される程度の違いしかない。また、(8)と同じ場面で「宿題終わった？」とノ無し疑問文でたずねれば、相手を心配する話し手の心情が感じられ、ノ有り疑問文「宿題終わったの？」が終わっていなければ問題であるという厳しさを感じさせるのとは、話し手の物腰に違いを感じる。一方で、これらの微妙な違いとは異なり、(7)の場面でノ無し疑問文「コーヒーでも飲む？」を発話すれば全く異なる意味で相手に受け取られることになるだろう。

このように、現代共通語においてノ有り疑問文とノ無し疑問文の運用上の違いは、実質的には違いのない場合から決定的に異なる場合まで幅広く、違いのあり方はきわめて複雑である。そのすべてをここで述べることは本稿の趣旨に沿わないため詳細は省くが、以下の議論にとって重要なことは、ノ無し疑問文との距離は場合によって大きくも小さくもなるものの、ノ有り疑問文自体は「〜ノ」で表す事態(話し手の了解内容／想像内容)と事実との一致を問うことが形式によって保証されるという構造を持ち、それゆえに事実への意識を強く持つ場面で使用が求められるという性格を有することである。

4　出現期のノ有り疑問文

準体助詞「の」が「だ」などの断定辞を伴って文の述部に現れる、いわゆるノダ文が発達し始めるのは近世初期であるという(土屋2009など)。ノ有り疑問文の出現もこれと同時期と見られ、近世から近代にかけての質問表現の形式を網羅的に整理した田中(1956)によれば、「の」が「か」の前に現れる形(「ノカ」)で疑問文に参画する例は江戸語の口語資料から確認できるという。

ただし、ノ有り疑問文の存在感は当初はそう大きくなかったようである。疑問文全体におけるノ有り疑問文の割合は資料の種類によっても異なるが、

たとえば、現代共通語の対話場面（テレビドラマ文字起こし資料、映画シナリオ）から Yes/No 疑問文による質問の表現を抽出した林（2020）の調査では、896 例中 401 例（44.8%）がノ有り疑問文、495 例（55.2%）がノ無し疑問文と、ノ有り疑問文とノ無し疑問文はほぼ半数ずつであった。これと同じ数え方ではなく Wh 疑問文も含むが、試みに『日本語歴史コーパス江戸時代編』『同 明治・大正編』を用いて、終助詞「カ」の件数と、そのうちの「ノ（デス）カ」の件数を比較すると、表1のようにもっとも多い場合でも全体の1割程度しかなく[3]、総じてノ有り疑問文の生起頻度が現代共通語に比べて低いように見える。

表1　終助詞「カ」の文における「ノ（デス）カ」の割合

	洒落本	人情本	明治初期口語	近代小説
「ノ（デス）カ」	19（3.8%）	51（8.9%）	11（2.2%）	44（10.6%）
終助詞「カ」の文	494	576	500	415

　このことから、現代共通語ではノ有り疑問文が用いられる場面であっても、この時期にはまだノ無し疑問文が用いられていたことが推測される。実際に、(9)のように疑問文によって驚き（受け入れがたさ）を表明する場面や(10)のように事情を推理してたずねる場面において、現代共通語では(9b)や(10b)のようなノ有り疑問文が好んで用いられる（(9c)や(10c)のようにノ無し疑問文も許されないわけではない）が、近世には(9a)や(10a)のようなノ無し疑問文が用いられる例がある。

(9) a.　ト［きいて小三は大きにおどろき］
　　　　「エ、そんならあの真名つるさんは。わたしの姉さんでござりましたかへ。アノ姉さんで。」　　（仮名文章娘節用［1831］前編下）
　　b.　「え、じゃあ、あの人は私の姉だったんですか。」
　　c.　「え、じゃあ、あの人は私の姉でしたか。」
(10) a.　小三はよりそひ。さしうつむくを［さしのぞきつゝ］

【金五郎】「どうしたひどくふさぐのふ。雪の寒さにあたつたか。かぜでも引アしねへかの。」　　（仮名文章娘節用［1831］前編下）
b. 「どうした、ひどくふさいでいるな。雪の寒さにあたったのか。」
c. 「どうした、ひどくふさいでいるな。雪の寒さにあたったか。」

　このように、出現当初のノ有り疑問文は現代共通語のノ有り疑問文ほど、その使用が一般的でなかったと考えられるのである[4]。

5　近世・近代におけるノ有り疑問文の使用拡大

5.1　調査範囲と整理方法

　本節では、出現当初は現代共通語に比べて使用が一般的でなかったノ有り疑問文が近世から近代にかけてその使用範囲を拡大させていく様子を記述する。

　調査は、疑問文による質問が対話の中に現れ、かつ現代語との比較の際に同様の状況を想定しやすい資料として『日本語歴史コーパス江戸時代編』『同明治・大正編』から下記①〜④を対象とする。同時期のノ有り疑問文の形式を整理した林（2023、2024a、2024b）に基づいて、それぞれ下記の形式の文を質問文型のノ有り疑問文として取り出し、その使用状況を確認した。

①洒落本(江戸)(会話)：「ノカ（＋助詞）」19 例
②人情本(コアデータ)(会話)：「ノカ（＋助詞）」47 例、「ノデスカ」1 例
③明治初期口語資料(会話)(口語)：「ノデスカ」10 例
④近代小説(コアデータ)(会話)(口語)：「ノデスカ」35 例、「ノ」13 例

　なお、このような方法でノ有り疑問文の使用場面を確認する場合、それはある時期にある場面でノ有り疑問文が使用されたことを明らかにするだけであり、その時期をもってそのような場面での使用が成立したことを意味するわけではない。また、ある場面でノ有り疑問文が用いられるからといって、同時期に同様の場面で必ずノ有り疑問文が用いられることを保証するもので

もない[5]。したがって、以下の内容は、ある使い方の成立時期を特定することを目的とするものではなく、ノ有り疑問文の数が増えるのにつれて使用範囲が広がる様子を捉えようとするものであることをあらかじめ断っておきたい。

以下では、「〜ノ」が話し手の了解内容を表す場合(5.2)と想像内容を表す場合(5.3)に分けて使用拡大の様子を示す。

5.2 「〜ノ」が話し手の了解内容の場合
5.2.1 使用場面

先に見通しを述べれば、「〜ノ」が話し手の了解内容であるノ有り疑問文は、眼前の相手の言動に対して違和感や怒りなどの感情を持つ話し手がその事態への受け入れがたさを表明する例から見られ始め、そのような感情を見せる目的のないニュートラルな質問の例へと使用場面が拡大していく。

まず、洒落本には、相手の言動に対して何らかの受け入れがたさを表明する例のみが見られる。(11)は一生懸命話している途中で相手が寝ていることに気づき、不満の感情を表明する文である。(12)は(11)のようにはっきりと受け入れがたさを表明するわけではなく、一見すると相手の発言を受け止め、その意味するところを言語化して繰り返しているだけのようだが、「もふ」ということばから相手の言動に対して違和感や驚きを抱いていることが分かる。このような例も発話の動機という点では受け入れがたさの表明に含まれる。

(11)【琴】何んにも。知りいせんから。ぬしのよふな。上手な。おかたさんの。しこみにあいいしたら。よつ程能くなりいしよふ。<u>もしゑ人にばつかり。口をきかせて。ねなんすのかへ</u>
といひながら鼻紙を引さきてこよりをこしらへ幸が鼻へくす／＼
　　　　　　　　　　　　（南閨雑話［1773］52-洒落 1773_01007, 89870）
(12)【もと】かかさんねん寝しよふ

【谷】　もふ寝るのか。床いそぎだの
　　　　　　　　　　　（甲駅新話［1775］52-洒落1775_01010, 37070）

　人情本にも引き続き、相手の言動に対する受け入れがたさを表明する例が見られる。(13)は、相手の発言（波線部）を受けて、それに対する驚きを表明するものである。

(13)【はる】「その御ふしんは御尤にござりますけれど私は其様な者ではござりません。一人のおやの大病に。暮しかねたる貧しいもの容子はしらねど人のはなしに。聞たばかりを心のあて辻君に出たものでござんす。どうぞ情とおぼしめし。おたすけなされて下さりまし」
　　ト聞てます／＼男は不猶眉にしわよせ
　　「ヤ、なんと。親の病気の看病のために辻ぎみに出たいふのか。…
　　　　　　　　　　　（花廼志満台［1836］53-人情1836_01001, 57590）

　加えて、人情本には、受け入れがたさを表明することを目的としない質問の例も見られる。(14)は眼前の状況から了解した内容「相手に連れがある」についてその通りか否か問うている。

(14)【小】「をいお吉さん宅にか。ちとおねげへが有て来たよ」
　　【吉】「をや／＼まあおめづらしい。小六さん何とおもつてお出なすつたへ」
　　【小】「何だかしれねへがちと面目ねへわけさ」
　　【吉】「マアこつちへおあがんなさいナ。何だ。お連でもあるのかへ」
　　【小】「アイたつた一人つれがありやす」
　　　　　　　　　　　（花廼志満台［1836］53-人情1836_01001, 29000）

　3節で示したように、現代共通語において「〜ノ」が話し手の了解内容を

表すノ有り疑問文の使用場面は［受け入れがたさの表明］か［実態の確認］かであり、そのどちらも人情本で確認できることから、使用場面の拡大自体は近世の間に完了していると見ることができる。

5.2.2 「～ノ」が表す事態の内容

　しかしながら、「～ノ」が表す事態の内容に目を向けると、近世（洒落本・人情本）の例は 2 人称事態に限られ、現代共通語より使用範囲が狭いことが分かる。現代共通語では、［実態の確認］でも［受け入れがたさの表明］でも下記のように「～ノ」が 3 人称事態である例が見られる。

(15)（帰宅した父親がずっと家にいた母親に）
　　「子どもたちはみんな寝てるの？」…［実態の確認］
(16)（公衆トイレの入口に「利用料 100 円」と貼紙が貼ってあるのを見て）
　　「この公衆トイレ、お金かかるの？」…［受け入れがたさの表明］

　このような「～ノ」が表す内容が 3 人称事態である例が見られるのは、明治後期の資料からである。

(17)（遅く帰宅し、母だけが起きているところへ）
　　健次は長火鉢の前へ戻つて、着物を脱いで母の手から掻巻を取り、酒気の名残で温かい肌にふはりと纏ひ、菊を染め出した八ツ橋の略帶を柔く締めて胡座を搔き、「皆なもう寝たんですか」と、隣室の父の高鼾を聞いてゐる。
　　「あ、もう二時間も前から寐てらあね。（後略）
　　　　　　　　　　　　（何処へ［1909］60N 何処 1909_11003, 15880）

5.2.3 談話における位置

　最後に、談話における位置の変化にも言及しておきたい。現代共通語に

は、絵を描いている人に対して「絵描いてるの？」とノ有り疑問文で話しかけるような例が見られるが、このようにノ有り疑問文によって会話を始める例は近世には見られず、明治期の資料で初めて見られるようになる。

(18) 文「いやこいつも、今１つ喩を以て示さんに、爰にさあ途にまよつて、徘徊する時に、向から破壊の襦袍を着た、しみたれの嫗が、おや旦那道がおしれなさらぬのか、向ふの村なれば、此途を真直にお出でなさると、道もよく近ふござると、深切に教ゆるに、彼人は瘠我慢をはり、何だゑらいおせわだ、あんな汚ねへ嫗に道を習つて、向後世間へ、男が立ふかと云て、…(後略)

　　　　　　　　　（文明田舎問答［1878］60C 口語 1878_09102,165570）

5.3 「～ノ」が話し手の想像内容の場合
5.3.1 使用場面

　こちらも先に見通しを述べれば、「～ノ」が話し手の想像内容であるノ有り疑問文は、当初は眼前の相手が話し手に対して行った言動への反応として、その言動にかかわる事情を問うものに偏るが、次第に想像内容が成立する経緯が多様になっていく。
　まず、洒落本には２つのタイプの例が見られる。１つは、相手の言動の背後にある事情を推理し、その正否を問うタイプである。(19)は「さっきからたびたび廊下へ出る」という相手の行動について、「(他の)客が来た」という原因事態を想像し、その正否を問うている。

(19) さつきからたびノヽ廊下へ出るがなんだな客がきたからこつちのあくのをまたせてをくのか。

　　　　　　　　　（仕懸文庫［1793］52-洒落 1793_01066,159510）

　もう１つは、話し手が自分のとるべき行動を想像し、その正否をたずね

る、いわば当為の質問に当たるタイプである。(20)は自分の行為「こうする」が「こっちへ寄ってほしい」という相手の要望に対して適切なものであるかをたずねる例、(21)は相手のくれた薬について飲むべき量をたずねる例である。

(20)【琴】もしゑお気にやあ入りいすまいが。どふぞ御ふせう。ながら。こつちへ。寄ておよつておくんねんし。ぬしの様な。じやけんな。客衆をとるといつそ。もふ。風をひきいすよ
　　　【幸】そんなら。こふするのかへ
　　　　　　　　　　　（南閨雑話［1773］52-洒落 1773_01007, 71860）
(21)【歌】なぜかいつそ虫がかぶつてなりやんせん　何ぞにげへ薬があらばおくんなんし
　　　【東】はんごん丹が有たつけか
　　　【歌】そりよをおくんなんし
　　　【東】久いのだから利かどふかしれねへす
　　　はな紙入より出してやる
　　　【歌】みんな呑のかへ
　　　【東】それほども呑ねへけりや利ねへ
　　　　　　　　　　　（深川新話［1779］52-洒落 1779_01025, 83860）

　この洒落本に見られる2つのタイプのうち、［事情解釈の正否を問う］タイプは人情本においても引き続き確認される。

(22)【こう】「沢山御いじめ被成。小照さんに情合なんぞと。言はれたもんだから意趣がへしに吾儕を。おいじめ被成ンですか。」
　　　　　　（おくみ惣次郎春色江戸紫［1864］53-人情 1864_03001, 48130）
(23)【たへ】「をつとそうはいひなさんな。活業がらの口巧者に。つべこべ言てもそうは参らん。まづ第一伯母の家を。欠落したはどふいふわけ。

殊に死なふと覚語して。出ましたとは何の事だ。吾儕の仕やうが気にいらぬのかへ
【しゅん】「いいゑ
【たへ】「外に情郎でも有たのかへ
【しゅん】「いいゑ

(恋の花染〔1832〕53-人情 1832_06003,38520)

　(22)(23)はいずれも事情解釈の正否を問う場面の例だが、(22)は因果関係の全体を「〜ノ」でまとめているのに対して、(23)は原因事態のみを言語化している。洒落本の例(19)は前者であり、洒落本では前者が優勢であったが、人情本では後者の方が多く、また現代語でも(24a)より(24b)の方が自然に感じられるし、後者の発話頻度の方が高いように思われる。

(24)（目が真っ赤な人に対して、その事情を推量して）
　　a.　「一晩中起きていたから、目が赤いんですか。」
　　b.　「一晩中起きていたんですか。」

　一方、洒落本に見られた2つのタイプのうち、当為の質問タイプは人情本には見られない。
　これに代わって、人情本にはさまざまな経緯で想像された内容を「〜ノ」でまとめた例が見られる。まず、人情本で目立つタイプとして、(25)のように相手の発言を途中で遮り、その先を想像して「〜と言ふのか」の形でその想像内容の正否を問うものがある。そして、この文から「と言ふ」を省いたようなタイプも見られる。たとえば、(26)は相手の様子（懐紙を持って歩いている）と発言内容（小梅にいる）から「小梅からここへ稽古に来ている」という事態を想像し、その正否についてたずねるものである。

(25)【泥】「ああよよよよよよ　いやもからだは弱いが達者な口。こなんの

病気を聞にはこねへ。おれがいふのは金の事。まあどふして下んす
　　【時】「いやさ今云通りこつちの薬の手当てさへ。とつつおいつの此身
　　　の上　人に用立事は猶さら
　　【泥】「<u>出来ぬといふのか</u>
　　【時】「ことに用立ゆかりもなし
　　　　　　　　　（明烏後の正夢［1821］53-人情 1821_08001, 25790）

(26)【丹】「そして今じやア何所にゐるのだ。つばくら口の懐紙を持て歩行
　　　からは。近所にゐるか。何所へ稽古にゆく。」
　　【長】「イ、エ此近所じやアありませんヨ。小梅に居ますは。」
　　【丹】「<u>小梅から此所へ稽古に来るのか</u>。」
　　　　　　　　　（春色梅児与美［1832］53-人情 1832_02003, 33170）

　また、(27)は娘が夜に外出すると聞いて心配した父親が、そうでなかった
ら問題のある事態として「誰か連れがある」という事態を想像し、その通り
であるか問うものである。

(27)【兵】「なにおれが淋しいのは。些もいとふ事ではないが。浅草といへ
　　　ば遠いところ何の用でゆくかしらぬが。わかい女が夜のみちひとりある
　　　きはいらぬもの。<u>しかし誰ぞ連でもあるのか</u>
　　【はる】「いいゑつれもございませんが。お月さまは昼よりかるし。な
　　　に気づかひはございません
　　　　　　　　　（花廼志満台［1836］53-人情 1836_01001, 29000）

　このようにして、人情本では「〜ノ」で表される話し手の想像内容の成立
経緯が洒落本と比べて多様になり、この点において現代共通語と同様の広が
りを持つようになったと言える。

5.3.2 「〜ノ」が表す事態の内容

しかしながら、「〜ノ」が話し手の想像内容である場合もやはり、「〜ノ」が話し手の了解内容である場合(5.2.2)と同様、近世の例では「〜ノ」で表す内容が 2 人称事態に限られる。たとえば、現代共通語では［事情解釈の正否を問う］タイプに、(28)のような 3 人称事態の例が見られるが、近世にはこのような例は見られない[6]。

(28)（行きの飛行時間が帰りの飛行時間より短いと聞いて）
　　「追い風が吹くんですか？」

このような 3 人称事態の例が見られるようになるのは、やはり明治後期に至ってからである。(29)は単なる想像内容、(30)は背景の事情として想像した内容、(31)は「そうでなかったら問題だ」と想像した内容について正否を問う例であるが、いずれも 3 人称事態を問題にしている。

(29)「それにしても何うしたんだらう。若い身空で、かう遅くまで一人で出て歩くと言ふのは？」
　　「もう歸つて來ますよ」
　　「こんなことは幾度もあるんですか」
　　「いいえ、滅多にありはしませんよ。夏の夜だから、まだ宵の口位に思つて歩いて居るんですよ」(蒲団［1907］60N 蒲団 1907_11004, 61440)
(30)「何故ツて。手違だから詮方がないのさ。家君さんが氣抜の様になツたと云ふのに、幼稚い弟はあるし、妹はあるし、お前さんも知ツてる通り母君が死去のだから、如何しても平田が歸郷ツて、一家の仕法をつけなければならないんだ。平田も可哀想な譯さ。」
　　「平田さんがお歸郷なさると、皆さんが樂にお成りなんですか。」
　　　　　　　　　　　(今戸心中［1896］60N 今戸 1896_11003, 4850)
(31)「君、戲言は止して、今の話しの相手は誰れだい、<u>一體向うの男は妹を</u>

思つてるんかい」
「さあ、どうだかね、よく知らんよ」
　　　　　　　　　　　（何処へ［1909］60N 何処 1909_11001, 43900）

5.3.3　相手の言動をふまえることからの逸脱

　さらに、大正期の文芸作品には、それまで見られなかった次のような例が確認できる。(32)は前後に「三人は黙っていた」「沈黙を破った」とあることから分かるように、ノ有り疑問文「船は決つたのかい？」をもって会話を始める例である。これは、「〜ノ」が話し手の了解内容である場合に明治期に入って見られるようになると指摘したタイプ（(18)）に当たる。

(32)　其儘三人は默つて居た。「船は決つたのかい？」少時して謙作が沈黙を破つた。　　　　（暗夜行路［1921］60N 暗夜 1921_11001, 29790）

　また、(33)は既に始まった会話の中で発話される例であるが、前段の会話に導かれるのではなく、話し手の純粋な知的興味からたずねるものである。

(33)　彼は「どんなのを御覧になりましたか？巻物ですか、それとも石刷りですか」と訊いた。
「硝子棚に入つて居る巻物—繪のあるの。—波斯人は今でも彼那字を使つて居ますの？」
「—字は大して違ひますまい。言葉の方は昔から大分違つて來て居ますが—字でも、大昔は彼那のでない楔形文字を使つたのです—」
　　　　　　　　　　　（伸子［1924］60N 伸子 1924_11003, 32140）

　これらは、これまで見てきたノ有り疑問文に共通する、相手の言動を踏まえて発話されるという特徴から逸脱する。このようにして、「〜ノ」が話し手の想像内容であるノ有り疑問文は大正期にはかなり広い範囲で用いられる

ようになっていたと言える。

5.4 拡大の方向

　ここまで見てきたノ有り疑問文の使用拡大についてまとめれば、「〜ノ」が話し手の了解内容である場合も想像内容である場合も、次の3つの段階を踏んで拡大が進んだように見える。

　まず、洒落本に見られるノ有り疑問文は基本的に話し手に向けられた相手の言動に対する反応として発話される。相手の言動に対して、受け入れがたさを表明したり、背後の事情を推量してその正否を問うたり、相手の望む自分の行為を想像して正否を問うたりするのである。

　次に、洒落本から人情本にかけての変化として、使用場面が多様になり、現代語とほぼ同じにまで拡大する。「〜ノ」が話し手の了解内容の場合で言えば、［実態の確認］タイプが見られるようになり、「〜ノ」が話し手の想像内容の場合で言えば、単なる想像内容の正否を問うものや、「そうでなかったら問題だ」と考える内容の正否について問うものにまで広がる。ただし、いずれも「〜ノ」の内容が2人称事態に限られる点で現代語よりも使用範囲は狭い。

　そして明治後期以降、3人称事態の例が見られるようになる。また、会話を始めるノ有り疑問文や相手の言動を踏まえて発話されるのではないノ有り疑問文も現れるのである。

　このように近代になって「〜ノ」が表す事態内容の幅が広がることについて、ノ有り疑問文の使用拡大によるものではなく、近世の洒落本・人情本と近代の文芸作品の資料性の違い、すなわち文章に表現される会話の質の違いである可能性も否定できない。しかしながら、本稿ではいくつかの理由からこれをやはり使用拡大によるものであると考える。

　まず、近世にも、ノ無し疑問文であれば3人称事態を問題にする質問の例がある。(34)はYes/No疑問文、(35)はWh疑問文である。

(34)【丹】「ヲヤ今日はごうぎと早く起たの。湯は込でゐたか。」
　　　【米】「イ、ヱよく透てゐるヨ。私やア爰で顔をして行から其内おまへ
　　　　も湯へお出な。今丁度仇の字が這入た所だ。」

(春色辰巳園［1833］初編巻三)

(35)【由】「お哥さんは何しに来た。」
　　　【くま】「ナニ何でもないが只ちよいと寄たのサ。」

(春色辰巳園［1833］初編巻一)

　一対一の会話を中心に話が展開される洒落本・人情本においては、2人称事態について問う質問が圧倒的に多い。その中にあってノ無し疑問文には(34)(35)のような3人称事態について問う質問が少数ながら見られるのに対して、ノ有り疑問文で3人称事態を問題にする質問は見られないのだから、それはやはり当時のノ有り疑問文のあり方を反映していると見るべきであろう。

　加えて、ノ有り疑問文で3人称事態について問う質問の例((17)、(29)–(31)、(33))は(30)を除いて明治後期以降の文芸作品に現れるのであり、近代小説の成立とともに現れるわけではない。これらのことから、近世と近代の使用範囲の違いは資料の性質の違いがそれをより明確にした可能性があるとしても、本質的にはノ有り疑問文自体の使用範囲拡大の結果であると考える。

6　ノ有り疑問文の性格と使用範囲の拡大

　上記のノ有り疑問文の使用拡大は、ノ有り疑問文自身の性格に支えられて起こり得たものである。というのも、3節で示したように、ノ有り疑問文は準体助詞「の」があるという形式面の特徴によって、話し手が了解／想像した内容と事実との一致を問うという疑問のあり方が保証されている疑問文であったが、この「〜ノ」が表す内容との一致を問う先である「事実」の概念

が拡張していったことがノ有り疑問文の使用拡大の内実だと思われるのである。

　すなわち、ノ有り疑問文が相手の言動への反応として発話されていた洒落本においては、この「事実」は眼前の相手の言動そのものあるいはその言動の裏に潜む「事実」であったわけである。次に、人情本では相手の言動に対する反応だけでなく、相手の言動を踏まえた単なる了解内容／想像内容と「事実」との一致を問うタイプも認められるようになるが、「〜ノ」が表す事態は2人称事態に限られる。これは「事実」が眼前の相手が抱える個人的事実へと広がり、しかしそれ以上には広がっていない状態と見ることができる。そして、近代になると「〜ノ」が3人称事態を表す例が見られるようになるが、これは「事実」が眼前の相手が知っている（可能性のある）事実全体へと広がったことを意味する。会話を始めるノ有り疑問文や知的興味に基づいて発話されるノ有り疑問文が見られるようになったのも、その結果と言えよう。言い換えれば、「〜ノ」が表す事態との一致を問われる「事実」は、話し手の目の前にいる相手に密着した事実から相手個人の把握する事実、そして広く世の中の事実一般へと広がったのである。

　一方で、現代共通語でノ有り疑問文を使えない場面の存在が示唆するように、「〜ノ」が表す内容との一致を問う「事実」がない（あるいは、意識されない）場面にまではノ有り疑問文は使用範囲を広げない。つまり、事実との一致を問うという文法構造に由来する性格を放棄するところまでは拡大しないのである。このように、近世から近代にかけてのノ有り疑問文の使用拡大は、文の形式に焼きつけられた文法構造を基盤にして、その適用範囲を広げてきた結果と見ることができる。

　したがって、このような変化の先にある現代語のみを分析の対象とすると、たとえば大鹿（1990）が本稿のいう「事実」を「聞き手によって知覚される事態」と規定し、ノ有り疑問文「二郎が礼を言ったのか」もノ無し疑問文「二郎が礼を言ったか」も「聞き手によって知覚される事態」と「話し手の想定としての事態」の関係の中に疑いの所在があると述べるように、ノ有

り疑問文の使用範囲の広さゆえにノ無し疑問文との近さを認めざるを得なくなる。しかしながら、見てきたように出現・発達期のノ有り疑問文の使用範囲は現代語に比べて狭かったのであり、そのように理解しておくことによって、ノ有り疑問文の本質的性格と現代語における幅広い使用とを矛盾しない形で認めることができるのである。

7　おわりに

　最後に、平叙ノダ文の発達とノ有り疑問文の発達とを比べて稿を閉じる。
　田野村 (1990) によれば、現代語の平叙ノダ文は平叙文一般と同様に「知識表明文」「推量判断実践文」「想起文」のいずれの用い方もできるが、福田 (2019) によれば、現代語の「〜ノダ」のように解釈できる中世口語の「〜モノジャ」はすべて判断実践文であるという(ただし、推量判断だけでなく、断定的判断の場合もある)。近世以降に「〜ノダ」が知識表明文や想起文としても用いられるようになる過程は明らかでないものの、上記の知見から、平叙ノダ文の発達とノ有り疑問文の発達はある程度平行的に捉えることが可能であるように思われる。すなわち、平叙文でも疑問文でも、ノダ文やモノダ文は当初は発話の現場にきわめて密着した、その場の状況や会話の流れを踏まえて組み立てられるような内容を扱う文であったのが、次第に平叙文一般・疑問文一般に近いところまで使用範囲を拡大させていったと大まかな流れを推測することができるのである。
　一方で、具体的な使用場面に目を向ければ、ノ有り疑問文には当初から受け入れがたさの表明のように疑問文で問うという行為と深く結びついた用い方があり、文の種類による発達のあり方の違いも無視できない。
　また、本稿ではもっぱら意味の面からノ有り疑問文の発達について論じたが、同じ近世末期から近代にかけて「ノデスカ」の普及や「ノ止め疑問文」の台頭といった形式面の変化も生じている (林 2024a、2024b)。近世期のノ有り疑問文が Yes/No 疑問文は「ノカ」、Wh 疑問文は「ノダ」という形式に

担われ、平叙文の「ノダ」や「ノサ」(幸松 2020)などと合わせて「ノ＋α」という形の 1 つとして存在していたのに対して、「ノデスカ」や「ノ止め疑問文」は疑問文であることを基盤にして発達したノ有り疑問文独自の文型と捉えられる。意味面での使用拡大と形式面での文型発達に何らかの関連があるのかについては、今後の課題としたい。

注

1　阪倉(1960)はこの変化について、助詞「や」「か」「ぞ」のうち「か」だけが残った点で「形式の単純化がいちじるしい」と述べる一方で「内的形式においては、むしろ複雑化してゐる」と述べており、文構造上のどこで文型の多様性を担保するかの転換が起こったと見ることができる。

2　ノ有り疑問文が好んで用いられる場面(A)〜(E)について補足する。
　　(1) (A)〜(E)のうち、(A)(B)では「〜ノ」が話し手の了解内容であり、(C)(D)(E)では「〜ノ」が話し手の想像内容である。
　　(2) 「〜ノ」が話し手の了解内容である(A)(B)はいずれも質問らしくない質問の場面である。というのも、眼前の事態に対する了解内容についてわざわざ質問の文型で相手にたずねること自体が特別であり、相手に情報を求める典型的な質問文とは一線を画す。しかしながら、ここではそのような内容についてわざわざ質問の文型で相手にたずねることがノ有り疑問文の性格の一端を表すと考え、質問の場面に含める。
　　(3) 「〜ノ」が話し手の想像内容である(C)(D)(E)の場面のうち、(D)(E)は(C)の特殊ケースとして理解できる。つまり、つきつめて言えば(乱暴な言い方をすれば)「〜ノ」が話し手の想像内容である場合はすべて(C)と言うこともできる。したがって、(C)と(D)(E)は排他的な分類ではないが、ここではノ有り疑問文が求められる場面を挙げることに主眼があり、想像内容の成立経緯とそれに基づく質問の色合いの違いを重視して、(C)と(D)(E)を分ける。

3　ただし、明治期に入ると「〜ノ？」(ノ止め疑問文)が増えるため(林 2024a)、明治期以降の疑問文全体におけるノ有り疑問文の割合は表1で示すよりも高いと思われる。

4　Wh 疑問文についても、現代共通語では疑問詞「なぜ」を有する Wh 疑問文にはノ有り疑問文が強く求められる傾向がしばしば指摘されている(久野 1983、田野村 1990、野田 1995 など)が、近世には次のような「なぜ」を有するノ無し疑問文の例が散見され、やはり現代語に比べてノ有り疑問文の使用が一般化していない様子が窺える。

(例)【おかめ】「モウ／\あなたはなぜそのやうにわたくしが申す〔こと〕を。
　　　おうたがひあそばしますへ。」　　（仮名文章娘節用［1831］前編上）
　　しかし同時に、金水（2012）が近世後期の江戸語資料において疑問詞「なぜ」の
　　疑問文にノダ文が伸張してきたと指摘しており、Wh疑問文についてもYes/No
　　疑問文と同時期に使用拡大の過程にあったことが分かる。
5　たとえば、(9)(10)は後述する洒落本のノ有り疑問文の使用場面と同じ場面でノ
　　無し疑問文が用いられる例に当たる。
6　ただし、近世にも次の例の「～のかの」のように、質問文型ではなく疑問表明の
　　文型では、3人称事態（歌さんが小用に行く）を「～ノ」の内容とする例がある。
　　(例)【文】今そこを通たのはだれだの
　　　　【縫】歌さんさ
　　　　【文】もふ小用に行のかの
　　　　【縫】なにまたいかな事ても何ぞとりに行たのさ
　　　　　　　　　　　　（深川新話［1779］52- 洒落1779_01025, 84770）

使用コーパス

国立国語研究所(2019)『日本語歴史コーパス 江戸時代編Ⅰ洒落本』
　　https://clrd.ninjal.ac.jp/chj/edo.html#share（2024年2月5日確認）
国立国語研究所(2019)『日本語歴史コーパス 江戸時代編Ⅱ人情本』
　　https://clrd.ninjal.ac.jp/chj/edo.html#ninjo（2024年2月5日確認）
国立国語研究所(2021)『日本語歴史コーパス　明治・大正編Ⅲ明治初期口語資料』
　　https://clrd.ninjal.ac.jp/chj/meiji_taisho.html#shokikogo（2024年2月12日確認）
国立国語研究所(2021)『日本語歴史コーパス　明治・大正編Ⅳ近代小説』
　　https://clrd.ninjal.ac.jp/chj/meiji_taisho.html#shosetsu（2024年2月12日確認）

使用テキスト

国立国語研究所日本語史研究用テキストデータ集（小三金五郎仮名文章娘節／おくみ
　　惣次郎春色江戸紫）

参考文献

青木博史(2016)『日本語歴史統語論序説』ひつじ書房
大鹿薫久(1990)「疑問文の解釈」『語文』55: pp.17–26. 大阪大学国語国文学会
小野葉子(1998)「『春色梅児誉美』の疑問表現―「問いかけ」と「疑い」の形式の交渉
　　―」『青山語文』28: pp.138–150. 青山学院大学日本文学会

金水敏(2012)「理由の疑問詞疑問文とスコープ表示について」近代語学会編『近代語研究　第十六集』pp.349–367. 武蔵野院

久野暲(1983)『新日本文法研究』大修館書店

紙谷栄治(2000)「中世における疑問表現について」『国文学』80: pp.72–82. 関西大学国文学会

阪倉篤義(1960)「文法史について―疑問表現の変遷を一例として―」『国語と国文学』37(10): pp.75–88. 東京大学国語国文学会

清水登(1994)「疑問表現について―院政期から室町期まで―」『長野県短期大学紀要』49: pp.183–194. 長野県短期大学

竹村明日香(2016)「疑問詞疑問文と終助詞ゾ―中世以降のゾの脱落を中心に―」『国立国語研究所共同研究日本語疑問文の通時的・対照言語学的研究　研究報告書(3)』pp.16–32.

田中章夫(1956)「近代東京語質問表現における終止形式の考察―その通時的展開について―」『国語学』25: pp.31–42. 国語学会

田野村忠温(1990)『現代日本語の文法Ⅰ―「のだ」の意味と用法―』和泉書院

土屋信一(2009)『江戸・東京語研究―共通語への道』勉誠出版

鶴橋俊宏(2018)「滑稽本におけるノダとその周辺」『國學院雑誌』119 (11): pp.69–83. 國學院大學

外山映次(1957)「質問表現における文末助詞ゾについて―近世初期京阪語を資料として―」『国語学』31: pp.37–46. 国語学会

中野伸彦(1993)「江戸語の疑問表現に関する一つの問題―終助詞「な」「ね」が下接する場合の自問系の疑問文の形式―」近代語学会編『近代語研究　第九集』pp.283–296. 武蔵野書院

野田春美(1995)「〜ノカ？、〜ノ？、〜カ？、〜ϕ？―質問文の文末の形―」宮島達夫・仁田義雄編『日本語類義表現の文法(上)単文編』くろしお出版

林淳子(2020)『現代日本語疑問文の研究』くろしお出版

林淳子(2023)「江戸語のノ有り疑問文―多様な形式の使用実態―」『日本語と日本語教育』51: pp.1–19. 慶應義塾大学日本語・日本文化教育センター

林淳子(2024a)「近代におけるノ止め疑問文の台頭」近代語学会編『近代語研究　第二十四集』pp.121–139. 武蔵野書院

林淳子(2024b)「近代におけるノデスカ疑問文の普及」『日本語と日本語教育』52:

pp.19–34. 慶應義塾大学日本語・日本文化教育センター
福田嘉一郎(2019)「説明の文法的形式の歴史について―「連体なり」とノダ―」『日本語のテンスと叙法―現代語研究と歴史的研究―』和泉書院
堀﨑葉子(1995)「江戸語の疑問表現体系について―終助詞カシラの原型を含む疑い表現を中心に―」『青山語文』25: pp.1–11. 青山学院大学日本文学会
矢島正浩(1997)「疑問詞疑問文における終助詞ゾの脱落―近世前・中期の狂言台本を資料として―」加藤正信編『日本語の歴史地理構造』pp.151–166. 明治書院
矢島正浩(2016)「否定疑問文の検討を通じて考える近世語文法史研究」大木一夫・多門靖容編『日本語史叙述の方法』pp.187–213. ひつじ書房
幸松英恵(2020)「事情を表わさないノダはどこから来たのか―近世後期資料に見るノダ系表現の様相―」『東京外国語大学国際日本学研究』プレ創刊号：pp.162–178. 東京外国語大学大学院国際日本学研究院

【付記】本稿は、2022年12月3日に行われた近代語学会研究発表会における発表「準体助詞「ノ」の参画による疑問文型の多様化―近世後期と近代―」の一部を基にしたものです。発表の席上、ご質問・ご意見をくださった方々に感謝申し上げます。また、本稿は科学研究費補助金　基盤研究(C)（課題番号：22K00598）による成果の一部を含みます。

【テーマ解説】
副詞

川瀬卓

1 はじめに

　文法史研究において副詞は長らく周辺的な存在であったが、近年、研究が活発化してきている。関連する副詞を継続的にとりあげていく研究が見られるだけでなく、漢語の副詞化と意味変化の類型を論じる鳴海(2015)、程度副詞の変遷を体系的に把握しようとする田和(2017)、評価を表す叙法副詞を中心に考察した林(2021)[1]、副詞を視点として日本語文法史へのアプローチを試みる川瀬(2023)など、副詞を主題とする日本語史研究の著書も刊行されている。本稿では、副詞の歴史的研究を進める方法と、文法史研究としての副詞研究の可能性について、いくらかの見通しを示したい。

2 副詞の概要

2.1 副詞の一般的理解

　まずは副詞の一般的な定義と副詞の種類について確認しておこう。副詞は、活用しない自立語で、連用修飾を主な機能とする品詞のことを言う。述語の語彙的意味を詳しくすることを基本的機能とする語、述語形式によって表される文法的意味を補足・明確化することを基本的機能とする語の総称である。下位分類としては山田孝雄(1908)に端を発する「情態副詞」「程度副詞」「陳述副詞」の三分類がよく知られている。「情態副詞」は主に動作動詞

に係り、動作の様態を詳しくする副詞(「きらきらと」「ゆっくりと」など)、「程度副詞」は形容詞・形容動詞を典型とした状態性の意味を持つ述語に係り、その状態や属性の程度を詳しくする副詞(「とても」「少し」「もっと」など)、「陳述副詞」は推量、依頼、仮定など、文の述べ方(述語形式)によって表される文法的意味と結びつく副詞(「たぶん」「ぜひ」「もし」など)である。

　無活用であるということは、他の機能で使われる形を持たないということであり、機能として連用修飾に特化していることと裏表である。いくつか副詞的な形(「―に」「―と」、重複形)があるにはあるが、形態的に規定できる動詞や形容詞などと違って、副詞に決まった形はない。実質的には、副詞は統語的な特徴によって規定されている。

　歴史的には、ある語の使い方の1つであった連用修飾が、その語の文法的性質として固定化された結果、副詞になるということもままある。副詞化(副詞への転成)である。たとえば、現代語で高程度を表す程度副詞「非常に」は、明治・大正期においては「非常な/なる/の」の形で連体修飾したり、頻度は高くないものの「非常なり/だ/で」の形で述語となることもある形容動詞であった。それが次第に連用修飾に偏りを見せ、意味的にも程度を表すようになって程度副詞化したわけである[2]。他にも動詞由来のもの(「しひて」「せめて」「決して」など)、形容詞由来のもの(「まさしく」「よく(も)」など)、名詞由来のもの(「つゆ」「せいぜい」など)など、多くの事例がある。ただし、副詞化の度合いにはさまざまな段階があるから、副詞か否かの境界を定めることは容易ではない。また、固定化の単位は語であるとは限らず、「ひょっとすると」「どうしても」「よかったら」のように節の形で副詞相当の語になることもある。

2.2　副詞をどう把握するか

　今見たのは副詞の一般的な理解である。が、実は何を副詞とするか、それをどう分類するかは、立場によってかなり異なる。ここでは、根本的なところで副詞に対する考え方が相違する2つの立場を紹介する[3]。

1つは、副詞を命題の構成と関わるもの(情態副詞、程度副詞が相当する)と、命題の捉え方と関わるもの(陳述副詞が相当する)とに分ける立場である。この立場は文を命題とモダリティに分けて捉える考え方と親和性が高い。現在、こちらの理解にもとづいて下位分類の精密化がなされるのが一般的かと思う。代表的な成果の1つとして、仁田(2002)があげられよう。仁田は命題内の副詞的修飾成分を大きく「結果の副詞」「様態の副詞」「程度量の副詞」「時間関係の副詞」「頻度の副詞」に分けている。なお、仁田(2002)は品詞としての副詞ではなく、文の成分としての副詞的修飾成分の組織化を試みたものであるため、上の「副詞」は「副詞的修飾成分」の意味である。

　一方で、小柳(2019)が指摘するように、かなり性質が異なるものである情態副詞、程度副詞、陳述副詞の3つを、同じカテゴリーとして1つに括ってよいのか(あるいは同じものとして括ることに意味があるのか)という問題がある。そこで生じる考え方の1つが、雑多なものが放り込まれている情態副詞を解体して、大部分を他の品詞とし、一部、副詞として残すというものである。たとえば、情態副詞には「少しゆっくり話した」のように程度副詞によって修飾されるような実質的な意味があり、「雨がザーザー降った」とは言えるが「雨がころころ降った」とは言えないというように修飾対象との意味的な共起制限がある。また、「ゆっくり(と)」が「ゆっくりだ」とも言えるように、一部、活用を持っていることもある。このように、情態副詞は形容詞・形容動詞との連続性(あるいは同質性)が認められる。このことを重く見て、情態副詞の大部分を形容詞(活用を十分に持たない不完全形容詞)として取り除き、一部については適切な位置が与えられて(たとえば、「かつて」「いつも」「まだ」「もう」などのテンス・アスペクトに関わるものは「時の副詞」として副詞に残される)、副詞の組織が再構築される(川端1964、1983など)。小柳(2019)は、森重敏、川端善明の流れを受け継ぎ、「事態の様相とそれに関する程度量を表す連用修飾語」(小柳2019：307)を典型的な副詞として程度副詞、陳述副詞をそこに位置づけ、その周辺にさまざまな副詞を配置する形で副詞の拡がりを把握する。

副詞の世界をどのように把握すべきかは、文法論全体の一貫性・整合性が関わってくるため、にわかには決め難いが、いずれにせよ、文法史的な問題としては、程度副詞と陳述副詞が主な対象となるだろう。これらは感動詞や接続詞と同じように、単位としては自立的であるが、語彙的意味が稀薄で文法的意味を表すものなので、機能語相当である（小柳 2018：89-93）。ある言語形式がどのように程度副詞や陳述副詞に変化するのか、あるいはその文法的意味がさらにどのように変化していくのかといったことは、文法史研究の領分に入る。

3　副詞の語史記述の方法

では、副詞の歴史変化を把握するにはどうすればよいのだろうか。具体的な事例を紹介しつつ、分析の観点や注意点を整理することで、歴史的研究を進める際の見通しをよくしたい。

3.1　意味分析の観点

副詞の歴史変化を把握するにあたっては、渡辺（2002）の第5章、第6章で示されている方法が参考になる。渡辺は副詞のモデル化を行い、そのモデルを元に4つの観点を検討する。渡辺の言うモデルとは、当該副詞の使われ方を抽象化して、代表的な構文として表現したものである。4つの観点としては、(a)語彙的条件、(b)評価的条件、(c)構文的条件、(d)表現価値の方向が示されている。(a)語彙的条件は、共起する述語の品詞が何か、（たとえば動詞の場合は）どのような動詞かなど、述語の語彙的共起制限のことである。(b)評価的条件は、述語が表わす事態を話し手がどのように位置づけ、評価しているのかということに関する特徴である。(c)構文的条件は、述語が肯定か否定か、どのような時間表現がくるか、どのような文の述べ方をとりうるかなど、文法的な形式との共起に関する特徴である。(d)表現価値の方向は、その語を使うことでもたらされる表現効果のことである[4]。

「せっかく」を事例として、上記の観点の有効性を見ていこう。現代語の「せっかく」は、渡辺（2001）が「せっかくPなのにQでない」というモデルと「せっかくPだからQしよう」というモデルを立て、「「Q」が実現せずに「P」の価値が朽ちようとすることへの、惜しみの情の副用語」（渡辺2001：42）と述べるように、2つの事態を関係づけるような評価的意味を表しつつ、叙法性との関係をも持つという複雑な性格の陳述副詞である。だが、副詞として使われはじめた時期においては、意志的行為を表す動詞を修飾して「力を尽くして」のような様態的意味を表すものであった（林 2016）。
　以下、林（2016）にもとづいて「せっかく」の歴史変化を見ていく。林（2016）の4節で提示されている図を改編・再整理して、「せっかく」の代表的な構文（モデル）を出現順に示すと次のようになる。［　］の中に示した時代は、そのタイプが出現する時期である[5]。

（1）　A　せっかくPしよう。　　　　　［単文・中世後期］
　　　B　せっかくP、Qでない。　　　［複文（逆接）・近世前期］
　　　C　せっかくPした。Qしよう。　［連文（順接）・近世後期］
　　　D　せっかくP、Qしよう。　　　［複文（順接）・近世後期］

P、Qは述語のことで、「P(Q)しよう」は意志・命令・当為など、事態の実現を目指すタイプの文（林は願望系と呼ぶ）であるということを表す。「Qでない」は文法的否定形式をとるという意味ではなく、後件（主節）が前件（従属節）に反する望ましくない事態であるということを表している。「Pした」は事態を描写するタイプの文（林は描写系と呼ぶ）のことである。
　中世後期に見られはじめた副詞としての「せっかく」は、Aのように願望系の単文で用いられていた。近世になると、複文の従属節における使用が多くなる。まずBのように逆接関係の複文を構成するようになり、その後、C、Dのように順接関係（原因・理由）の連文、あるいは複文も構成するようになる（その一方で、近世後期にはAはほとんど見られなくなる）。このよ

うに、近世を通して、構文的特徴(モデル、および構文的条件として把握される特徴)が現代語に近づいてくるという。

評価的意味の発生については「力・心を尽くしたことから含意される価値や意義のある、好ましいという評価を表すようになった」(林2016：63)と指摘されている。「力を尽くして」といった様態的意味が稀薄化したことの現れとして、18世紀以降、意志的行為を表す動詞だけでなく、無意志的事態を表す述語との共起も見られるようになるという(語彙的条件の変化)。評価的意味の発生に関する林(2016)の指摘は、語彙的、構文的条件に支えられて生じる語用論的意味(表現価値の方向)が評価的意味(評価的条件)として語の意味に定着することになったと言い換えることができるだろう[6]。

今見たのは陳述副詞の事例だが、程度副詞についても、同様の検討を行うことで、その変化を捉えることができると思われる[7]。渡辺の用語をそのまま用いるかどうかは別としても、副詞の歴史変化を把握するにあたって、ここで示した諸特徴に注目することが有効であろう[8]。

3.2 呼応について

陳述副詞(とくに叙法副詞[9])の記述にあたって重要なのが「呼応」である。「呼応」というのは、副詞と述語形式との結びつきのことで、先に示した観点で言えば、構文的条件に入るものである。

呼応について注意したいのは、ある副詞と特定の述語形式が一対一で関係するわけではない点である。たとえば、「たぶん」は典型的には「だろう」と共起するが、それだけでなく述語が言い切りになることもあるし、「と思う」「と思われる」と共起することもある。つまり、「たぶん」は推量という意味を介して個々の形式と結びついているのである。歴史的な事例としては、吉田(2019)の第6章で考察されている「たとひ」がわかりやすいであろう。吉田によれば、意味レベルの構文としては時代を通して「たとひ―逆接仮定」という構文で用いられるが、形式レベルの構文としては「たとひ―とも」を典型としつつ、逆接仮定を表すさまざまな形式が用いられ、「ども」

「む＋助詞」「こそ〜め」などから「とても」「命令形」「ても」「ばとて」などへと時代的な推移が見られるという。

　「共起」と「呼応」の区別も問題となる。工藤（2016）の言うように、「共起」は一緒に現れるという現象的な側面から述べたもので、そこに意味的な結びつきが見出せれば「呼応」関係があると言える。通時的には、ある述語形式との共起が量的に変化（増加）するのに伴い、副詞とその形式との間に質的な関係の変化が生じ、呼応が成立すると考えられる（工藤 2016：33–34）。だが、通時的な変化を捉えようとするとき、どの時点で質の変化を見出すかは必ずしも容易ではない。たとえば、ある副詞が否定の「ない」とともに使われる頻度が増していくとして、どのくらい共起すれば呼応という関係を結んだと考えることができるのだろうか。否定との共起率が 50% を超えればよいのだろうか。あるいは 70%、それとも 90% だろうか。場合によっては、ある時期において見られた用例が全て否定と共起していたとしても、それが呼応によるものとは限らない可能性もある。副詞ではなく連体詞の例であるが、深津（2019）によれば、幕末期に出現した「大した」は、否定との共起に限られるⅠ期（1860–1879）、否定よりも肯定と多数共起するようになるⅡ期（1880–1899）、再び否定との共起に大幅に偏るようになるⅢ期（1900–1919）という、一見不可解な推移を見せる。それに対して深津（2019）は、Ⅰ期における否定への集中は呼応によるものではなく、語用論的要因（自身のことを「大した N」と表現して自慢につながってしまうのを避けるという動機）によって結果的に生じたものとする解釈を提示している。このように、呼応か否かを単に数値だけで決めることはできない。使用状況を総合的に解釈することが必要である。

　また、副詞がどの述語と関係しているのかという副詞の係り先の問題もある。たとえば、近世前期の「どうぞ」の例、「のふ伝八か悲しやな。情にどふぞ見遁して死なしてたもと泣わぶれど。」（夏祭浪花鑑［1745 演］・第 5・川瀬 2023：122）は、これが現代語の例であれば文末（波線部）の行為指示表現と結びついていると容易に判断されるが、この時期の「どうぞ」の使われ

方からすると、従属節内の述語(点線部)に係っている可能性も捨てきれない。川瀬(2023)の第6章では、こうした例の用例数の内訳も示したうえで、全体の使用状況の分布の推移を示すことで変化を記述するという方法をとった。

　一方で、どの述語(あるいは述語形式)と関係するのかについて、ゆれが生じるような事例が変化の契機となったと考えられる場合もある。「なにもそんなに言わなくていいじゃないか」のような叙法副詞の「なにも」は、否定と呼応して事物や事態の存在量がゼロであることを表していた「なにも」が、「なにも――ことはない」という文において、「ない」ではなく、事態の不必要を表す「ことはない」と関係を結ぶと再解釈されて成立したと考えられる(川瀬2023：第2章)。

4　文法史研究としての副詞研究

　語史研究の先にあるものは、通常、語彙史研究であるが、副詞のように文法的意味との関わりが深いものは文法史研究として位置づけることができる。そのためには、個々の語史を記述する際に、どのような文法変化がどのように生じているのか、他のどのような文法史的問題と関連するのかといったことを自覚的に考察することが必要だろう。本節では、文法変化に対する理解の深まりが期待できるテーマ、日本語の歴史的な流れに対する理解の深まりが期待できるテーマについて、大きく4つに分けて例を示す。

4.1　意味変化と語尾「に」「と」の脱落

　濱田は「あながちに」に関する論考(1955年初出)において、「あながちに」が「あながち」となり、意味が変化することについて論じる中で、「その意味、機能の変化に伴って――その多くの場合、情態副詞的なものが程度のそれを経て陳述副詞化するという方向をとる――「に」「と」を失うという、一般的現象として説明を与えられるべき」(濱田・井手・塚原1991：133)と

いう指摘をしている。副詞における形態変化と意味変化の相関に関する指摘と言えるが、いまだこの問題は十分に深められていないように思われる。

　この問題を考えるにあたって、それぞれに事情の異なる部分がある点には注意が必要である。たとえば、現代語において、「たしか(に)」「多分(に)」の場合は「に」の有無によって意味用法が異なるが、「相当(に)」「大変(に)」における「に」の有無はおそらく文体的な違いであろう。「だいぶ」「たいそう」「随分」の場合は「に」が伴わない形のみになっている。また、必ずしも「に」の脱落が起こるとは限らないし、もとから語尾なしの場合もある。

4.2　連体修飾構造と文法変化

　文法変化の生じる統語的環境も面白い問題である。副詞という品詞の定義を述べる際、その機能に関して「主に」連用修飾するとされるように、「副詞＋の＋名詞」という連体修飾構造を形成することがある(「少しの間」「かなりの人だかり」「全くの嘘」「まさかの事態」など)。この現象自体はよく知られているが、小柳(2019)はこの構造が副詞化する際の経路になりうることを指摘している。古典語の「つゆ」は名詞「つゆ(露)」から否定と呼応する副詞「つゆ」に変化した例として有名であるが、小柳(2019)は「つゆ$_{名詞}$＋の＋名詞」という構造によって少量という量的側面が取り出され、「つゆ$_{副詞}$＋の＋名詞」という構造と読み替えられ、そして連体修飾構造から離れた連用修飾語「つゆ」になったと説明している。「X$_{名詞}$＋の＋名詞」という構造において、Xに含意される量的な意味(「つゆ」の場合は少量であること)が看取されることで、副詞へと再分析された事例というわけである。

　また、様態を表す「ちっと／そっと」の程度副詞化を論じる深津(2022)は、意味拡張の順序と統語的性質の獲得の順序が相関するという興味深い指摘をしている。意味拡張の順序とは、程度的意味のうち「量」「時間量」「程度」のどれから表すようになるかということで、統語的性質の獲得の順序とは、名詞性、副詞性のどちらの性質から獲得するかということである。深津によれば、「ちっと」は連用修飾で現れやすい「程度」を出発点として、

「量」、そして「時間量」へと意味が拡張し、名詞性（述語句構成、ノ連体句構成）を獲得する。それに対して、「そっと」はまず「そっと＋の＋時間名詞」という連体修飾構造において時間量を表すようになり、そこから量／程度へと拡張したのちに、副詞性を獲得する（程度的意味で連用修飾するようになる）という。

　今見ていることには、副助詞類を中心に文法変化が起こる構造を考える宮地（2020）の議論も密接に関係する。宮地は無活用という形態的特徴を持つ語群を「体言」というカテゴリーで括り、文法変化における連体修飾構造（宮地は「ノ連体用法」と呼んでいる）の働きを論じている。宮地によれば、ノ連体用法は文法変化における「意味面の再解釈、構造面の再分析の環境条件」（宮地 2020：67）となる。ケーススタディの1つとして取り上げられた副助詞「だけ」の歴史変化では、「Xだけ＋の＋Y」が、「Xだけ副詞句＋の＋Y」から「Xだけ名詞句＋の＋Y」へと読み替えが生じたという。

　「X＋の＋名詞」という連体修飾構造が文法変化に果たす役割は、大きな論点となるだろう。小柳（2019）が、名詞がそこを通って副詞になる「副詞の入り口」の1つとしてあげたように、「X＋の＋名詞」という連体修飾構造は、名詞の世界と副詞の世界を行き来する場所の1つである。そこで起きる文法変化のさらなる追求が望まれる。

4.3　副詞の発達、呼応の分化

　副詞から日本語の時代的動向を探ることも試みてよい。その試みは多くはないが、従来から指摘されていたこととして、近代語における副詞の発達があげられる。たとえば、大野（1993）や渡辺（1997）は、係り結びが担っていた表現性や、助詞・助動詞で表されていた文法的意味が、文頭と文末に分かれて表現されるようになったと述べている。他に、古代語に存在した過去と完了の助動詞が「た」へ統合されることの補完として、至近過去を表す副詞が形成されたという解釈を示す山口（2004）や、叙法副詞の発達によって「事態＋モダリティ」から「モダリティ＋事態＋モダリティ」へと文構造が変化

したと考える高山(2021)などもある。

　川瀬(2023)では、近代語における、副詞の発達の内実を検討し、蓋然性のやや低い推量の副詞(「おそらく」「たぶん」など)、推定の副詞(「どうやら」「どうも」など))が発達したほか、行為指示や感謝・謝罪における対人配慮を表すものが発達したという仮説を提示した。また、副詞の発達以外にも、副詞「もし」が仮定とも可能性想定とも呼応していた古代語に対して、現代語では、「もし」が仮定と呼応し、「もしかすると」が可能性想定と呼応するようになっているというように、副詞と述語形式との呼応のあり方が分化したと見られる事例があることも指摘した。

　小柳(2018)で整理されているように、文法史における時代的動向として、しばしば形式の「分析化」と文法的意味の「分化」が指摘されるが(田中(1965)の「分析的傾向」)、「副詞の発達」は形式の分析化に、「呼応の分化」は文法的意味の分化に相当する。副詞を視野に入れることで、文構造レベルでの形式の分析化、要素と要素の関係性における文法的意味の分化が考察の射程に入る(以上、川瀬2023)。ただし、川瀬(2023)で扱ったのはモダリティ、および配慮表現の一部である。そこで扱われていない副詞についても個別の語史記述を行いつつ、それを統合し、あるいは全体の中に位置づけることで、仮説の検証と精緻化を進める必要がある。

4.4　否定との呼応

　副詞と否定の呼応も興味深い問題を提供する。副詞と肯定・否定との関係が歴史的に変化するものであることはよく知られている。しかし、どのように否定との結びつきを獲得するのか、否定との結びつきが日本語史の中でどのような意味を持つのかなど、より踏み込んだ点については、まだ十分に議論されていないと思われる。ここでは後者の、日本語史における位置づけに関わる問題を2つ取り上げる。

　工藤(2016：109–113)が指摘するように、現代語では、通常、高程度を表す副詞が否定文で用いられて低程度を表すことはない(例「*この本はとても

面白くない」)。それと相補的に、否定と呼応して低程度を表す副詞がある(例「この本は {あまり／さほど／大して} 面白くない」)。一方、古典語では、小柳(2005)で示されているように、「いと―は―否定」「[いと―] 名詞―否定」の文型のように、高程度を表す副詞が否定を伴うことで低程度を表す。こうした違いは、いつごろどのように生まれたのだろうか。

　「も」を構成要素に持つ副詞も検討の余地がある。現代語では、「少しも」は否定文でしか用いられない。一方、古典語では、「少しも」が(現代語の「少しでも」のような意味で)肯定文で用いられる。同様のことは、「も」を構成要素に持つ「何も」「誰も」などでも言える。「何も」「誰も」は、現代語では否定と呼応関係にあるが、もともと主に肯定文で用いられていた(川瀬2023、池田2017、山西1987)。現代語の「―でも」「―も」に見られる肯定・否定の対応は、「も」の変化や、「でも」の一語化の裏面を示すものと言える可能性がある[10]。

5 おわりに

　以上、副詞の歴史的研究の方法、文法史研究としての可能性について述べてきた。文法史の問題として研究を行うことで副詞研究はより実りあるものとなるだろう。そして、そのことは文法史研究にとっても新たな可能性をもたらすものとなるはずである。

注

1　林(2021)は韓国で出版されており、残念ながら日本では入手が難しい。ただし、本書に収められている論考のほとんどは初出論文で確認することができる。
2　中尾(2003)に、明治・大正期における「非常」の活用形の分布の推移が示されている。
3　紙幅の都合もあり、限られた範囲での言及となる。副詞を概説したものとしては、畠(1991)、森本(2000)、工藤(2000)、中川(2016)など、さまざまある。それらもあわせて参照されたい。
4　一般向けに書かれた渡辺(2001)では、(a)と(c)はそれぞれ「語彙的制約」「構文的

展開」となっている。また、「(d)表現価値の方向」という用語自体は持ち出していない。

さらに2点ほど補足する。まず、分析において考慮すべき構文的特徴には、渡辺が「モデル」として示しているものと、「構文的条件（構文的展開）」として示しているものがあることに注意が必要である。たとえば「いっそ」の場合、「QであるよりいっそPであるほうがよい」（渡辺2001：58）とモデルを立てたうえで、さまざまな条件を検討するという手順がとられる。このとき、構文的特徴のうち、「いっそ」よりも前に「〜より」「〜なら」「〜から」などの従属節が来るということはすでにモデルとして表現されており、構文的展開は「いっそ」の後ろに来る述語形式の特徴が整理されていることになる。

次に2点目。評価的条件は、単にプラス評価かマイナス評価かといったことにとどまらない。上の「いっそ」のモデルで言えば、Pの評価的条件は「Qのもつマイナスを一段と（場合によっては極端にまで）拡大したマイナス事態でありながら、かえってその中にQにはないプラス要素が見出せる、と評価される事態を表わす表現」（渡辺2001：63）とされる。なお、渡辺は「モデル化が最初の勝負どころ」（渡辺2001：46）、「評価的条件の検討が、最大の勝負どころ」（同：60）としている。モデルと4つの観点については、工藤（2016）所収の、渡辺（2002）の書評も参照されたい。

5　元の図には複文（順接）の「せっかくP、Qした」もあるが、ほとんど見られないということなので省略した。また、Cは単文として提示されているが、論旨をふまえて連文に変更した。なお、実際には「せっかく＋の＋名詞」や「せっかく」が連体節で用いられた例も多く見られるが、以下の説明では扱わないことにする。

6　渡辺の言う「表現価値の方向」は、表現効果とでも言うべき、もっと狭い意味での発話の意味に注目するものであるが、歴史変化を捉えるうえでは語用論的意味と読み替えて理解するほうが有益なのではないかと思う。

7　なお、程度副詞に関しては、渡辺（2001, 2002）において、「わがこと」「ひとごと」という観点も示されている。たとえば、自分の感情を表明するとき、「とてもうれしいです」と言えるのに対して、「*ずいぶんうれしいです」とすると不自然である。「ずいぶん」は「ずいぶん楽しそうですね」のように、他の人の様子を見て表現する形でないと使えない。このことから、「とても」は「わがこと」系の副詞、「ずいぶん」は「ひとごと」系の副詞とされる。市村（2012）はこの観点をふまえ、「たいそう」が「ひとごと」を表すのに対して、「たいへん」が「ひとごと」だけでなく「わがこと」も表し得ることが、その後の「たいへん」の勢力拡大に影響した可能性を指摘している。

8　ここでは意味的、文法的観点にのみ言及したが、他の日本語史研究と同様に、文献の資料性、文体的特徴などにも注意すべきであることは言うまでもない。濱田・井手・塚原（1991）は、注意深く種々の言語資料にあたり、資料の文体的特徴、話

者の階層、使用意識などにも配慮の行き届いた考察がなされており、現時点でも参考になる。ただし、文法的な分析については、現在から見ると、そのまま受け入れるわけにはいかない箇所もある。

9 工藤(2016)は陳述副詞を拡張する形で「叙法副詞」「評価副詞」「とりたて副詞」という3つの下位分類を立てる。「叙法副詞」は従来の陳述副詞に相当するもので、「きっと」「たぶん」「もしかすると」「どうぞ」「ぜひ」「せっかく」「さすが」など、文の述べ方(叙法性・モダリティ)と関わる副詞である。なお、「評価副詞」は「あいにく」「奇しくも」など、文の叙述内容に対する話し手の評価を表す副詞、「とりたて副詞」は「ただ」「まさに」「とくに」「たかだか」など、文の特定部分のとりたてと関わる副詞である。

10 このような視点を持つ研究として山田(2005、2006)が注目される。山田(2005)は、抄物を資料として、「わずかな数量や程度を表す副詞類＋も」(「少しも」「ちっとも」「一言も」「一日も」など)、「不定語＋も」(「何も」「誰も」「どこも」「いかほども」など)、「いかな＋名詞＋も」の使用実態を詳細に記述し、これらに「反戻」の意味(現代語の「でも」に相当する意味)が認められることを論じている。その続稿である山田(2006)は、同様に抄物を資料として、「も」の用法のいくつかが、反戻、もしくは反戻からの派生として説明できることを論じている。「誰も」について、「肯定・否定の両様に用いられていた「誰も」が、現代において、肯定の場合は「誰でも」という言い方に分化した」(山田2006：36)という指摘もしている。

参考文献

池田來未(2017)「ナニモの歴史的変遷―否定との共起に着目して―」『国文』127: pp.41–54. お茶の水女子大学国語国文学会

市村太郎(2012)「副詞「たいそう」の変遷―近代語を中心に―」『国文学研究』167: pp.94–83. 早稲田大学国文学会

林禔映(2016)「副詞「せっかく」の史的変遷」『国語と国文学』93 (8)：pp.53–68. 東京大学国語国文学会

林禔映(2021)『日本語副詞の史的研究―評価を表す叙法副詞を中心に―』J&C, ソウル

大野晋(1993)『係り結びの研究』岩波書店

川瀬卓(2023)『副詞から見た日本語文法史』ひつじ書房

川端善明(1964)「時の副詞―述語の層について その一―」『国語国文』33 (11/12): pp.1–23/34–54. 京都大学文学部国語学国文学研究室

川端善明(1983)「副詞の条件―叙法の副詞組織から―」渡辺実(編)『副用語の研究』

pp.1–34. 明治書院
工藤浩(2000)「副詞と文の陳述的なタイプ」森山卓郎・仁田義雄・工藤浩『日本語の文法3　モダリティ』pp.161–234. 岩波書店
工藤浩(2016)『副詞と文』ひつじ書房
小柳智一(2005)「副詞と否定—中古の「必ず」—」『福岡教育大学国語科研究論集』46: pp.35–50. 福岡教育大学国語国文学会
小柳智一(2018)『文法変化の研究』くろしお出版
小柳智一(2019)「副詞の入り口—副詞と副詞化の条件—」森雄一・西村義樹・長谷川明香(編)『認知言語学を拓く』pp.305–323. くろしお出版
高山善行(2021)『日本語文法史の視界—継承と発展をめざして—』ひつじ書房
田中章夫(1965)「近代語成立過程にみられるいわゆる分析的傾向について」近代語学会(編)『近代語研究1』pp.13–25. 武蔵野書院
田和真紀子(2017)『日本語程度副詞体系の変遷—古代語から近代語へ—』勉誠出版
中尾比早子(2003)「明治・大正期における程度副詞「非常に」について」田島毓道・丹羽一彌(編)『名古屋・ことばのつどい言語科学論集』pp.127–138. 名古屋大学大学院文学研究科
中川祐治(2016)「副詞の諸問題」中山緑朗・飯田晴巳(監)沖森卓也・山本真吾・木村義之・木村一(編)『品詞別学校文法講座第四巻　副詞・連体詞・接続詞・感動詞』pp.142–170. 明治書院
鳴海伸一(2015)『日本語における漢語の変容の研究—副詞化を中心として—』ひつじ書房
仁田義雄(2002)『副詞的表現の諸相』くろしお出版
畠郁(1991)「副詞論の系譜」国立国語研究所(編)『日本語教育指導参考書19　副詞の意味と用法』pp.1–46. 大蔵省印刷局
濱田敦・井手至・塚原鉄雄(1991)『国語副詞の史的研究』新典社(増補版、2003年)
深津周太(2019)「「大した／大して」の成立と展開」『国語と国文学』96(2): pp.34–47. 東京大学国語国文学会
深津周太(2022)「様態副詞の程度副詞化—「ちっと／そっと」の対照から—」『静言論叢』5: pp.111–124. 静岡大学言語学研究会
宮地朝子(2020)「副助詞類の史的展開をどうみるか—これからの文法史研究—」『日本語文法』20(2): pp.57–73. 日本語文法学会

森本順子(2000)「副詞の現在」『日本語学』19(5): pp.120–129. 明治書院
山口堯二(2004)「至近過去を表す副詞の形成」『佛教大学文学部論集』88: pp.61–73. 佛教大学文学部
山田潔(2005)「抄物における「も」の反戻用法」『国語国文』74(1): pp.15–32. 京都大学文学部国語学国文学研究室
山田潔(2006)「反戻の助詞「も」とその派生用法」『国語国文』75(2): pp.34–52. 京都大学文学部国語学国文学研究室
山田孝雄(1908)『日本文法論』宝文館
山西正子(1987)「「だれも」考」『国語と国文学』64(7): pp.47–66. 東京大学国語国文学会
吉田永弘(2019)『転換する日本語文法』和泉書院
渡辺実(1997)『日本語史要説』岩波書店
渡辺実(2001)『さすが！日本語』筑摩書房
渡辺実(2002)『国語意味論』塙書房

【付記】 本研究はJSPS科研費(JP19K13198)の成果の一部である。

【文法史の名著】
川端善明著『活用の研究』

（Ⅰ　1978年3月　338ページ　大修館書店　A5判
　Ⅱ　1979年2月　592ページ　大修館書店　A5判
　増補新版Ⅰ　1997年4月　340ページ　清文堂出版　A5判
　増補新版Ⅱ　1997年4月　610ページ　清文堂出版　A5判）

小柳智一

1　はじめに

　紛う方なき名著である。かつ大著である。その必然として難解さを含み、読む側に相応の学力と根気が求められる。本書は活用の記述方法ではなく、成立を論ずる書である。本書が「活用」の語で指す内容は、通念の活用（conjugation）や曲用（declension）と違い、ある語が具体的な音形態と特定の文法機能を有して品詞的に成立することを言う。

　例えば、サク（咲）が語末母音を交代しつつ述定述語の機能を持つ語、すなわち動詞として成立する現象が「活用」で、成立した語（つまり通念の「語」）を「品詞的語」と呼ぶ。したがって、「活用」の成立は品詞の成立であり、「活用の研究」は「品詞の研究」と言ってもよい。その品詞は〈体〉〈用〉〈相〉に大きく分かれる（詳細は第3節）。本書ではこのようにスケールの大きな独自の活用論が空前の緻密さで展開される。名著たる所以である。

　著者には、山田孝雄の「山田文法」や渡辺実の「渡辺文法」のように、固有名を冠して「川端文法」と称される独自の文法論があり、その体系は品詞論と構文論（文構造論）が表裏する。ゆえに、活用すなわち品詞の成立を論ずる本書は、活用論の書であると同時に、川端文法の書でもある。川端文法の特徴は、ある文法形式がなぜそのようにふるまうのか、なぜそのような形なのか、という文法的事実の根拠を意味に求めるところにある。「意味の文法」と言ってよいだろう。本書でも形式的な成立以上に、原理的な成立に重きを

置いている。

　本書には著者自身による短い解説（『国文学解釈と鑑賞』73-1、2008 年）があり、以下それに沿って大幅に説明を加えながら本書の"あらすじ"を紹介する。

2　前活用としての母音交代

　第 1 部「前活用としての母音交代」は、活用すなわち品詞の成立を論ずる準備として、上代の母音交代の全体像を把える。品詞が成立する前段階の話をするので、対象となるのは品詞的語ではなく、品詞的語から抽出される、原理的な品詞的語以前である。例えば、名詞クモ甲（雲）と動詞クモ甲ル（曇）にはクモ甲という音形態が共通し、前者から後者への派生を考えるのが普通だが、そうではなく、原理的に名詞・動詞以前のクモ甲を想定し、それから名詞クモ甲と動詞クモ甲ルがそれぞれ成立したと考える。この品詞的語以前は「形状言」と呼ばれ、本書の最重要概念である。

　形状言は語彙論的意味を表すだけで、文法論的意味（品詞性、文法機能など）は表さない。文法論的意味は品詞的語に属するものだからである。形状言の表す語彙論的意味は、名詞の表す事物や、動詞の表す動作・変化に分化する前の未分化なある情態である。形状言クモ甲は、事物〈雲〉や変化〈曇る〉ではなく、2 つに共通する情態——私に強いて言えば、不透明で晴明でない、くぐもったような情態——を表す。

　形状言の語彙論的意味は子音構造の枠が保証し、母音がそれに実体を与え現実態とする。例えば〔k — m〕という子音の枠は、これだけでは発音できない抽象的なもの（可能態）だが、〔u = o〕という母音が入ると〔kumo〕という発音可能な現実態になる。これが形状言クモ甲である。同じ枠に〔u = a〕が入れば〔kuma〕クマ（隈）、〔ö = ö〕が入れば〔kömö〕コ乙モ乙（籠）という形状言になり、この時、クモ甲〜クマ〜コ乙モ乙は母音が交代している。この形状言の次元における母音交代を、第 1 部では考察する。

2.1 結合性格的な母音交代

上代の母音は、有坂・池上法則——第1則「甲類のオ列音と乙類のオ列音とは、同一結合単位内に共存することが無い」、第2則「ウ列音と乙類のオ列音とは、同一結合単位内に共存することが少い。就中ウ列音とオ列音とから成る二音節の結合単位に於て、そのオ列音は乙類のものではあり得ない」、第3則「ア列音と乙類のオ列音とは、同一結合単位内に共存することが少い」——の音節結合的な特徴によって、男性母音 a・u・o と女性母音 ö、どちらでもない中性母音 i・ï・e・ë に分けられる（o・i・e は甲類、ö・ï・ë は乙類を表し、音価を表すものではない）。

形状言を代表するのは男性母音 a・u・o と女性母音 ö で、本書は形状言における母音交代を、男性母音・女性母音の相互で交代する「結合性格的な交代」と、男性母音・女性母音と中性母音が交代する「強弱性格的な交代」に分けて整理する。

まず、結合性格的な交代は3つの場合がある。2音節の形状言でモデル化すると、男性母音の結合構造は次のようになり、この9種類全体を「男性母音体制」と呼ぶ。この男性母音体制内で相互に交代するのが結合性格的な交代の1つめである。例えば、カラ(辛)〜クル(苦)、ハラ〜ハル〜ハロ甲(遥)、スク〜スコ甲(少)、ツナ〜ツノ甲(綱)、など。

〔a = a〕 〔u = a〕 〔o = a〕
〔a = u〕 〔u = u〕 〔o = u〕
〔a = o〕 〔u = o〕 〔o = o〕

対する「女性母音体制」は、女性母音は ö だけだが、実例を見ると次のように a・u との結合構造も若干認められ、この体制内で交代するのが結合性格的な交代の2つめである。例えば、ヨ乙ロ乙〜ヨ乙ラ〜ヨ乙ル(寄)、ト乙ヨ乙〜ト乙ユ(豊)、ト乙バ〜ト乙ブ(飛)など。

〔ö = ö〕　〔ö = a〕　〔ö = u〕

　さらに、男性母音体制と女性母音体制にまたがる体制間の交代が3つめである。前掲のクモ甲(雲)〜クマ(隈)〜コ乙モ乙(籠)はこの例で、アサ(浅)〜ウス(薄)〜オソ乙(遅)、ツバ(翼)〜ト乙バ(飛)〜ト乙ブ(飛)、ウタ(歌)〜オト乙(音)などもそうである。
　以上の交代関係にある形状言同士は、相互の意味に距離があるように見える場合もあるが、語彙論的意味の連帯(共通性・類似性)がある。それを保証するのが子音構造の枠で、その枠内で母音a・u・o・öが交代することによって音形態に揺れ(クモ甲〜クマなど)が生じるのが形状言の特徴であり、その揺れに応じて意味が分化することもある。

2.2　強弱性格的な母音交代

　次に、強弱性格的な交代はiをめぐる母音交代で、iの関わる相互同化(母音融合)の図式に基づいて整理される。例えばa〜iとa〜ëという交代(後掲(ロ)(ヘ))は、a + i → ë という相互同化の図式(後掲③)によって組を作り、aがiと完全に交代する前者を「強い変化」、aとiの中間であるëと交代する後者を「弱い変化」と捉えることができる。例えば、アカ〜アキ甲(明)は強い交代、ワカ〜ワケ乙(若)は弱い交代である。この整理の結果、次の7組10種の強弱の交代が得られる(網掛けは他と重複)。

		強い交代	弱い交代
①	i + a → e	(ロ) i〜a	(イ) i〜e
②	i + ö → e	(ホ) i〜ö	(イ) i〜e
③	a + i → ë	(ロ) a〜i	(ヘ) a〜ë
④	ö + i → ë	(ホ) ö〜i	(ト) ö〜ë
⑤	u + i → ï	(ハ) u〜i	(チ) u〜ï
⑥	o + i → ï	(ニ) o〜i	(リ) o〜ï

【文法史の名著】川端善明著『活用の研究』 243

⑦ ö + i → ï　（ホ）ö̇〜i̇　（ヌ）ö〜ï

　この強弱性格的な交代は、男性母音と女性母音の交代がそうであったように、男性母音・女性母音と中性母音の単純な交代と見れば、結合性格的な交代と区別する必要はない。この見方では、強弱性格的な交代も母音交代一般として、形状言の次元で揺れの1つの音形態を作るだけである。
　しかし、男性母音でも女性母音でもない、換言すれば、結合性格的な交代の外にある中性母音との交代には、結合性格的な交代とは別へ展開する可能性がある。それは形状言の次元から品詞的語の次元への方向性で、この方向で見る時、交代の強弱は文法論的意味を生じさせて品詞的語を決定づける動力となり、iをはじめとする中性母音は文法形式として発達していく。それが第2部のテーマであり、そこでは交代の強弱という相対性がくり返し重要な役割を果たすことになる。

3　活用の構造

　第2部「活用の構造」は本書の本編で、〈体〉〈用〉〈相〉の活用の成立、つまり〈体〉〈用〉〈相〉の品詞の成立を考察する。〈体〉は主語になる名詞、〈用〉は述語になる動詞、〈相〉は修飾語になる形容詞と副詞を言う。
　形状言から品詞的語が成立するというのが本書の基本図式で、母音交代が品詞的語の2種類の在り方を形式化する。1つはそれ自体で自立する形式、もう1つは他に従属する形式である。そして、2つの形式が1つの語について連合し、対をなすことを「原型的な活用」と規定し、それが最も端的に見られるのが〈体〉すなわち名詞だとする。

3.1　体の活用

　名詞には、有坂秀世の言う「被覆形」と「露出形」で対をなすものがある。例えば、アマ―アメ乙（天・雨）、ツク―ツキ乙（月）は複合語前項に現れる時

は「アマ雲」「ツク夜」のように被覆形が現れ、単独の時は露出形アメ乙、ツキ乙が使われる。被覆形は他に従属する形式、露出形はそれ自体で自立する形式なので、これはまさに原型的な活用である。現代通念の「活用」はこれを含めないが、近世国学の活用研究では一時期考慮に入れられた。

　この名詞の被覆形とされるものは、実は形状言と同じものである。品詞的語として成立した名詞の、それに属する一語形と見れば被覆形(名詞の活用形)だが、名詞以前の、そこから名詞が成立するものと見れば形状言である。形状言から名詞(名詞露出形)の成立は、形状言に独立化の接尾語 i が付加することで実現し、次の3つに定式化される。

A　強活用(先行母音脱落：a・ö・u・o ＋ i → i)
　　　タカし(高)→タキ甲(丈)　　ナグし(和)→ナギ甲(凪)
B　弱活用(相互同化)
　(1) a・ö ＋ i → ë
　　　アマ雲→アメ乙(雨)　　モ乙る(守)→メ乙(目)
　(2) ö・u・o ＋ i → ï
　　　ツク夜→ツキ乙(月)　　コ乙立―キ乙(木)
C　最弱活用(子音挿入：a・ö・u・o ＋ i → a・ö・u・o ＋ C ＋ i)
　　　ア結(ゆひ)→アシ(足：C ＝ s)　　カタ見→カタチ(形：C ＝ t)
　　　ウ潮→ウミ甲(海：C ＝ m)　　ト乙猟(がり)―ト乙リ(鳥：C ＝ r)

　このうちAとBは2.2の強弱性格的な交代に対応する。Aは強い交代(ロ)～(ホ)、B(1)は弱い交代(ヘ)(ト)、B(2)は弱い交代(チ)～(ヌ)に対応する。形状言の次元の強弱性格的な交代が、品詞的語の次元では名詞の強弱活用に対応している。こうなると i・ë・ï は単なる母音ではなく、名詞露出形の語末形式として文法形式化している。と同時に、相対する a・ö・u・o も名詞被覆形の語末形式として文法形式化する。先述の「母音交代が品詞的語の2種類の在り方を形式化する」とは、こういうことである。

Cは形状言にシ・チ・ミ・リなどのiを含む接尾語が付くことで、名詞露出形の語末形式を持って自立する場合である。ア(足)・ト乙(鳥)のように1音節の形状言に多く見られるのは、1音節でAの方式は考えられず、Bの方式では被覆形と露出形の連帯がわかりにくくなるからだろう。被覆形の形態が露出形の中にそのまま保存されるので、最も弱い活用である。

　しかし、さらに弱く、もはや活用とも言えない場合がある。形状言がそのまま自立し、被覆形と露出形が同形の場合である。

D　無変化活用(a・ö・u・o→a・ö・u・o)
　　　カハ辺→カハ(川)　　クモ甲間→クモ甲(雲)

　実はDの例が最も多く、Aが最も少ない。そのため、名詞は活用しないと考えられてきたのだが、AとBに実例があるので、本書は活用に関して名詞全体が弱い性格であることを認めた上で、名詞にも、いやむしろ名詞にこそ原型的な活用を見る。これに対して、動詞は活用形と活用型の種類が多く、活用に関して強い性格だが、名詞との対応を持ち、原型的な活用が〈体〉と〈用〉に遍在することを次に指摘する。

3.2　用の活用
3.2.1　動詞の原型的な活用

　〈体〉の名詞の強活用Aと弱活用Bは、〈用〉の動詞の連用形の成立と次のように対応する。動詞連用形は名詞形でもあり、この場合の名詞形とは名詞露出形である。この連用形を後の論述のために「原連用形」と呼ぶことにする。

A　強活用　　　四段活用　　ムカ股→ムキ甲(向)　　キコ乙ゆ→キキ甲(聞)
B　弱活用　(1) 下二段活用　アカ時→アケ乙(明)　　トマる→トメ乙(留)
　　　　　　(2) 上二段活用　スグす→スギ乙(過)　　オコ乙る→オキ乙(起)

しかし、原連用形だけでは活用と言えず、名詞の無変化活用 D に対応する終止形が必要である。終止形は形状言を代表する母音 u を末尾に持ち、形状言がそのまま自立したと考えられる。原連用形と終止形がムキ甲―ムク（向）、アケ乙―アク（明）のように連合したのが動詞の原型的な活用で、これは名詞の原型的な活用が露出形と被覆形の対だったのと平行的である。

　（補足――ここでの本筋から外れるが、名詞の最弱活用 C に対応する動詞の連用形も指摘している。C に対応するのは、ムカ股→ムカヒ甲（向）、カタ磐→カタメ乙（固）など、形状言に動詞派生の接尾語（この例ではヒ甲・メ乙）が付く場合である。）

　しかし、名詞と動詞の平行性はここまでである。活用に関して弱い性格の名詞は、被覆形が露出形と同形の語彙が多く、2つが別形であっても一般に露出形の方を名詞の標準語形とする。通時的に見ても被覆形を失い、露出形を唯一の語形とする方向で変化し、その逆ではない。つまり、名詞の原型的な活用は露出形に収斂する。これと対蹠的に、動詞は原連用形と終止形の連合からはじまり、他の諸活用形を得て通念の活用系列へ展開していく。

　さて、以下で動詞活用形の成立を説明するに当たって、本書は方法論的に2つのことを避けると宣言する。1つは、単に音次元の交代として説明すること。例えばサク（咲）の活用形末尾は a〜i〜u〜ë〜e と交代するが、a〜u や a〜ë の交代例があるからといって、それを当てはめて説明を済ませることはしない。

　もう1つは、目当ての文法機能を託す要素を予め仮定し、それによって説明すること。例えば、連体修飾機能を託すルを仮定し、それをオツ（落）に付けることでオツル（落）という連体形の形態を作って説明を済ませることはしない。

　この種の説明は、その活用形の形態がなぜその文法論的意味を有するのか――なぜサク（咲）の未然形末尾が a なのか、i や e ではなく。なぜルが連体修飾機能の形なのか、ラやレではなく――を説明しないので、安易な見せかけの説明だからである。本書は、原連用形と終止形の連合を出発点とし、交

代の強弱の相対性によって、どのように文法論的意味を獲得するかを考察していく。いわば意味のないところに意味が立つ話をするのである。

　その考察に先立って、原連用形と終止形の成立に二重の強弱があることを確認しておきたい。1つは、原連用形の成立についてAの強活用(四段)とBの弱活用(二段)がある。これは母音交代の強弱に対応するものだった。もう1つは、原連用形と終止形の成立の仕方について、形状言に独立化の接尾語iが付加して成立する原連用形は強、形状言がそのまま自立して成立する終止形は弱である。私に図示すると、次のようになる。

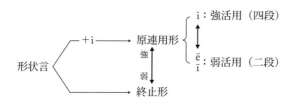

　1つめの原連用形に見える強弱は、活用型(本書では「活用方式」という)の成立に影響し、2つめの原連用形と終止形に見える強弱は、諸活用形の成立に影響する。後者から見ていこう。

3.2.2　連体形の成立

　まず、連体形は強活用では終止形と同形で、弱活用では内部に終止形の形態を含むので、終止形と親近的だと考えられる。終止形は3.2.1で見たように、形状言がそのまま自立したのだった。例えば「ナユ竹」(弱・萎)のように現れる形状言ナユが自立したのが、下二段動詞ナユの終止形である。「ナユ竹」のナユはナユル(連体形の形態)ではないから、ナヤ～ナユ～ナヨ甲と交代する形状言のナユと見るべきである。

　これと並べて、例えば「コ乙ル藻葉」(凝)のコ乙ルを見ると、四段動詞の連体形と同形ではあるが、連体形と速断せず、まずはコ乙ル～コ乙ロ乙と交代する形状言と見るのが整合的である。そして、形状言コ乙ルの自立したのが

四段動詞コ_ zル の終止形だが、終止形の成立を経た後にあらためて「コ_ zル
藻葉」を見直すと、動詞コ_ zルが名詞を連体修飾する構造とも見られ、その
ように異分析した結果、新たに連体形コ_ zルが成立したと考える。

　このように、「形状言（…u）＋複合語後項」から動詞終止形（…u）が成立
し、それを返して「動詞（…u）＋名詞」と異分析した結果、動詞連体形（…u）
が成立したので、終止形と連体形は親近的なのである。文法論的意味につい
ても、終止形は「主―述」という述定構造の述語に、連体形は「述―主」と
いう装定構造の述語になる点で対立するが、「花咲く」（主―述）と「咲く花」
（述―主）を比べるとわかるように相互に変換可能で、様相的意味（3.2.3で述
べる）を積極的に表さない点で等しい。

　なお、弱活用の連体形は終止形の形態にルの付いた形だが、これについて
は已然形のレと合わせて3.4.1で説明する。

3.2.3　未然形の成立

　次に、未然形は原連用形から分化したと考えられる。成立の仕方の強弱で
原連用形は終止形に対して強だったが、これは原連用形が動詞としてより積
極的な活用形であることを意味する。動詞の動詞らしさは時間的な様相性に
あり、積極的な原連用形には、動詞の文法論的意味として様相的意味が属し
ている。対して、消極的な終止形にはそれがない。

　しかし、原連用形の様相的意味はそれ自体としては表されず、助動詞が後
接することで表される。このことを、原連用形に潜在する様相的意味が顕在
化すると捉えると、顕在化の方向には2つがある。

　1つは、事態が現実にどのように存在するかという対象的な側面での顕在
化である。その様相的意味（テンポラリティ、アスペクチュアリティ）は過去
と広義完了で、助動詞はキ・ケリ・ツ・ヌ・タリがこれに当たる。上代日本
語では、「咲きけり」「咲きぬ」のようにテンスとアスペクトの助動詞はき
まって連用形に後接するが、これは動詞の連用形側にすでにそのような様相
的意味が属し、後接する助動詞と合致するからである。

もう1つは、現前しない事態をどのように想像するかという作用的な側面での顕在化である。その様相的意味(モダリティ)は否定や推量や意志・希求で、助動詞はズ・ム・マシ・ジがこれに当たる。ムードの助動詞は「咲かず」「咲かむ」のように未然形に後接し、ここに未然形が成立する。

 このように、原連用形に潜在する様相的意味が2つに分化し、意味に対応して形式側も2つに分かれ、その1つとして未然形が成立したということである。もう1つの方の連用形を、原連用形と区別するために「現連用形」と私に呼ぶことにして、上述の関係を図示すると次のようになる。

 強活用の未然形末尾のaは形状言を代表する母音で、未然形と形状言が近いことを示している。「未然形＋ムード」の未然形述語の意味構造は「対象事態的意味＋作用的意味(様相的意味)」と分析され、例えば「咲かず」は「咲か」が対象事態〈咲く〉を、ズがそれに対する否定の作用を表す。この時、対象事態は否定の作用を受ける前なので、様相的に未定の、とりあえず想定されただけのものである。これを本書は様相性以前という意味で「外様相的(amodal)」と言う。未然形のこの外様相性が動詞以前の形状言の性質に通じるので、形状言を代表するaが未然形に現れたと考えられる。原連用形から未然形への分化は、形状言的なものへの一種の回帰である。

 しかし、aが現れるのは強活用で、弱活用では原＝現連用形と同形のëまたはïである。これはなぜか。3.1で見たように、弱活用の原連用形のëとïは形状言末のa・u・o・öが独立化の接尾語iと相互同化したものだったから、形状言の特徴が残っている。強活用の原連用形が完全にiに交代したのとは異なる。形状言の名残のある弱活用の原連用形には、未然形の外様相的な意味が未分化なままに含まれているので、未然形を別形として分立せず、未然形は現連用形と同形のままだったのだろう。ただし、弱活用の現連用形

は原連用形のままではなく、形式が分かれていなくても価値として未然形と分かれており、強活用の未然形・現連用形と並んで、弱活用の未然形・現連用形がある。それが活用組織の整合性というものである。

以上に対して、終止形が様相的意味を表さないことを確認しておこう。終止形は助動詞を伴わずに単独で述語になり、例えば「花咲く」は現在・未完了・直叙という様相的意味を表すが、これは「花咲きけり」が表す過去・広義完了や、「花咲かむ」が表す未来・推量と対立し、それの反照として表すにすぎない。終止形は様相的に無標の活用形である。

3.2.4　命令形の成立

次に、命令形の成立も原連用形から考えられる。強活用の命令形はサケ甲（咲）のように末尾母音がeで、弱活用はトメ乙ヨ乙（留）、スギ乙ヨ乙（過）のように末尾にヨ乙(jö)が現れる。この2種類の命令形はö〜jöという要素を想定し、それが原連用形に付いたと考えると、統一的に説明できる。強活用の原連用形iにはöが付き、2.2の相互同化の図式②i + ö → eによってeになった（saki + ö → sake）。弱活用の原連用形ëまたはïにはjöが付いた（tomë + jö → tomëjö、sugï + jö → sugïjö）。

想定したö〜jöの起源は、係助詞ヨ乙（ヤの母音交代形）であろう。ヨ乙は文末で対人的に使われたり（死なむよ）、呼格に用いられたり（浜つ千鳥よ）する。その情意的な意味が命令の意味に定着し、語尾として活用形内に取り込まれたと考える。

3.2.5　已然形の成立

最後に、已然形も原連用形からの成立を考える。四段（強活用）の已然形末尾はサケ乙（咲）のように母音ëが現れるが、ëはまた下二段（弱活用）の現連用形末尾にもアケ乙（明）のように現れる。これを偶然とせず、2つが成立的に関連すると仮定して進める。

同じ形状言から強弱の差をもって成立した2つの原連用形がある。1つは

末尾母音がiで、もう1つはëである。例えばトキ甲—トケ乙(解)、アヒ甲—アヘ乙(合)など。3.2.1からの見方に従えば、前者は強活用(四段)、後者は弱活用(下二段)という活用型の違いで、自他の対立で対をなす別動詞になる。しかし、活用組織が整備するその過程を考えるという観点に立てば、別の見方もできる。2つを同じ活用型(四段)の系列で連合する活用形同士と見るのである。この見方によると、原連用形iを「第一連用形」、原連用形ëを「第二連用形」と捉えることができる。

　第二連用形は、従属句構成の連用修飾の用法(山彦響めさ雄鹿鳴くも)に卓越している。これは合文の中止句(並列)とは別の、有属文の連用修飾句で、主句の事態の状況的な情態を表すものである。3.2.2で連体形が「述—主」(咲く花)という装定構造の述語になることを述べたが、連用形も装定構造の述語(句)になる。「山彦響め(述)—さ雄鹿鳴く(主)」は「さ雄鹿鳴く(主)—山彦響む」(述)、すなわち「さ雄鹿鳴く」とは「山彦響む」ということである、という述定構造に変換できる。したがって、第二連用形は装定述語性のある活用形である。

　これに比して、第一連用形は3.2.3で見たように、未然形と現連用形に分化して助動詞を後接させ様相的意味を顕在化するのだった。様相的意味の潜在は述定述語の特徴で、動詞らしさはこの述定述語性にある。一方、連用修飾の装定述語性はむしろ形容詞のものである(3.3.1で述べる)。述定述語的な第一連用形と、装定述語的な第二連用形のこの違いは、成立の強弱の相対差に由来し、より強の第一連用形の方が動詞らしい。

　しかし、第二連用形の構成する有属文連用修飾句は、主句との関係によって様相性が分析的に読み取られ、主句の様相性が現実性(過去・現在)であれば、有属文連用修飾句も現実性の意味になり、そこに確定条件の意味が生じ、ここに至って已然形が成立する。上代では已然形が接続助詞バを伴わずに確定条件(多く順接、ただし逆接もある)を表すことがあるが、これは第二連用形(有属文連用修飾)と已然形(確定条件)をつなぐものである。こうして、末尾ëの原連用形は第二連用形から強活用(四段)の已然形へ転換し、強

活用の系列に位置づけられた。

　その一方で、先掲トキ甲―トケ乙(解)、アヒ甲―アヘ乙(合)のように、原連用形 i と原連用形 ë に、自他の対立が読み取れる場合があった。これも成立の強弱の相対差の反映で、強の原連用形 i が自動であれば、弱の原連用形 ë が他動となり、逆に、強の原連用形 i が他動であれば、弱の原連用形 ë が自動となる。この対立は 2 種類の活用型への志向となり、原連用形 i が終止形と連合して強活用の原型的な活用をなしたように、原連用形 ë も終止形と連合して弱活用の原型的な活用をなし、弱活用の系列的な整備へ向かう。

　以上のように、原連用形 ë は原連用形 i との相対的な関係性によって、一方では強活用(四段)の系列に已然形として組み込まれ、もう一方では弱活用(下二段)の原連用形となったと考えられる。そのため、四段の已然形と下二段の現連用形は同じ ë が現れるのである。私に図示する。

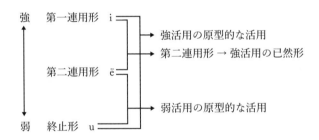

　弱活用の已然形に見られるレは、また別に考えなければならず、連体形のルとともに 3.4.1 で説明する。

3.2.6　活用型の強弱

　第一連用形 i と終止形 u の原型的な活用から諸活用形が成立して強活用(四段)の系列が整い、第二連用形 ë／ï と終止形 u の原型的な活用から弱活用(下二段・上二段)の系列が整った。第一連用形と第二連用形の成立に関わる強弱が活用型の強弱に直接的に対応している。他に 2 つの混合活用(ナ行変格)

もあり、またそれぞれを正格とする変格が若干ある。本書では次のように整理して示している。

	正　格	変　格
強活用	四　段	ラ　変
混合活用	ナ　変	カ　変 サ　変
弱活用	下二段 上二段	上一段

　上一段の原連用形（また現連用形＝未然形）は、ミ甲（見）やキ甲（着）のようにiが現れて強活用的だが、1音節という形態的条件があるせいで、強活用の系列に整備できず、弱活用の、しかも変格に位置づけられる。1音節という特徴は3.1の名詞のC最弱活用と対応的で、大局的に〈体〉と〈用〉が対応することがここでも確認できる。

3.3　相の活用
　〈相〉の形容詞と副詞は、形状言がその情態的な意味のまま品詞的語になったものである。〈体〉の名詞が事物を表し、〈用〉の動詞が動作・変化を表すような飛躍はなく、成立についても〈体〉〈用〉とちがって強弱の相対性が関わらない。

3.3.1　形容詞終止形の成立
　形容詞の語尾はサ行の終止形シと、カ行の連用形ク・連体形キ甲・已然形ケ甲（レ）とに分かれ、前者は述定述語形、後者は装定述語形の語尾である。連用形は〈用〉に対して連用の装定（遠く行く）、連体形は〈体〉に対して連体の装定（遠き道）、已然形は〈体〉と〈用〉からなる主句に対して装定（道遠けば使ひもなし）をする。このように装定の形式が細かく分化し、形容詞の本質は装定述語性にある。
　述定述語形ではク活用にもシク活用にもシが語尾として現れるが（若し／

嬉し)、装定述語形ではク活用にシは現れず、シク活用に語幹の一部として現れる(若く／嬉しく、若き／嬉しき、若け／嬉しけ)。これは、述定述語形と装定述語形の成立を別途に考えるべきことを示している。

述定述語形の終止形から考えると、終止形にはク活用とシク活用の区別はない。等しく形状言が語幹となり、それにシの付いたのが終止形の形態である。形状言が前項となって複合名詞を構成する時、「あか玉(赤)／あたら夜(惜)」と「うまし国(美)／さかし女(賢)」のように、シが介在しない場合とする場合がある。これはク活用の語幹になるか(アカ、ウマ)、シク活用の語幹になるか(アタラ、サカ)とは無関係である。

このように複合構成にとってシはなくてもよいが、あれば複合を確認(可視化)する「複合の力点」の形式として働く。と同時に、そこを形態の切れ目とする「分節的分化の力点」にもなるだろう。この環境で「形状言＋シ」が切れて自立したのが終止形だと考えられる。終止形語尾に定着するこのシは、係助詞シとも遠く関連する。

3.3.2 形容詞連用形の成立

次に、装定述語形は連用形から出発する。連用形も「形状言＋ク」と分析できるが、このクに連用装定の機能を予め仮定するのは 3.2.1 で述べた理由で避けられる。クはク語法のクとも通じる体言性の接尾語、あるいは一種の形式名詞と見て、「形状言＋ク」は形状言の情態的な意味が外様相的なまま体言化したものだったと考える。例えばシロク(白)は強いて言えば〈白いこと〉〈白いさま〉のような意で、語的(事物的)とも句的(事態的)ともはっきりしないある種の不安定さがある。

この不安定さが述語化によって解消され、連用形となった。述語化とは、存在の意味を持って文の述定述語になることを言うのだが、単純に存在詞「あり」と組んで「白くあり」とはならない。なぜなら述定述語形の「白し」があり、それと同意の「白くあり」は不要だからである。そこで、存在の意味を含意する動作・変化の意味を表す一般の動詞と組んで「白く咲く」のよ

うに述語化した。これが連用形の成立である。

　（補足——川端文法では、動詞の表す動作・変化の意味は、存在詞の表す存在の意味の変容、個別化と見る。例えば「飛ぶ」「咲く」は「あり」を含意し、〈在る〉の意味が〈飛ぶ(として在る)〉〈咲く(として在る)〉のように変容したものと考える。したがって、動作・変化の意味は、存在の意味を含意している。「花白し(＝白くあり)」と「花白く咲く」を並べると、「咲く」が「あり」の個別化であることがわかりやすい。また、「白く咲く」全体が「白し」に相当することも見て取れる。「花白く咲く」の「白く」は「咲く」に対しては連用の装定述語だが、「花」に対しては述定述語であり、二重の述語性がある。川端文法は、この二重の述語性を形容詞連用形の構文的な特徴とする。）

　シを含まないク活用の語幹と、シを含むシク活用の語幹の区別もこの過程でできたと考えられる。形状言の複合名詞構成にシの介在しない場合とする場合があったように(3.3.1)、体言性のクの場合にも「形状言＋ク」と「形状言＋シ＋ク」が想定される。シの有無は本来は偶然だったが、シのあることが情態的な意味の目印になり——シがあれば直前は形状言なので、情態的な意味を表すことがわかりやすい——、明示が求められる形状言では定着した。アカ(赤)、タカ(高)などは事物の属性になるのでそれ自体でイメージしやすいが、ウレ(嬉)、アタラ(惜)などの感情はそれ自体ではイメージしにくい。そのため、前者ではシが求められず「赤く」となり、後者では求められて「嬉しく」となって、2種類の語幹ができた。

　（補足——ク活用は事物の状態(属性)に、シク活用は人の情意(感情)に意味が偏るが、これは傾向であって絶対的ではない。本書は、この傾向をシが求められやすいかどうかの傾向差と解して、シそのものに情意の意味があるとは考えない。）

3.3.3　形容詞連体形の成立

　「形状言＋ク」の不安定さは、述語化以外の方法でも解消された。その方

法とは明確に体言の形態を有することで、完全に体言化することである。それが連体形の成立につながった。連体形語尾キ甲は、クに独立化の接尾語 i が付き、3.1 の A 先行母音脱落の定式によってできた形態だと考えられる（ku + i → ki）。つまり、形容詞連体形は本来それ自体が体言形だった。それが後に連体修飾機能を持ち、連体形になったというのである。

　形容詞連体形が体言形であったことは、係り結びの現象からも説明される。係助詞「ぞ」は連体形で結び、「こそ」は已然形で結ぶのが通常の係り結びだが、これは動詞の場合で、形容詞は古くは「見し人ぞなき」「草こそ茂き」のようにすべて連体形で結んだ。これを体言が結びになる「それぞ我が妻」「汝こそは世の長人（ながひと）」と並べると、体言と形容詞連体形が同等であることがわかる。これまでの研究では「こそ」の形容詞の結びが連体形であるのは已然形が未発達だったからだと言われてきたが、それではなぜ連体形が代わりになりえたのかという問いには答えられなかった。本書は考え方を転換し、形容詞連体形は体言形だったので、体言で結ぶ場合と同じようにそれが現れたと了解すればよいと説いている。

3.3.4　形容詞已然形の成立

　最後に、已然形は連体形からの派生と考えられる。已然形語尾ケ甲レはケ甲という形態の上に成立したものだが、ケ甲そのものは已然形ではない。ケ甲は接続助詞バを伴って確定条件を表すように見える例（道の遠（まづか）けば間使も遣る由もなみ）と、仮定条件を表すように見える例（恋しけば形見にせむ）があるが、これは主句との関係で仮定あるいは確定と分析されるだけで、たまたま同形の未然形ケ甲と已然形ケ甲があるわけではない。

　ケ甲自体は仮定あるいは確定を表さず、有属文連用修飾句を構成して、主句の事態に対しての状況的な情態を表すだけである。これは 3.2.5 で見た動詞の第二連用形（強活用動詞已然形のもとの姿）と同じ事情である。それが主句との関係の中で確定の意味に傾き、形態の上でもそのことを明瞭にしたのがケ甲レという形態だと考えられる。加わったレは弱活用動詞の已然形語尾

【文法史の名著】川端善明著『活用の研究』 257

からの類推であろう。こうして已然形ケ甲レは成立した。

なお、ケ甲の本来の情態性は、「かなしけく」「さびしけむ」「安けなくに」のように、古くはク語法のクや助動詞ム・ズが後接したことにも認められる。これらは本来aという音形態を求めて付くものだったと考えられ（3.4.2で再述）、したがってケ甲はaを含み、連体形キ甲にaが付いて2.2の相互同化の図式①i＋a→eによってeになったと想定される（ki＋a→ke）。ここで求められたaは形状言末の代表的な母音であり、ケ甲が一種の形状言形だったことが確認できる。

3.3.5　副詞の活用

〈相〉にはもう1つ、副詞がある。副詞も形状言から成立したが、連用修飾機能専門のため語形は1つしかない。通常は副詞は活用しない品詞とされるが、本書の見方では連用の装定述語形を唯一の活用形とする品詞である。

副詞は形容詞とちがい、統一的な形式がない。マタ（亦）、イト乙（甚）など、形状言がそのまま自立したものが多いからで、その点で3.1の名詞のD無変化活用に相応する。しかしその中にあって、形状言に非一般的なiをはじめとする中性母音を語末に持つ語があり、そこに形状言から品詞的語である副詞への方向性（2.2で述べた方向性）をわずかに見ることができる。

まず、(a)ケダシ（蓋）、ノチ（後）、アニ（豈）、イデ（乞）、ユメ乙（勤）などは末尾を接尾語として抽出することはできないが、一種の語尾性が感じられ、(a')イヅチ（何処）、スコシ（少）、ウタテ（転）などと連続的である。これらは、形状言イヅ・スコ・ウタと分離してチ・シ・テを接尾語（中性母音を含む）として抽出でき、「形状言＋チ・シ・テ」と分析できる。これは3.1の名詞のC最弱活用（子音挿入）に似ている。

次に、これらの接尾語は文法形式へ連続する。(b)ドチ（共）、ガニ、ガリ（許）、タメ乙（為）、ユヱ（故）などの形式副詞である。これらは「思ふどち」「声の嗄るがに」「妹がり」のように副詞または副詞句を構成する。さらに、形式副詞としての一面を持つ副助詞、(c)ダニ、ノミ乙、バカリ、サヘ乙もこ

れに連続的である。そしてこの先には、(d)ニ、ヨリ、ヘ甲、マデという外的限定格の格助詞があるだろう。外的限定格とは、主・対・与格の内的限定格以外の、場所・方向・状況などを表す格を言う。(d)のヘ甲を(b)のガリと並べればわかるように、外的限定格の空間的な意味は形式副詞に通じるものである。

3.4 ありな

〈体〉〈用〉〈相〉の活用の成立についての考察は、以上で終わるが、本書はその後に「ありな」についての考察を置く。「ありな(孔)」とは富士谷成章『あゆひ抄』(1778年)の用語でラ変動詞(存在詞)を指すが、本書ではある種のラ行要素の一統を指して使う。

3.4.1 靡一統

弱活用動詞の連体形は終止形の形態にルが付いた形で、已然形はレが付いた形である。富士谷成章はこのルを「靡(なびき)」と呼び、レを「靡伏(なびきふし)」と呼んだ。「伏」とは成章の用語でエ段を言い、「靡伏」はエ段の靡という意味である。つまり、ルとレを一統のものと捉えている。本書の「ありな」についての考察は、この発想を踏まえて出発する。

先述のように、終止形は形状言がその形態のまま消極的に成立し(3.2.1)、積極的に成立して様相性を持つ原連用形(3.2.3)と対立する、外様相的な活用形であった。この外様相的な終止形の形態に付く靡ルと靡伏レの関係は、強変化の連体形と已然形の関係と平行的である。例えば「散る(花)／恋ふる(人)」「散れ(ば)／恋ふれ(ば)」と並べてみると明らかなように、強活用の連体形と弱活用の連体形、強活用の已然形と弱活用の已然形は同列であり、形態も共通している。よって、靡ルと靡伏レは強活用の活用系列をなし、(レに甲乙の区別はないが)靡伏レは強活用の已然形のëに相当すると見なされる。

そうであれば、靡ル・靡伏レとともに強活用の系列をなすラ行要素が他に

もあるのではないかと思われてくる。それと指摘できるのは、弱活用のク語法に見えるラで、「恋ふらく」のように終止形の形態に付く、いわば「靡立」（「立」は成章の用語でア段を言う）である。ク語法のクはaという音形態を求め、活用系列にaの形態を持つ強活用ではそれ（未然形の形態）に付いて「言はく」のようになるが、持たない弱活用ではそれ自体がaを含む靡立ラを介して「恋ふらく」のように付く。これは、靡ル・靡伏レが弱活用の終止形の形態に付いて連体形・已然形の形態を作るのと同じである。

さらに探ると、上代に孤例だが「末枝を過ぐり」という終止形の形態に付くリがあり、「靡起」（「起」は成章の用語でイ段を言う）と呼べそうなものである。このように見てくると、弱活用の底には強活用の靡一統（ra～ri～ru～rë）が伏在し、必要に応じて現れることがわかる。それが他の行でなく、特にラ行であることに注目すると、強活用の変であるラ変（3.2.6）すなわち存在詞「有り」との関わりが見透される。

なお、動詞に見えるラ行要素に対して、副詞にもラ行要素がある程度まとまって見られる。3.3.5の（a'）接尾語にイク<u>ラ</u>（幾）、シマ<u>ラ</u>（暫）、またニを伴う副詞の中にツブ<u>ラ</u>ニ（具）、マレ<u>ラ</u>ニ（稀）などのラ、（b）形式副詞にガ<u>リ</u>（許）、ガテ<u>リ</u>（合）などのリ、同じく（c）副助詞にバカ<u>リ</u>、（d）外的限定格の格助詞にヨ<u>リ</u>のリである。くわえて、ア<u>レ</u>（我）、オノ<u>レ</u>（己）、ソ<u>レ</u>（其）、イヅ<u>レ</u>（何処）など代名詞に集中するレも関係があるだろう。

3.4.2　助動詞のラ行要素

靡立ラは、助動詞ラム・ラシの成立にも関わる。3.3.4で述べたように、ムはもとは未然形という活用形ではなく、aという音形態に付くと考えられるのだった。aを持つ強活用は「咲かむ」のようになるが、持たない弱活用では、ク語法の場合と同じことをしたのではないかと想像される。すなわち、終止形の形態に靡立ラを介して「恋ふらむ」のように付くのである。この段階では「［強活用…a］＋ム」と「［弱活用…u＋ラ］＋ム」の2つに意味の違いはなく、ムの後接の方法が違うだけだった。

ところが、ムが助動詞として発達し、未然形一般に後接して弱変化の未然形にも後接するようになると、それに応じて「［終止形＋ラ］＋ム」は「終止形＋ラム」と異分析され、ラムが抽出された。そして、今度はそのラムが強活用の終止形にも後接するようになり、「未然形＋ム」と「終止形＋ラム」は別の述語形として成立し、意味も分化した。これが本書の想定するラムの成立である。

ラシもラムと同様にして、「［終止形＋ラ］＋シ」だったものが「終止形＋ラシ」と異分析されてできたものだろう。ラムのムとラシのシは、ウム―ウシ(倦・憂)、スズム―スズシ(涼)のような、形状言から動詞派生または形容詞派生する接尾語(3.1 の名詞の最弱活用 C に対応)が起源だと考えられるが、ムがそれ自体で助動詞へ発達したのに対し、シは形容詞終止形語尾にとどまった点が異なる。

助動詞における靡一統の現れ方を見ると、ラムとラシのラは語幹的な現れ方をしているが、語尾的な現れ方をするものもある。ケリや終止形接続ナリなどのラ変型助動詞の末尾リがそれである。

以上のように、靡一統は多岐に現れる。あらためて見れば、靡立ラはク語法のラク、助動詞ラム・ラシの語幹的な部分に現れて〈体〉的である。また、靡立ラも含めて靡起リ・靡ル・靡伏レは、弱活用動詞やラ変型助動詞の語尾に現れ、これは〈用〉的である。さらに、靡起リと靡伏レはガリ(許)、オノレ(己)などの副詞語尾に現れることもあり、これは〈相〉的である。

このように〈体〉的にも〈用〉的にも〈相〉的にも現れ、品詞を超えて遍在する靡一統とは何か。先に存在詞「あり」との関わりを考えたが(3.4.1)、「あり」から直接的に靡一統ができたと想定するのは無理があるだろう。本書は、靡一統を意味的なコピュラ(本書では「所以としての繫辞」と表現される)に対応するものとし、「あり」から靡一統ができたのではなく、逆に靡一統が「あり」の成立にも関わったと考える。

意味的なコピュラとは、主述を統一して文を成立させる作用で、ナリ(これは花なり)という形式に現れることもあるが、形式に現れなくても、文と

して成立していれば必ず内在する（文を文たらしめるから「所以としての
繫辞（コプラ）」と言うのである）。これに対応するものとして靡一統を捉え、必要に
応じて〈体〉的にも〈用〉的にも〈相〉的にも様々に顕在化したものだと考
える。「あり」の場合は、形状言ア（有）にiを含むラ行要素リが付いて成立
し（3.1 の名詞の最弱活用Cに対応）、そのリは靡一統である。このような形
で「あり」と靡一統は関わったと言う。

　さて、靡一統が対応する意味的なコピュラは、我々が文に対して判断をす
る（文内容を Yes と肯定する）ことにおいて了解される。例えば「花咲く。」
という文では、主語「花」と述語「咲く」の統一した「花咲く」ことに対し
て肯定の判断をしており、「花咲く」を統一する意味的なコピュラはこの判
断の中で了解される――了解されなければ、何に対して肯定の判断をするの
かわからなくなる。肯定の判断ができなければ「花は咲く。」は文として成
り立たない――。そして、最も根源的な判断は存在判断（何かが在ることに
対する肯定の判断）で、存在詞が述語になる場合だけでなく、すべての文が
存在判断の上に成り立つ。存在詞「あり」と靡一統が関わるのは、偶然では
ない。

　（補足――本書は、意味的なコピュラ、「所以としての繫辞（コプラ）」を「暗い〈あ
　りな〉」と名づけている。これは形式に顕現しない「あり」という意味
　で、存在判断の根源的な性格を踏まえての命名である。）

　文は判断に対応する――これは川端文法の根本原理である。本書は活用の
成立、すなわち品詞の成立を論じながら、最後は文における判断の話に至っ
た。川端文法は、判断の構造を問うことから構文論（文構造論）を説き起こ
し、それに基づいて〈体〉と〈用〉それに〈相〉の構文上の関係を説明して
いく（例えば「用言」『岩波講座日本語』6、1976 年、岩波書店）。また、助
動詞も品詞論ではなく、構文論の一環としての述語論としてそこに考察の場
が与えられる。

4 おわりに

　本書の初版から20年後の増補新版では「動詞の行―或る助動詞への条件」と「動詞活用の史的展開」の2編が追補され、いくつかの助動詞の成立と、動詞活用の通時的変化とその意義が論じられた。

　本書、というより川端文法は演繹的で晦渋と評されることがある。しかし、演繹は豊かな経験の蓄積がなければできない。実際に本書で挙げられる用例の数と解釈の緻密さには圧倒される。堀辰雄は師を論ずる文章で「批評する事は他人の作品を通じて自分自身を表現する事であります」(「芥川龍之介論―芸術家としての彼を論ず―」)と述べている。この紹介は著者自身の解説に極力沿う形で進めてきたが、それでも私の取捨選択は否めない。ここで紹介されなかった豊穣が本書にはある。

　なお、川端文法の詳細については別に紹介を用意しているので、そちらに譲ることとした。

日本語文法史研究文献目録 2022-2023

凡例

・本目録は、2022年1月から2023年12月の2年間の間に発表された、日本語文法の歴史に関する研究論文を発表年月順に列挙したものである。
・採録の範囲は、日本語文法史に関する問題を扱っていれば、語彙論・文体論・資料論・コミュニケーション論などをメインとするものであっても、できるだけ広く取り上げるものとした。
・使用言語は、日本語に限定しないものとしたが、海外で発表された文献は必ずしも十分に拾いきれていない。
・辞典類やテキスト類は、原則として採らなかったが、一部例外がある。学会発表の原稿(予稿集やプロシーディングス)は採らなかった。
・記載事項は、執筆者名、論文名、収録雑誌名、講座・論文集書名、巻号、ページ、発行機関、発表年月、という順に並べた。単行本の場合は、著者名、書名、発行所、総ページ数、発行年月、を記載した。

雑誌論文

山口響史　テクレルの変化と恩恵性　国語国文　91-01　pp.18–41　京都大学文学部国語学国文学研究室　2022.01

三宅清　複合辞ベカメリについて―証拠性の変質―　国学院雑誌　123-01　pp.47–58　国学院大学　2022.01

呉寧真　中世語複合動詞の主体敬語の敬語形　国立国語研究所論集　22　pp.17–36　国立国語研究所　2022.01

李明月　日本書紀の「亦」と「又」　上智大学国文学論集　55　pp.1–18　上智大学国文学会　2022.01

揚妻祐樹　尾崎紅葉『金色夜叉』における不可能表現の特徴―漢文訓読系の語法と和文系の語法―　藤女子大学国文学雑誌　105　pp.1–14　藤女子大学日本語・日本文学会　2022.01

中村真衣佳　コピュラの定義からみる日本語の断定の助動詞　研究論集　21　pp.1–19　北海道大学大学院文学院　2022.01

山本淳　中古助動詞メリ標示による描写と推定―『枕草子』を資料として―　米沢国語国文　50　pp.220–210　山形県立米沢女子短期大学国語国文学会　2022.01

小田勝　古典文を文法的に読むということ―『源氏物語』夕顔巻「おのがいとめでたしと」の解釈について―　国学院雑誌　123-02　pp.25–36　国学院大学　2022.02

富岡宏太　中古和文の「詠嘆・強意」の終助詞と助動詞の承接　国語研究　85　pp.47–60　国学院大学国語研究会　2022.02

松本昂大　中古, 中世和文における離れる移動を表す動詞の起点, 離点の標示　国語研究　85　pp.61–82　国学院大学国語研究会　2022.02

柚木靖史　漢語「変化」の意味用法―漢籍・仏典との比較―　広島女学院大学論集　69　pp.58–37　広島女学院大学　2022.02

柚木靖史　漢語動詞「奏す」成立考―漢語動詞形成漢字「奏」の意味変化―　広島女学院大学人文学部紀要　03　pp.1–19　広島女学院大学人文学部　2022.02

向井克年　再分析と句包摂からみた『万葉集』と八代集のク語法比較　福岡大学日本語日本文学　31　pp.108–118　福岡大学日本語日本文学会　2022.02

朴江訓　韓日両言語における否定副詞の文法化をめぐって―「결코」と「決して」を中心に―　日語日文学研究　120　pp.69–88　韓国日語日文学会

2022.02

堤良一；岡﨑友子［岡崎友子］　心内の情報を指示するソ系(列)指示詞の用法について　言語研究　161　pp.91–117　日本言語学会　2022.03

古田龍啓　副詞タシカの語史　日本語文法　22-01　pp.104–120　日本語文法学会　2022.03

黒滝真理子　可能表現の発達に否定概念は如何に関わってきたか　認知言語学研究　07　pp.93–110　日本認知言語学会　2022.03

姚尭　「折角」の歴史的変遷と変化の類型性　訓点語と訓点資料　148　pp.68–50　訓点語学会　2022.03

中村幸弘　現代語訳「死にさうだ」に躊躇した理由はどこに―夕顔巻地の文の「わななき死ぬべし。」にも問題が―　国学院雑誌　123-03　pp.23–37　国学院大学　2022.03

加藤重広　日本語の参照文法書をめぐって―なぜ日本語の参照文法は書かれないか―　アジア・アフリカ言語文化研究　別冊　02　pp.21–37　アジア・アフリカ言語文化研究所　2022.03

矢島正浩　『上方はなし』に描かれる文法―原因理由辞を指標として―　国語国文学報　80　pp.36–13　愛知教育大学国語国文学研究室　2022.03

山本博子　『新古今和歌集』における過去表現　対照言語学研究　29　pp.77–94　海山文化研究所　2022.03

岡﨑友子　データからみる中古の指示代名詞　語文　116・117　pp.72–86　大阪大学国語国文学会　2022.03

衣畑智秀　カの不定用法の成立，再訪　語文　116・117　pp.87–97　大阪大学国語国文学会　2022.03

岩田美穂　「キリ（ギリ）」の展開について―タ形接続を中心に―　語文　116・117　pp.98–109　大阪大学国語国文学会　2022.03

清田朗裕　転換を表すＮハサテオキの成立過程―中古から近世前期までを対象に―　語文　116・117　pp.110–121　大阪大学国語国文学会　2022.03

百瀬みのり　近世後期大坂語資料の「ニヨッテ」が出現する構文について　語文　116・117　pp.137–151　大阪大学国語国文学会　2022.03

後藤睦　中世期におけるノ・ガの分布とその崩壊―『宇治拾遺物語』における人間名詞をめぐる状況から―　語文　116・117　pp.292–279　大阪大学国語国文学会　2022.03

森勇太　関西方言の命令形式に接続する終助詞―助詞「イナ」「イヤ」の歴史―

語文　116・117　pp.278–265　大阪大学国語国文学会　2022.03
髙谷由貴　『日本語歴史コーパス明治・大正編Ⅰ雑誌』におけるトテとダッテ　語文　116・117　pp.264–250　大阪大学国語国文学会　2022.03
岩崎真梨子　「－ぽい」の意味・用法の変化と形容詞性接辞の史的展開　岡大国文論稿　50　pp.257–243　岡山大学言語国語国文学会　2022.03
片山鮎子　宮内庁書陵部蔵『論語抄』の原因理由を表す接続形式について─ヲモッテ・ニヨリ・ニヨッテ・已然形＋バ・ホドニ─　岡大国文論稿　50　pp.109–126　岡山大学言語国語国文学会　2022.03
柴田昭二；連仲友　徒然草における希望表現について　香川大学教育学部研究報告　06　pp.15–21　香川大学教育学部　2022.03
山口翔平　『万葉集』における動詞「さす」の意味用法─上代における自他両用動詞の一例─　国文学　106　pp.300–281　関西大学国文学会　2022.03
辻本桜介　中古語における引用句の文末用法─終助詞的用法をめぐって─　日本文芸研究　73-02　pp.1–27　関西学院大学日本文学会　2022.03
矢毛達之　蓮如「御文」の語学的検討─(4)文末─　久留米大学文学部紀要　国際文化学科編　38　pp.33–42　久留米大学文学部　2022.03
村中淑子　上方洒落本における罵りの助動詞─『異本郭中奇譚』(1772)を中心に─　現象と秩序　16　pp.69–86　現象と秩序企画編集室　2022.03
近藤要司　「活用語カナ」型詠嘆表現の衰退について　神戸親和女子大学言語文化研究　16　pp.1–21　神戸親和女子大学総合文化学科　2022.03
福嶋健伸　古典文法書間で「む」「むず」の記載内容はこんなにも違う・その2─「む」と「むず」の違いを大学等の入試問題で問うことは妥当か─　実践国文学　101　pp.150–138　実践女子大学実践国文学会　2022.03
鶴橋俊宏　滑稽本のダロウ(2)　言語文化研究　21　pp.39–52　静岡県立大学短期大学部言語文化学会　2022.03
山本淳　『枕草子』における推定の助動詞ナリとメリ　言語文化研究　21　pp.1–17　静岡県立大学短期大学部言語文化学会　2022.03
湯浅彩央　三遊亭円朝の落語速記資料における当為・禁止表現─近世末期人情本との比較─　言語文化研究　21　pp.53–67　静岡県立大学短期大学部言語文化学会　2022.03
深津周太　様態副詞の程度副詞化─「ちっと／そっと」の対照から─　静言論叢　05　pp.111–124　静岡大学言語学研究会　2022.03
吉田朋彦　W.G.アストンの『日本口語小文典』における名詞と代名詞の説の発展─

初版と第2版の比較から—　城西国際大学紀要　国際人文学部　30-02　pp.19–33　城西国際大学　2022.03

本廣陽子　源氏物語の複合動詞小考—空間を作り出す「－あふ」—　上智大学国文学科紀要　39　pp.37–50　上智大学文学部国文学科　2022.03

碁石雅利　慣用連語「さればこそ」の成立と係り結び　文学研究　33　pp.51–68　聖徳大学短期大学部国語国文学会　2022.03

湯浅彩央　『昔夢会筆記』における当為表現　湘南文学　57　pp.83–98　東海大学文学部日本文学科　2022.03

幸松英恵　「命令のノダ」とは何か　東京外国語大学国際日本学研究　02　pp.164–182　東京外国語大学大学院国際日本学研究院　2022.03

舘野桃子　「ない」・「よい」＋様態「そうだ」の歴史的変化　学芸国語国文学　54　pp.116–102　東京学芸大学国語国文学会　2022.03

小林正行　三遊亭円朝『塩原多助一代記』にみる「べえ」　学芸国語国文学　54　pp.229–218　東京学芸大学国語国文学会　2022.03

小池俊希　意志・推量の助動詞と助詞モの共起—上代・中古における用例整理—　日本語学論集　18　pp.1–16　東京大学大学院人文社会系研究科国語研究室　2022.03

姚尭　「一体」の歴史的変遷と変化の類型性　国語学研究　61　pp.182–196　東北大学大学院文学研究科国語学研究室　2022.03

川村祐斗　接続表現サヨウナラ（バ）の機能変化　Nagoya Linguistics　16　pp.1–14　名古屋言語研究会　2022.03

吉本裕史　副詞「ちゃんと」の語史　Nagoya Linguistics　16　pp.15–28　名古屋言語研究会　2022.03

永澤済　現代日本語における「地味に」の新用法—様態副詞から程度副詞・叙法副詞へ—　名古屋大学日本語・日本文化論集　29　pp.25–49　名古屋大学国際言語センター　2022.03

冀媛媛　明治期における「誰も」の否定共起に関する一考察　名古屋大学人文フォーラム　05　pp.37–52　名古屋大学大学院人文学研究科　2022.03

勝又隆　『竹取物語』の地の文におけるゾとナムの係り結びの文章構成上の働きについて　福岡教育大学国語科研究論集　63　pp.1–13　福岡教育大学国語国文学会　2022.03

宮武利江　「知れてよかった」の違和感を探る—自動詞「知れる」と可能動詞「知れる」存疑—　文教大学国文　51　pp.21–31　文教大学国文学会　2022.03

小川栄一　式亭三馬『浮世風呂』における敬語と経済的背景　武蔵大学人文学会雑誌　53-03・04　pp.206-168　武蔵大学人文学会　2022.03

阿久澤忠　源氏物語における形容詞「あいなし」の連用形の用法　武蔵野学院大学大学院研究紀要　15　pp.70-57　武蔵野学院大学大学院　2022.03

鈴木泰　Н.А.Сыромятников スィロミャートニコフ著，『近代日本語の時制体系』について　類型学研究　06　pp.147-171　類型学研究会　2022.03

渡辺由貴　文法―早稲田の日本語研究のこれから―　早稲田日本語研究　31　pp.27-31　早稲田大学日本語学会　2022.03

澤田淳　待遇表現―敬語の意味と運用の問題を中心に―　早稲田日本語研究　31　pp.41-47　早稲田大学日本語学会　2022.03

上杉直矢　八代集における掛詞の構造―隠れた打消表現をめぐって―　早稲田大学大学院教育学研究科紀要　別冊　29-02　pp.1-13　早稲田大学大学院教育学研究科　2022.03

오 미영　중세 일본의 논어 훈독에 나타난 조동사 고찰―과거・완료의 조동사를 중심으로―　日本語學研究［日本語学研究］　71　pp.85-103　한국일본어학회　2022.03

衣畑智秀　日本語疑問文の歴史変化―近世以降の疑問詞疑問文を中心に―　日本語の研究　18-01　pp.1-18　日本語学会　2022.04

辻本桜介　中古語における間接疑問文相当の引用句　日本語の研究　18-01　pp.70-77　日本語学会　2022.04

黒田徹　上代のク語法の接続形式を再考する―異音結合形式に注目して―　解釈　68-03・04　pp.11-20　解釈学会　2022.04

辻本桜介　中古語の状態性述語を持つ引用構文について　文学・語学　234　pp.37-48　全国大学国語国文学会　2022.04

福嶋健伸　中世前期日本語の「候ふ」と現代日本語の「です・ます」の統語的分布の異なりに関する調査報告―文中には丁寧語があるが文末にはない場合―　文学・語学　234　pp.60-69　全国大学国語国文学会　2022.04

山田潔　『周易集註鈔』における「ハヅ」の用法　国学院雑誌　123-04　pp.25-38　国学院大学　2022.04

川岸克己　自己非自己情報構造としての指示語と文脈指示　安田女子大学大学院紀要　27　pp.1-9　安田女子大学大学院　2022.04

Yekaterina Shmaevskaia　Syntactic Word Order and Verbal Prefixes in Old Japanese (possible diachronic typological perspective)　언어학연구　63　pp.51-86　한국중원언어학회　2022.04

荻野千砂子　下位者が使役主体となる使役文―南琉球語と古典語の比較―　国語と国文学　99-05　pp.111–125　東京大学国語国文学会　2022.05

고 은숙　한일 성서의 복합조사 대응어에 관한 연구―일본어「との」「への」「からの」「としての」를 중심으로―　日語日文學研究　121　pp.3–24　韓國日語日文學會　2022.05

도 기정　『沙石集』の敬語研究―「侍リ」・「申ス」再考―　日本文化學報［日本文化学報］93　pp.277–294　한국일본문화학회　2022.05

市地英　言語資料としての『西籍概論』諸本―ジャ・ダの使用傾向と改変―　語文　118　pp.28–43　大阪大学国語国文学会　2022.06

森山由紀子　10世紀末『落窪物語』の「はべり」―関係別使用頻度と丁寧語化の実態―　同志社女子大学日本語日本文学　34　pp.1–28　同志社女子大学日本語日本文学会　2022.06

池田來未　複合動詞「〜ハツ」の歴史的変遷　国語国文　91-07　pp.56–36　京都大学文学部国語学国文学研究室（編集）、臨川書店（発行）　2022.07

佐伯暁子　接続助詞用法の「〜べきを」の推移―古代語から現代語へ―　日本語の研究　18-02　pp.1–18　日本語学会　2022.08

近藤泰弘　明治元訳新約聖書の諸本の系統と文体　国語と国文学　99–08　pp.3–20　東京大学国語国文学会　2022.08

近藤泰弘　日本語における現代とはいつのことか―敬語からみた日本語史―　ユリイカ　54-10　pp.95–102　青土社　2022.08

양 재영　조사"가"의 기원에 관한 새로운 해석―의문첨사설과 일본어 차용설의 비판적 종합―　언어학　93　pp.55–84　사단법인 한국언어학회　2022.08

深津周太　否定的文脈に用いる「何が／何の」の史的展開　日本語文法　22-02　pp.103–119　日本語文法学会　2022.09

渋谷勝己　スタイルを組み込んだ文法研究―ことばに働く2つの力に注目して―　日本語文法　22-02　pp.121–136　日本語文法学会　2022.09

青木博史　語用論と日本語史研究―「評価的意味」をめぐって―　日本語学　41–03　pp.66–75　明治書院　2022.09

中村幸弘　主観的意意提示の擬似連用成分―このような語群のこのような働きは，どう呼んで取り扱われてきたか―　国学院雑誌　123-09　pp.21–39　国学院大学　2022.09

柴田昭二；連仲友　とはずがたりにおける希望表現について　香川大学教育学部研究報告　07　pp.17–23　香川大学教育学部　2022.09

浅川哲也　ら抜き言葉〈せれる〉の使用実態とその発生原因について―万全を期せれる・笑顔で接せれる・せれるがまま―　言語の研究　10　pp.61–76　東京都立大学言語研究会　2022.09

坂田一浩　古典日本語係助詞共起文の構文解析に関する覚え書き　北陸大学紀要　53　pp.205–222　北陸大学　2022.09

朴江訓　韓日両言語の否定極性表現「전혀」と「全然」の文法化　日本語文学　94　pp.79–100　韓国日本語文学会　2022.09

李炳萬　『土佐日記』について考察―敬語と音便形を中心に―　日本文化研究　84　pp.167–185　동아시아일본학회　2022.09

오 미영　중세 일본의 논어 훈독에 나타난 なり・たり 고찰　日本語学研究　73　pp.145–162　한국일본어학회　2022.09

山田潔　近世抄物類における「ハヅ」の用法　国学院雑誌　123-10　pp.21–36　国学院大学　2022.10

辻本桜介　古代語引用助詞研究の諸課題―川端善明(1958)等を取り上げて―　日本文芸研究　74-01　pp.1–83　関西学院大学日本文学会　2022.10

村中淑子　上方洒落本における罵りの助動詞(2)―『月花余情』大坂板・江戸板を中心に―　現象と秩序　17　pp.19–29　現象と秩序企画編集室　2022.10

村中淑子　20世紀前半の上方落語にみる待遇の助動詞について　現象と秩序　17　pp.31–45　現象と秩序企画編集室　2022.10

川上徳明　批判・反論・再批判―藤原浩史氏の所説をめぐって―　札幌大学研究紀要　3　pp.358–336　札幌大学　2022.10

福嶋健伸　モダリティの定義に2つの立場があることの背景―「意志・推量」「丁寧さ」「疑問」「禁止」の各形式の分布が文末に偏ってくるという変化に注目して日本語学史と日本語史の接点を探る―　実践国文学　102　pp.118–91　実践女子大学実践国文学会　2022.10

山田里奈　近世後期江戸語から明治期東京語における「動詞連用形＋ます」の使用　実践国文学　102　pp.90–74　実践女子大学実践国文学会　2022.10

菊池そのみ　日本語研究における「付帯状況」の導入を辿る試み　文芸言語研究　82　pp.41–63　筑波大学大学院人文社会科学研究科文芸・言語専攻　2022.10

de Chene, Brent　Syntactic and lexical "-ase-" are distinct suffixes　Journal of Japanese Linguistics　38-02　pp.193–230　De Gruyter Mouton　2022.11

Nambu, Satoshi；Oshima, David Y.；Sano, Shin-ichiro　The nominative-to-accusative shift in Japanese--diachronic and synchronic considerations--　Journal of Japanese Linguistics　38-02　pp.161–191　De Gruyter Mouton　2022.11

青木博史　抄物資料による日本語史研究の展望 ―歴史語用論の観点から―　国語国文　91-11　pp.2–10　京都大学文学部国語学国文学研究室（編集）、臨川書店（発行）　2022.11

平野杏　「おきる／おこる」と「おこす」における自他対応関係の史的変遷　名古屋大学国語国文学　115　pp.64–50　名古屋大学国語国文学会　2022.11

山口響史　近世後期におけるテクレル・テモラウの非恩恵用法　名古屋大学国語国文学　115　pp.80–66　名古屋大学国語国文学会　2022.11

パーマー パトリック　名詞「なり」の歴史的意味変化について　福岡大学大学院論集　54-02　pp.1–15　福岡大学　2022.11

藤原慧悟　中古和文における話し手の意志をめぐる疑問文について　日本語の研究　18-03　pp.1–17　日本語学会　2022.12

辻本桜介　古代語の複合格助詞「かけて」について　解釈　68-11・12　pp.27–34　解釈学会　2022.12

小林雄一郎；岡﨑友子［岡崎友子］　日本語歴史コーパスを用いた指示代名詞の通時的分析　計量国語学　33-07　pp.451–465　計量国語学会　2022.12

蔦清行　解釈文法的立場から見た抄物の接続詞―アレドモとサレドモの用法上の類似をめぐって―　国語国文　91-12　pp.1–14　京都大学文学部国語学国文学研究室（編集）、臨川書店（発行）　2022.12

村山実和子　中世後期における「レ系指示詞＋ヤウ（様）」　国語国文　91–12　pp.15–28　京都大学文学部国語学国文学研究室（編集）、臨川書店（発行）　2022.12

西谷龍二　卑罵語ヤガル（アガル）の用法の拡張について　語文　119　pp.77–63　大阪大学国語国文学会　2022.12

黒星淑子　助詞「へ」の上接名詞句についての一考察―場所から人物への拡張―　待兼山論叢　文学篇　56　pp.19–38　大阪大学大学院文学研究科　2022.12

辻本桜介　中古語における複合辞「にまかせて」について　人文論究　72-03　pp.47–63　関西学院大学人文学会　2022.12

衣畑智秀　上代語指示詞の指示特徴―文献を用いた観察データの構築法―　福岡大学人文論叢　54-03　pp.629–670　福岡大学研究推進部　2022.12

朴江訓　韓日両言語における言語接触による否定副詞の文法化―「결단코/결코」と

「決して」に注目して—　日本言語文化　61　pp.47-66　韓国日本言語文化学会　2022.12

金銀珠　古代日本語の主格助詞の変化—平安〜中世までを対象に—　日本語文学　95　pp.23-41　韓国日本語文学会　2022.12

菅のの香　和漢混淆文における複合辞「ニオイテハ」の構文　上智大学国文学論集　56　pp.19-37　上智大学国文学会　2023.01

栗田岳　助動詞ヌと時間の流れ　政大日本研究　20　pp.77-99　国立政治大学日本語文学系　2023.01

森山由紀子　10世紀末『落窪物語』の「はべり」(補遺)—地下層から貴族への使用例に見る対者敬語化のしくみ—　同志社女子大學學術研究年報［同志社女子大学学術研究年報］　73　pp.57-73　同志社女子大学学術情報部　2023.01

糸井通浩　日本語の屈折史(3)—「語り」言説の近代化—　日本言語文化研究　27　pp.78-95　日本言語文化研究会　2023.01

江口泰生　上二段動詞の成立と展開(覚書)　国語国文論集　53　pp.1-6　安田女子大学日本文学会　2023.01

古川大悟　助動詞ムの意味—意志から推量へ—　国語国文　92-02　pp.15-33　京都大学文学部国語学国文学研究室(編集)、臨川書店(発行)　2023.02

中村幸弘　『無名草子』コソ係結文の文構造—主部のいろいろに付随するコソと結び述部のいろいろ—　国語研究　86　pp.1-32　国学院大学国語研究会　2023.02

小田勝　和歌における比喩の表現形式　国語研究　86　pp.33-46　国学院大学国語研究会　2023.02

三宅清　連語ケラシについて—万葉集を中心として—　国語研究　86　pp.61-74　国学院大学国語研究会　2023.02

松本昂大　離れる移動を表す動詞と共起する格助詞「から」の出現について　国語研究　86　pp.75-94　国学院大学国語研究会　2023.02

藤原慧悟　中古和文における選択疑問文について　国語研究　86　pp.95-111　国学院大学国語研究会　2023.02

森勇太　近世後期洒落本に見る丁寧語の運用とその地域差—京都・大坂・尾張・江戸の対照—　日本語文法　23-01　pp.104-120　日本語文法学会　2023.03

小池俊希　上代における希望表現と助詞モの共起　萬葉　235　pp.64-81　萬葉学会　2023.03

古川大悟　「応久」の解釈―助動詞ベシの意味をめぐって―　萬葉　235　pp.46-63　萬葉学会　2023.03

金澤裕之　落語資料から考える，近代における「－な」型形容詞　国語と国文学　100-03　pp.99-113　東京大学国語国文学会　2023.03

中村幸弘　『無名草子』に見る，総主形容詞文とその背景　国学院雑誌　124-03　pp.29-45　国学院大学　2023.03

澤田淳；多田知子；岡田純子　古代語の近称指示詞「この」の記憶指示用法について―「かの」「あの」「その」との対照を含めて―　青山語文　53　pp.272-217　青山学院大学日本文学会　2023.03

山田昌裕　（再考）古典語に見られる〈名詞句＋副助詞〉の格―平安期の実態―　青山語文　53　pp.204-190　青山学院大学日本文学会　2023.03

高山善行　中古語疑問文の体系的研究に向けて―構成要素配列に基づく記述法―　愛文　58　pp.左1-12　愛媛大学法文学部国語国文学会　2023.03

柴田昭二；連仲友　大蔵虎明本狂言集における希望表現について　香川大学教育学部研究報告　08　pp.25-33　香川大学教育学部　2023.03

古川大悟　但馬皇女「標結へ我が背」考　国文学　107　pp.1-16　関西大学国文学会　2023.03

辻本桜介　文相当句を承ける古代語の「とす」覚書　日本文芸研究　74-02　pp.1-30　関西学院大学日本文学会　2023.03

富岡宏太　中古和文における無助詞感動喚体句　群馬県立女子大学国文学研究　43　pp.93-106　群馬県立女子大学国語国文学会　2023.03

林淳子　江戸語のノ有り疑問文―多様な形式の使用実態―　日本語と日本語教育　51　pp.1-19　慶應義塾大学日本語・日本文化教育センター［慶応義塾大学日本語・日本文化教育センター］　2023.03

村中淑子　『諺　臍の宿替』における罵りの助動詞について―クサル・ヤガル・テケツカルを中心に―　現象と秩序　18　pp.63-74　現象と秩序企画編集室　2023.03

Tanimori, Masahiro　The Binding Particle Koso and the Position of the Japanese Topic in Kakarimusubi with Koso　言語と文化　27　pp.43-77　甲南大学国際言語文化センター　2023.03

山本淳　『源氏物語』を資料として観た古典語助動詞メリの表現性　言語文化研究　22　pp.1-14　静岡県立大学短期大学部言語文化学会　2023.03

川野靖子　動詞「満つ・満たす」の格体制―上代から中世まで―　埼玉大学紀要（教

養学部） 58-2　pp.37–55　埼玉大学教養学部　2023.03

鶴橋俊宏　江戸語のコトダロウ　言語文化研究　22　pp.1–15　静岡県立大学短期大学部言語文化学会　2023.03

湯浅彩央　『昔夢会筆記』の資料性に関する一考察　言語文化研究　22　pp.17–28　静岡県立大学短期大学部言語文化学会　2023.03

山田里奈　近世後期江戸語における謙譲語形式の使用―「お～もうす」,「～もうす」,「～いたす」に着目して―　実践国文学　103　pp.90–69　実践女子大学実践国文学会　2023.03

本廣陽子　源氏物語の複合動詞小考(二)―「－わたる」の発展―　上智大学国文学科紀要　40　pp.27–47　上智大学文学部国文学科　2023.03

碁石雅利　「をり＝ヰアリ」説の文法的意義―義門『活語雑話』に学ぶ―　文学研究　34　pp.93–103　聖徳大学短期大学部国語国文学会　2023.03

後藤英次　『上井覚兼日記』における引用・例示の「通」小考　中京大学文学会論叢　9　pp.33–48　中京大学文学会　2023.03

小池俊希　上代における「ダニモ」の「モ」　日本語学論集　19　pp.1–17　東京大学大学院人文社会系研究科国語研究室　2023.03

菊田千春　中世と近世におけるＶカカルとＶカケルの始動用法―語彙的アスペクト複合動詞と構文ネットワークの観点から―　同志社大学英語英文学研究　104　pp.99–136　同志社大学人文学会　2023.03

矢島正浩　原因理由史の再理解　国語学研究　62　pp.1–13　東北大学大学院文学研究科国語学研究室　2023.03

姚尭　「是非」の歴史的変遷と変化の類型性　国語学研究　62　pp.28–43　東北大学大学院文学研究科国語学研究室　2023.03

阿部裕　古代語複合動詞の現代語への継承について　Nagoya Linguistics　17　pp.1–14　名古屋言語研究会　2023.03

余飛洋　中世における存在を表す「ものしたまふ」―「おはす・おはします」「わたらせたまふ」と比較して―　名古屋大学人文学フォーラム　06　pp.135–150　名古屋大学大学院人文学研究科　2023.03

平子達也；石河優香；新美芽以；小野坂桐　『沖縄対話』における格助詞「ガ」と「ヌ」について　南山大学日本文化学科論集　23　pp.21–33　南山大学日本文化学科　2023.03

森野崇　「－ぞ－は－」構文の係助詞「は」に関する再検討　二松〈二松学舎大学大学院紀要〉　37　pp.87–118　二松学舎大学大学院　2023.03

保科恵　使役尊敬と二重敬語―「せたまふ」の表現性―　二松学舎大学論集　66　pp.23–38　二松学舎大学文学部　2023.03

森野崇　『日本後紀』『続日本後紀』に見られる係助詞「なも」の考察　二松学舎大学論集　66　pp.1–22　二松学舎大学文学部　2023.03

古川大悟　ベシの多義性の原理について―現代語ハズダとの対照から―　花園大学日本文学論究　15　pp.1–22　花園大学日本文学会　2023.03

柚木靖史　動詞「念」「思」字の意味用法―中国文献と日本文献を比較して―　広島女学院大学大学院言語文化論叢　26　pp.52–31　広島女学院大学大学院言語文化研究科　2023.03

黒田徹　万葉集巻一巻頭歌の解釈　解釈　69-03・04　pp.2–11　解釈学会　2023.04

山崎和子　『源氏物語』浮舟出家時の連作歌解釈　解釈　69-03・04　pp.12–21　解釈学会　2023.04

蜂矢真郷　上代における複合名詞の前項と後項　国語国文　92-04　pp.1–18　京都大学文学部国語学国文学研究室（編集）、臨川書店（発行）　2023.04

小柳智一　中古の副助詞「さへ」―〈添加〉の意味―　国語と国文学　100–04　pp.3–16　東京大学国語国文学会　2023.04

岡﨑友子　現代・古代語の「また」―評価的意味に注目して―　論究日本文学　118　pp.1–12　立命館大学日本文学会　2023.05

黒星淑子　平家物語諸本における助詞「へ」の用法―発話動詞に係る「へ」と「に」の用例を中心として―　語文　120　pp.64–50　大阪大学国語国文学会　2023.06

青木博史　古典語の「スル」覚書―補助動詞と軽動詞―　語文研究　135　pp.75–63　九州大学国語国文学会　2023.06

山田潔　『玉塵抄』における助動詞ウズの用法―『韻府群玉』の引用本文との対応―　国学院雑誌　124-06　pp.65–82　国学院大学　2023.06

辻本桜介　助詞イと存在前提―訓点資料の用例を中心に―　国語国文　92-07　pp.44–62　京都大学文学部国語学国文学研究室（編集）、臨川書店（発行）　2023.07

蒋家義　古語と現代語との認識のモダリティ表現の意味的違い―認識のモダリティの歴史的対照の試み―　言語と交流　26　pp.14–23　言語と交流研究会　2023.07

古田龍啓　中世のマデ―限定用法の確立―　日本語の研究　19-02　pp.130–146　日本語学会　2023.08

菊池そのみ　〈付帯状況〉を表す節における統語的制約の変化―動詞テ節・ツツ節・ズ節を対象として―　日本語の研究　19-02　pp.147-163　日本語学会　2023.08

三宅俊浩　「デ＋カナフ否定」型当為表現の歴史　日本語の研究　19-02　pp.164-180　日本語学会　2023.08

矢島正浩　逆接確定条件史の再編―事態描写優位から表現者把握優位へ―　国語国文　92-08　pp.1-18　京都大学文学部国語学国文学研究室（編集）、臨川書店（発行）　2023.08

北﨑勇帆　「不定語疑問文の主題化」の歴史　日本語文法　23-02　pp.19-35　日本語文法学会　2023.09

三井はるみ　昔話資料に現れた方言特徴の検討―関東方言の「ベー」を例として―　国学院雑誌　124-09　pp.1-17　国学院大学　2023.09

柴田昭二；連仲友　観世能の謡曲における希望表現について　香川大学教育学部研究報告　9　pp.1-7　香川大学教育学部　2023.09

山田昌裕　（再考）古典語に見られる〈名詞句＋係助詞〉の格―平安期の実態―　人文研究　209　pp.45-69　神奈川大学人文学会　2023.09

柴田昭二　天草版における希望表現　香川大学国文研究　48　pp.55-63　香川大学国文学会　2023.09

坂田一浩　古典日本語における助動詞によるテクスト構成をめぐって―古典教育への応用を視野に―　北陸大学紀要　55　pp.307-323　北陸大学　2023.09

古川大悟　萬葉集のラシ―ベシとの関係をふまえて―　国語国文　92-10　pp.1-21　京都大学文学部国語学国文学研究室（編集）、臨川書店（発行）　2023.10

星野佳之　助詞シの変遷について―主節単独用法の場合―　萬葉　236　pp.24-39　萬葉学会　2023.10

佐伯暁子　平安時代から江戸時代における接続助詞用法の「～ものを」について　岡大国文論稿　51　pp.93-79　岡山大学国語国文学会　2023.10

豊田圭子　近世期における動詞「ヤラカス」の様相―現代語との比較から―　岡大国文論稿　51　pp.78-66　岡山大学国語国文学会　2023.10

辻本桜介　引用節の時制に関する覚書―「…と知る」など―　日本文芸研究　75-01　pp.1-24　関西学院大学日本文学会　2023.10

小田勝　（公開講演会）文語文を正確に読むために必要なこと―仏教説話における「提示句」を例に―　駒沢大学仏教学部論集　54　pp.1-20　駒沢大学仏教学部研究室　2023.10

川上徳明　藤原浩史「平安和文の命令表現」を駁す―上―　札幌大学研究紀要　5　pp.418–389　札幌大学　2023.10

山田里奈　近世後期江戸語における挨拶表現―人の出入りの際に使用する挨拶表現を中心に―　実践国文学　104　pp.88–69　実践国文学会　2023.10

仁科明　非現実領域の切り分け―「ず」「む」「まし」「じ」について―　国文学研究　199　pp.184–172　早稲田大学国文学会　2023.11

富岡宏太　ことばをくらべて考えるための「現代語訳」　文学・語学　239　pp.63–71　全国大学国語国文学会　2023.12

西谷龍二　中世末期から近代における大阪方言の卑罵語オル・ヨルについて―前接動詞の変化と非情物主語の出現を中心に―　待兼山論叢　文学篇　57　pp.21–40　大阪大学大学院文学研究科　2023.12

鴻野知暁　『源氏物語』における連体修飾表現の解釈について　日本語・日本文化研究　33　pp.1–15　大阪大学人文学研究科日本学専攻応用日本学コース　2023.12

菅友梨子　行為指示における前置き表現の歴史的変遷―恐縮表明を対象に―　高知大国文　54　pp.111–141　高知大学国語国文学会　2023.12

岩田美穂　上代・中古の名詞並列形式　就実表現文化　18　pp.152–133　就実大学表現文化学会　2023.12

尾崎喜光　共通語における古典文法の残存と動態―動詞の二段活用の残存および連体形・終止形の区別―　清心語文　25　pp.128–117　ノートルダム清心女子大学日本語日本文学会　2023.12

書評

中村朱美　（書評）遠藤佳那子著『近世後期テニヲハ論の展開と活用研究』（勉誠出版　2019）　日本語の研究　18-01　pp.78–85　日本語学会　2022.04

浅田徹　（書評）小田勝著『百人一首で文法談義』（和泉書院　2021）　国学院雑誌　123-06　pp.24–27　国学院大学　2022.06

矢島正浩　（書評）吉田永弘著『転換する日本語文法』（和泉書院　2019）　日本語文法　22-02　pp.169–177　日本語文法学会　2022.09

Janhunen, Juha　(Review) Old Japanese in a panchronic perspective. Alexander Vovin, 2020. "A Descriptive and Comparative Grammar of Western Old Japanese", vols. 26. Revised, Updated and Enlarged Second Edition. (Handbook of Oriental Studies, Section 5 Japan, vol. 16/1–2.) Leiden: Brill.　Linguistic

Typology 26-03 pp.683–691 De Gruyter Mouton 2022.10

阿部裕 （書評）和田明美著『古代日本語と万葉集の表象』（汲古書院 2022） 名古屋大学国語国文学 115 pp.105–113 名古屋大学国語国文学会 2022.11

宮崎和人 （書評）林淳子著『現代日本語疑問文の研究』（くろしお出版 2020） 日本語の研究 18-03 pp.60–67 日本語学会 2022.12

堀江薫 （書評）鄭聖汝・柴谷方良編『体言化理論と言語分析』（大阪大学出版会 2021） 歴史言語学 11 pp.55–63 日本歴史言語学会 2022.12

森山卓郎 （書評）近藤泰弘・澤田淳編『敬語の文法と語用論』（開拓社 2022） 語用論研究 24 pp.157–168 日本語用論学会 2023.03

小柳智一 （書評）中村幸弘著・碁石雅利編『文構造の観察と読解』（新典社 2022） 国学院雑誌 124-04 pp.22–26 国学院大学 2023.04

大木一夫 （書評）高山善行著『日本語文法史の視界―継承と発展を目指して―』（ひつじ書房 2021） 日本語文法 23-02 pp.137–145 日本語文法学会 2023.09

佐々木冠 （書評）服部紀子著『「格」の日本語学史的研究―江戸期蘭文典と国学からの影響―』（武蔵野書院 2021） 日本語の研究 19-03 pp.49–56 日本語学会 2023.12

論文集

Ujiie, Yoko Subjective expression and its roles in Japanese discourse—Its development in Japanese and impact on general linguistics— Handbook of Japanese Sociolinguistics pp.389–431 De Gruyter Mouton 2022

山口響史 近代におけるサセテモラウの発達―サ入れ言葉の出現と意志用法の伸長― 中部日本・日本語学研究論集 pp.57–75 和泉書院 2022.01

宮内佐夜香 江戸語・東京語における逆接の接続詞―形式の推移と用法― 中部日本・日本語学研究論集 pp.77–96 和泉書院 2022.01

矢島正浩 近世前期条件表現史における順接と逆接の非対称性について 中部日本・日本語学研究論集 pp.97–116 和泉書院 2022.01

北﨑勇帆 意志・推量形式の従属節への取り込み 中部日本・日本語学研究論集 pp.117–137 和泉書院 2022.01

金銀珠 主格助詞「が」の拡大と準体法の衰退 中部日本・日本語学研究論集 pp.139–155 和泉書院 2022.01

小田勝 日本語文語文法現象十進分類番号表の試み 中部日本・日本語学研究論集

　　　　pp.157–172　和泉書院　2022.01
三宅俊浩　四国地方におけるラ抜き言葉の方言分布と解釈　中部日本・日本語学研究論集　pp.209–228　和泉書院　2022.01
久保薗愛　鹿児島方言史における準体助詞の発達　中部日本・日本語学研究論集　pp.229–250　和泉書院　2022.01
橋本行洋　『土佐日記』の「よるあるき」―複合語の認定と書写態度―　中部日本・日本語学研究論集　pp.367–378　和泉書院　2022.01
辻本桜介　中古語における引用句「…と」の特殊用法　中部日本・日本語学研究論集　pp.506–487　和泉書院　2022.01
小田勝　古典語の格標示に関する諸問題　日本語の格表現　pp.3–20　くろしお出版　2022.03
後藤睦　古代日本語における「問ふ」を述語とする構文の格標示法の変化について　日本語の格表現　pp.21–38　くろしお出版　2022.03
竹内史郎　上代語の主文終止形節における格配列，相互識別，無助詞現象　日本語の格表現　pp.39–62　くろしお出版　2022.03
宮地朝子　現代日本語「ならでは」の用法　語彙論と文法論をつなぐ―言語研究の拡がりを見据えて―　pp.227–251　ひつじ書房　2022.03
ナロック　ハイコ　文法化研究の諸相　語彙論と文法論をつなぐ―言語研究の拡がりを見据えて―　pp.253–276　ひつじ書房　2022.03
近藤泰弘　敬語から見た日本語の種類―ダイクシスからの考察―　敬語の文法と語用論　pp.2–16　開拓社　2022.03
小田勝　古典敬語の特質と関係規定語の問題　敬語の文法と語用論　pp.90–112　開拓社　2022.03
澤田淳　日本語敬語の運用に関する語用論的研究―相対敬語の類型化をもとに―　敬語の文法と語用論　pp.114–182　開拓社　2022.03
森山由紀子　10世紀末『落窪物語』における下位への対面素材敬語―発話場面の文脈との関わりから―　敬語の文法と語用論　pp.183–263　開拓社　2022.03
森勇太　近世後期洒落本の「受益型」行為指示表現―地域差と現代語との差異―　敬語の文法と語用論　pp.264–297　開拓社　2022.03
八坂尚美　『虎明本狂言』と『狂言六義』における行為要求表現の対照　論究日本近代語2　pp.29–44　勉誠出版　2022.03
山田昌裕　格助詞「ガ」の用法拡大の様相―17世紀から明治大正期にかけて―　論究日本近代語2　pp.45–58　勉誠出版　2022.03

ヤロシュ島田むつみ　明治大正期『読売新聞』における「タ」の推移—文章の種類の違いという観点から—　論究日本近代語2　pp.189–203　勉誠出版　2022.03

陳慧玲　近代日本語の省略型行為要求表現の調査　論究日本近代語2　pp.205–220　勉誠出版　2022.03

菊池そのみ　〈付帯状況〉を表す「形容詞＋まま」の史的展開　論究日本近代語2　pp.251–265　勉誠出版　2022.03

蜂矢真郷　動詞マフ［転・舞］・マク［巻］・マグ［曲］　国語語彙史の研究41　pp.21–34　和泉書院　2022.03

星野佳之　場所の語アタリの変遷について—名詞用法の展開と副助詞用法の派生—　国語語彙史の研究41　pp.57–75　和泉書院　2022.03

遠藤佳那子　林圀雄「一段の活」に属する用言　国語語彙史の研究41　pp.161–177　和泉書院　2022.03

彦坂佳宣　全国視野での準体助詞の種類とその分布要因—特にノ・ガ以外の諸形式の成立環境について—　国語語彙史の研究41　pp.240–218　和泉書院　2022.03

高山善行　対人配慮の歴史をどう捉えるか—『平家物語』の〈受諾〉〈断り〉表現をめぐって—　言語コミュニケーションの多様性　pp.37–60　くろしお出版　2022.03

山田潔　『両足院本毛詩抄』の疑問表現—「ぞ・やら・か」の用法—　近代語研究23　pp.1–18　武蔵野書院　2022.09

小柳智一　鈴木朖の「心ノ声」—『言語四種論』読解—　近代語研究23　pp.115–138　武蔵野書院　2022.09

小松寿雄　夢酔独言の動作性謙譲表現　付・オル　近代語研究23　pp.207–227　武蔵野書院　2022.09

浅川哲也　江戸時代末期人情本にみられる「です」の待遇価値再考—人情本の「です」は謙譲語ではない—　近代語研究23　pp.229–263　武蔵野書院　2022.09

伊藤博美　授受補助動詞における用法・機能拡張—「ていただく」を中心に—　近代語研究23　pp.205–221　武蔵野書院　2022.09

山田里奈　近世後期江戸語における丁寧な言葉遣い—〈行く・来る〉を例にして—　近代語研究23　pp.23–41　武蔵野書院　2022.09

吉田永弘　「思ふ・見る・聞く」の「（ら）る」形—複合動詞と主体敬語—　コーパス

による日本語史研究　中古・中世編　pp.37–63　ひつじ書房　2022.10
大木一夫　テ形補助動詞成立史概略,拾遺　コーパスによる日本語史研究　中古・中世編　pp.65–87　ひつじ書房　2022.10
青木博史　文相当句の名詞化　コーパスによる日本語史研究　中古・中世編　pp.89–108　ひつじ書房　2022.10
北﨑勇帆　希望表現の史的変遷—願望を中心に—　コーパスによる日本語史研究　中古・中世編　pp.109–131　ひつじ書房　2022.10
池上尚　中古・中世前期における「ココロヨシ」「ココチヨシ」とその類義表現　コーパスによる日本語史研究　中古・中世編　pp.133–149　ひつじ書房　2022.10
渡辺由貴　短単位 N-gram からみた『天草版平家物語』と『天草版伊曽保物語』の表現の特徴　コーパスによる日本語史研究　中古・中世編　pp.151–174　ひつじ書房　2022.10
志波彩子　自然発生（自動詞）から自発へ—古代日本語と現代スペイン語の対照—　日本語文法史研究 6　pp.1–23　ひつじ書房　2022.11
澤田淳　中古日本語における敬語抑制のシステムについて—韓国語との対照を含めて—　日本語文法史研究 6　pp.25–59　ひつじ書房　2022.11
荻野千砂子　宮良方言の sikeehuN の意味と機能　日本語文法史研究 6　pp.61–86　ひつじ書房　2022.11
酒井雅史　対照方言学的観点からみた存在表現の歴史変化の様相　日本語文法史研究 6　pp.87–105　ひつじ書房　2022.11
小柳智一　類推・追　日本語文法史研究 6　pp.107–131　ひつじ書房　2022.11
北﨑勇帆　原因・理由と話者の判断　日本語文法史研究 6　pp.133–156　ひつじ書房　2022.11
竹内史郎　中古京都方言の主文終止形節における格体系—格配列，相互識別，ハダカ現象，示差的目的語標示—　日本語文法史研究 6　pp.157–187　ひつじ書房　2022.11
森勇太　『大蔵虎明本狂言』の受益型行為指示表現—行為指示表現の変化の起こるところ—　日本語文法史研究 6　pp.189–209　ひつじ書房　2022.11
三宅俊浩　近世・近代におけるデキルの発達とナルの衰退　日本語文法史研究 6　pp.211–234　ひつじ書房　2022.11
吉田永弘　（テーマ解説）複合辞　日本語文法史研究 6　pp.235–244　ひつじ書房　2022.11

青木博史　（文法史の名著）湯沢幸吉郎著『室町時代の言語研究』（大岡山書店　1929）　日本語文法史研究6　pp.245–254　ひつじ書房　2022.11

荻野千砂子　テモラウの依頼用法—テイタダク成立への契機—　「させていただく」大研究　pp.121–154　くろしお出版　2022.12

扈林亜；小川芳樹　直示的移動動詞の文法的構文化—日本語と中国語の比較の視点から—　コーパスからわかる言語変化・変異と言語理論3　pp.143–159　開拓社　2022.12

小川芳樹　形式名詞の文法化と連濁—統語部門での編入による語形成の視点から—　コーパスからわかる言語変化・変異と言語理論3　pp.205–222　開拓社　2022.12

小川芳樹；新国佳祐；和田裕一　語彙化に関する主節・関係節の非対称性と世代間差の考察—「［名詞］（が）ない」を例に—　コーパスからわかる言語変化・変異と言語理論3　pp.223–241　開拓社　2022.12

南部智史　コピュラの出現・非出現における言語変化について　コーパスからわかる言語変化・変異と言語理論3　pp.387–400　開拓社　2022.12

蜂矢真郷　国語語構成研究に関する用語について　国語語彙史の研究42　pp.1–19　和泉書院　2023.03

古川大悟　「推量」認識の史的展開　国語語彙史の研究42　pp.39–55　和泉書院　2023.03

栗田岳　萬葉集の「けだし」と「けだしく」　国語語彙史の研究42　pp.91–108　和泉書院　2023.03

彦坂佳宣　九州における近世期方言文献に見る格助詞ノ・ガの様相—肥筑・薩隅方言の差異を中心に—　国語語彙史の研究42　pp.250–231　和泉書院　2023.03

久保薗愛　文献に基づく方言研究の方法　方言の研究9　pp.195–218　ひつじ書房　2023.07

ナロック　ハイコ　係り結びの発生と構造—諸仮説検証—　日本語と近隣言語における文法化　pp.17–43　ひつじ書房　2023.08

ジスク　マシュー　訓点語の文法化—漢字・漢語による模倣借用との関連から—　日本語と近隣言語における文法化　pp.45–107　ひつじ書房　2023.08

宮地朝子　「ならで」「ならでは」の一語化と機能変化　日本語と近隣言語における文法化　pp.109–132　ひつじ書房　2023.08

青木博史　接続詞と文法化—「なので」の成立—　日本語と近隣言語における文法

化　pp.133–156　ひつじ書房　2023.08

柴﨑礼士郎　言語接触と文法化について―近現代日本語の「より」構文を事例として―　日本語と近隣言語における文法化　pp.157–185　ひつじ書房　2023.08

東泉裕子；髙橋圭子　漢語「正直」の機能・用法の拡張　日本語と近隣言語における文法化　pp.187–209　ひつじ書房　2023.08

小柳智一　一から多への言語変化―類推と群化―　日本語と近隣言語における文法化　pp.271–289　ひつじ書房　2023.08

北﨑勇帆　意味変化の方向性と統語変化の連関　日本語と近隣言語における文法化　pp.291–318　ひつじ書房　2023.08

矢島正浩　近世前期における逆接仮定条件史―トモとトテ・テモ共存の意味―　コーパスによる日本語史研究　近世編　pp.33–55　ひつじ書房　2023.12

村山実和子　『日本語歴史コーパス』に見る形容詞の連接　コーパスによる日本語史研究　近世編　pp.57–75　ひつじ書房　2023.12

髙谷由貴　『日本語歴史コーパス 江戸時代編』に見られるダトテとダッテの使用状況　コーパスによる日本語史研究　近世編　pp.115–135　ひつじ書房　2023.12

北﨑勇帆　近世における従属節の階層性　コーパスによる日本語史研究　近世編　pp.137–155　ひつじ書房　2023.12

村上謙　『日本語歴史コーパス 江戸時代編Ⅰ洒落本』（京都・大坂）を利用した動詞待遇表現化のコロケーション　コーパスによる日本語史研究　近世編　pp.179–197　ひつじ書房　2023.12

宮内佐夜香　接続辞を指標とした近世資料の統計分析の試み　コーパスによる日本語史研究　近世編　pp.219–239　ひつじ書房　2023.12

Tomohide Kinuhata　Scope ambiguity and the loss of NPI feature: Evidence from the history of Japanese scalar particle *dani*　Polarity-Sensitive Expressions: Comparisons Between Japanese and Other Languages　pp.415–452　De Gruyter Mouton　2023.12

単行本

峰岸明　変体漢文　新装版　吉川弘文館　396p.　2022.02

和田明美　古代日本語と万葉集の表象　汲古書院　380p.　2022.03

金澤裕之　スキマ歩きの日本語学―言語変化のダイナミズムを紡ぐ―　花鳥社

　　　　316p.　2022.07
中村幸弘；碁石雅利（編）　文構造の観察と読解　新典社　712p.　2022.09
山本佐和子　抄物の言語と資料—中世室町期の形容詞派生と文法変化—　くろしお出版　476p.　2023.02
川瀬卓　副詞から見た日本語文法史　ひつじ書房　256p.　2023.02
福島直恭　後期江戸語の行為要求表現—言語の歴史的研究の意義と評価—　花鳥社　188p.　2023.02
揚妻祐樹　日本近代文学における「語り」と「語法」　和泉書院　456p.　2023.03
築島裕　語彙・語釋・文法(築島裕著作集6)　汲古書院　652p.　2023.07
村上謙　近世後期上方語の研究—関西弁の歴史—　花鳥社　336p.　2023.07
蜂矢真郷　国語語構成要素研究　塙書房　426p.　2023.08
大川孔明　古代日本語文体の計量的研究　武蔵野書院　256p.　2023.09

索引

A-Z
「SハPナリ」　167

あ
相手の言動に対する反応　215
「間（アヒダ）」　172, 191, 192
ありな　258

い
意志　133, 134, 138, 144–147, 150
「以上」　174, 191, 192
「以上（ハ）」　185–189, 193
「以上は」　172
已然形　250, 256, 258
依存関係　186, 189
「いっそ」　235
因果関係　70, 117, 125, 172, 174, 189–193
因果伝達　118, 125
因果認識　118, 125

う
「上（ウヘ）」　177, 178, 182, 183, 190, 193

え
婉曲　144

お
応答表現　123, 127
『落窪物語』　162

か
「か」　199
係助詞の重出制約　160
係り結び　199
格助詞　26, 42
拡張名詞句　26
確定条件　180–183
過去推量　148
活用型対立型　87, 88, 96, 101, 103
仮定　143
仮定条件　51, 180, 181
仮定的　184–186, 192, 193
可能性　141–151
「から」　172–174
「カラ」　189–192
「からには」　174
「カラニハ」　185, 186, 189, 193
川端文法　239, 261
漢語副詞　127

き
既定性　53, 54, 70
疑問詞一語文　161
疑問詞疑問文　158
疑問詞畳語形　165
疑問文　199, 218, 219
疑問文型　160
疑問要素　159
強活用　244, 245, 252
共起　229
強弱性格的な交代　242

く
ク語法　254, 259
群化　98, 103
軍記物語　171, 175

け
形式副詞　23
形式名詞　19, 21, 25, 27, 177, 178
形状言　240, 244, 253, 254
軽動詞　2, 4, 8
形容詞　253
「形容詞連用形＋する（なす）」　102
「形容詞連用形＋なる」　102
結合性格的な交代　241
原因・理由　116, 171, 172, 177, 178, 183, 184, 187, 188, 191–193
原因・理由文　185, 187, 189
原型的な活用　243–246,

252
現在推量　149
原連用形　245, 251, 252
現連用形　249

こ

語彙的条件　226
項位置　35, 45
肯否疑問文　158
構文　1, 15, 226
構文的条件　226
呼応　228
古文書　193

し

事実　117, 203, 207
事実的　184–188, 192, 193
事実についての仮定　56, 68
事象叙述文　9, 10, 15
「事態描写」優位　71, 72
自動詞　5–8, 10, 14, 15, 92, 94, 96, 97, 100, 101
自動詞文　9
弱活用　244, 245, 252
終止形　246, 250
述定述語形　254
順接確定条件　183, 193
準体助詞　200, 216
状況・事情　182, 183, 190–192
条件　187–189, 192
条件文　185, 187, 189
状態　3, 5, 6, 9, 10, 12, 14, 15
情態副詞　223

叙法副詞　236

す

推量　133, 135, 138, 146, 147, 150
スキーマ　138, 139
スケール名詞　28, 41
「スル」　1, 5, 14

せ

「せっかく」　227
接語　26, 42–44
接辞　26, 42, 97, 98, 106
接辞付加対立型　87, 88, 96, 97, 101, 103
設想　137–139
接続詞　117, 125, 128
接続助詞　180–183, 193
接続表現　175–177
説話集　171, 175
全称性　63
潜伏疑問文　161

そ

「ぞ」　199
装定述語形　254
属格名詞句　29
属性　1
属性形容詞　95
属性叙述文　3, 10, 15
「そっと」　232
「ゾーヤ」構文　166

た

第一連用形　251

体言　54, 66, 232, 256
「大した」　229
第二連用形　251
対話場面　164
脱範疇化　24, 46, 48
他動化　14, 82, 85, 96, 103
他動詞　10
他動詞文　9
他動性　10–12
「たとひ」　228
段階性　99

ち

「ちっと」　231
中国漢文　178–180
陳述副詞　224

つ

「つゆ」　231
「強る」　92, 101, 106

て

「で」　127
提題助詞　180–183, 193
提題性　167
程度副詞　224

と

「と」　230
当為の質問　210, 211
動詞対　81, 82, 96, 98, 99
「どうぞ」　229
洞門抄物　113, 124, 129

「道理」　121, 125
独立化の接尾語 i　244, 256
取り立て詞　21, 23–25
とりたて副詞　236

な
「なす」　12, 13
納得用法　111, 117, 127
「なにも」　230
靡　258

に
「に」　230
〈任意事態〉性　63, 69
認識的条件文　53

の
「の」　200–203
ノダ文　200, 203, 218
「〜の…らむ」構文　161

は
「ハ」　177, 179–181, 183, 193
「者(ハ)」　177–183, 193
「バ」　179–182, 193
派生動詞　81, 84, 87, 93, 95, 98, 101
反語文　168

ひ
非現実　135, 144
非他動化　82, 96, 103

〈必須事態〉性　64, 68
否定　195, 229, 230, 233
否定表現　45
ひとごと　235
被覆形　243
評価的条件　226
評価副詞　236
表現価値の方向　226
「表現者把握」優位　71, 72

ふ
付加詞位置　35, 45
不完全形容詞　225
副詞　257
副詞位置　45
副詞化　45, 127, 224, 231
副詞的修飾成分　225
副助詞　20, 24–26, 32, 33, 36, 40, 42, 44, 48, 232
副助詞化　32–34, 36, 45, 46, 48
プロトタイプ　138, 139, 141
分析的傾向　233
文法化　24, 27, 40, 43, 48

へ
変化　12–15, 99

ほ
母音交代　240

ま
「−まる／−める」　81, 82, 86, 99, 103, 106

み
未実現　152, 192
未然形　248
未来　136, 138, 139, 140, 142, 144, 147, 150

め
名詞句　26, 29, 34, 35, 37, 42, 45, 46
名詞句構造　27, 30, 33, 37, 40, 44
命令形　250

も
「も」　234

よ
様相の意味　248
予測的条件文　53

る
類推　97, 99, 103

れ
レアリティー　184, 192, 193
連体形　247
連体修飾構造　231

連体節　27, 33, 34, 37–39, 42
連用修飾　223

ろ

露出形　243

わ

わがこと　235
和漢混淆文　173, 175, 188
（話者非関与の）事態　64
和文　171, 173

を

「を」　9, 10

執筆者紹介

●編者

青木博史（あおき　ひろふみ）
1970年、福岡県福岡市生まれ。九州大学大学院文学研究科博士課程修了。博士（文学）。京都府立大学文学部講師、同助教授・准教授を経て、現在、九州大学主幹教授、九州大学大学院人文科学研究院教授、国立国語研究所特定客員教授。
（主著）『語形成から見た日本語文法史』（ひつじ書房、2010年）、『日本語歴史統語論序説』（ひつじ書房、2016年）、『文法化・語彙化・構文化』（開拓社、2020年、共著）

小柳智一（こやなぎ　ともかず）
1969年、東京都目黒区生まれ。国学院大学大学院文学研究科博士課程後期修了。博士（文学）。福岡教育大学教育学部准教授を経て、現在、聖心女子大学現代教養学部教授。
（主著・主要論文）『文法変化の研究』（くろしお出版、2018年）、「かもめさへだに―副助詞の相互承接の孤例―」（『国語研究』87、2024年）、「『宇治拾遺物語』に見出される語り方の傾向差―述語の複雑性に着目して―」（『説話文学研究』59、2024年）

高山善行（たかやま　よしゆき）
1961年、愛媛県松山市生まれ。大阪大学大学院文学研究科後期課程（博士課程）中退。博士（文学）。大阪大学文学部助手、大手前大学人文科学部助教授を経て、現在、福井大学教育学部教授。
（主著）『日本語モダリティの史的研究』（ひつじ書房、2002年）、『ガイドブック日本語文法史』（ひつじ書房、2010年、共編著）、『日本語文法史の視界―継承と発展をめざして―』（ひつじ書房、2021年）

●執筆者（執筆順）

竹内史郎（たけうち　しろう）
1972年、岡山県岡山市生まれ。大阪大学大学院文学研究科博士後期課程修了。博士（文学）。群馬大学教育学部講師、同准教授を経て、現在、成城大学文芸学部教授。
（主著・主要論文）『日本語の格標示と分裂自動詞性』（くろしお出版、2019年、共編著）、『日本語の格表現』（くろしお出版、2022年、共編著）、「主語焦点構文における平安時代語と京都市方言の対照研究―古代語の文法にひそむ多様性を見出していくために―」（『日本語の歴史的対照文法』、和泉書院、2021年）

矢島正浩（やじま　まさひろ）
1963年、長野県長野市生まれ。東北大学文学研究科博士後期課程単位取得退学。博士（文学）。現在、愛知教育大学教育学部教授。
（主著）『上方・大阪語における条件表現の史的展開』（笠間書院、2013年）、『SP盤落語レコードがひらく近代日本語研究』（笠間書院、2019年、共編著）、『中部日本・日本語学研究論集』（和泉書院、2022年、共編著）

村山実和子（むらやま　みわこ）
1987年、熊本県熊本市生まれ。九州大学大学院人文科学府博士後期課程単位取得退学。博士（文学）。国立国語研究所プロジェクト非常勤研究員、福岡女子短期大学講師を経て、現在、日本女子大学文学部講師。
（主要論文）「接尾辞「ハシ（ワシイ）」の変遷」（『日本語の研究』15(2)、2019年）、「中世後期における「レ系指示詞＋ヤウ（様）」」（『国語国文』91(12)、2022年）、「『日本語歴史コーパス』に見る形容詞の連接」（『コーパスによる日本語史研究　近世編』、ひつじ書房、2023年）

古田龍啓（ふるた　たつひろ）
1980年、鹿児島県鹿児島市生まれ。九州大学大学院人文科学府博士後期課程単位取得退学。博士（文学）。現在、高知大学人文社会科学部講師。
（主要論文）「駒沢大学図書館蔵『三体唐詩絶句鈔』について―桃源瑞仙の三体詩の抄物をめぐって―」（『訓点語と訓点資料』146、2021年）、「副詞タシカの語史」（『日本語文法』22(1)、2022年）、「中世のマデ―限定用法の確立―」（『日本語の研究』19(2)、2023年）

古川大悟（ふるかわ　だいご）
1993年、岐阜県生まれ。京都大学大学院人間・環境学研究科博士後期課程修了。博士（人間・環境学）。日本学術振興会特別研究員を経て、現在、九州大学大学院人文科学研究院講師。
（主要論文）「助動詞マシの意味」（『国語国文』88（1）、2019年）、「「応久」の解釈―助動詞ベシの意味をめぐって―」（『萬葉』235、2023年）、「推量の助動詞の意味的体系性について―萬葉集の用例解釈から―」（『萬葉』237、2024年）

永澤済（ながさわ　いつき）
東京都出身。東京大学大学院人文社会系研究科博士課程修了。博士（文学）。東京大学大学院人文社会系研究科助教、東京大学附属図書館U-PARL特任助教、名古屋大学国際言語センター准教授を経て、現在、上智大学言語教育研究センター准教授。
（主要論文）「日本言語学史上の言文一致―司法界における思想・実践との比較―」（『日本語「起源」論の歴史と展望―日本語の起源はどのように論じられてきたか―』、三省堂、2020年）、「日本中世和化漢文における非使役「令」の機能」（『言語研究』159、2021年）、「「Xノタメニ」受身文の残存と衰退―近現代コーパスからみる―」（『日本語文法』21（1）、2021年）

林淳子（はやし　じゅんこ）
1984年、岡山県岡山市生まれ。東京大学大学院人文社会系研究科博士課程修了。博士（文学）。慶應義塾大学日本語・日本文化教育センター専任講師、同准教授を経て、現在、東京大学大学院人文社会系研究科准教授。
（主著・主要論文）『現代日本語疑問文の研究』（くろしお出版、2020年）、「話し手の行為について問う文―疑問文の歴史的対照の試み―」（『日本語の歴史的対照文法』、和泉書院、2021年）、「近代におけるノ止め疑問文の台頭」（『近代語研究　第二十四集』、武蔵野書院、2024年）

川瀬卓（かわせ　すぐる）
1981年、福岡県福岡市生まれ。九州大学大学院人文科学府博士後期課程単位取得退学。博士（文学）。弘前大学人文学部講師、同人文社会科学部講師、白百合女子大学文学部准教授を経て、現在、同教授。
（主著・主要論文）『副詞から見た日本語文法史』（ひつじ書房、2023年）、「洒落本における不定の「ぞ」「やら」「か」」（『筑紫語学論叢Ⅲ—日本語の構造と変化—』、風間書房、2021年）、「副詞「どうぞ」の歴史変化—変化の語用論的要因に注目して—」（『日本語文法』24(1)、2024年）

日本語文法史研究　7

The Historical Research on Japanese Grammar 7
Edited by Hirofumi Aoki, Tomokazu Koyanagi and Yoshiyuki Takayama

発行	2024 年 11 月 30 日　初版 1 刷
定価	4000 円＋税
編者	©青木博史・小柳智一・高山善行
発行者	松本功
組版所	株式会社 ディ・トランスポート
印刷・製本所	株式会社 シナノ
発行所	株式会社 ひつじ書房
	〒 112-0011 東京都文京区千石 2-1-2 大和ビル 2 階
	Tel.03-5319-4916　Fax.03-5319-4917
	郵便振替 00120-8-142852
	toiawase@hituzi.co.jp　https://www.hituzi.co.jp/

ISBN978-4-8234-1267-7

造本には充分注意しておりますが、落丁・乱丁などがございましたら、
小社かお買上げ書店にておとりかえいたします。ご意見、ご感想など、
小社までお寄せ下されば幸いです。

○日本語文法史研究

日本語文法の歴史的研究は日本語研究のなかで重要な位置を占めており、その成果は世界的に注目されている。本シリーズは、文法史研究の最新の成果を国内・国外に発信し、文法史の分野で初となる継続刊行の論文集である。

日本語文法史研究　1
高山善行・青木博史・福田嘉一郎編　定価 4,000 円＋税

執筆者：青木博史、岩田美穂、小田勝、勝又隆、黒木邦彦、小柳智一、近藤要司、高山善行、竹内史郎、西田隆政、福田嘉一郎、山本佐和子

日本語文法史研究　2
青木博史・小柳智一・高山善行編　定価 3,200 円＋税

執筆者：青木博史、岡部嘉幸、川瀬卓、衣畑智秀、小柳智一、竹内史郎、西田隆政、仁科明、深津周太、福沢将樹、森勇太、矢島正浩、吉田永弘

日本語文法史研究　3
青木博史・小柳智一・高山善行編　定価 3,200 円＋税

執筆者：青木博史、一色舞子、小木曽智信、小柳智一、近藤要司、坂井美日、高山善行、竹内史郎、ハイコ・ナロック、藤井俊博、藤本真理子、宮内佐夜香、宮地朝子

日本語文法史研究　4
青木博史・小柳智一・吉田永弘編　定価 4,000 円 + 税

執筆者：青木博史、池上尚、大木一夫、岡﨑友子、岡部嘉幸、久保薗愛、小柳智一、富岡宏太、蜂矢真弓、福沢将樹、宮地朝子、森勇太、吉田永弘

日本語文法史研究　5
青木博史・小柳智一・吉田永弘編　定価 4,000 円 + 税

執筆者：青木博史、勝又隆、小柳智一、近藤要司、高山善行、竹内史郎、辻本桜介、仁科明、山口響史、吉井健、吉田永弘、渡辺由貴

日本語文法史研究　6
青木博史・小柳智一・吉田永弘編　定価 4,000 円 + 税

執筆者：青木博史、荻野千砂子、北﨑勇帆、小柳智一、酒井雅史、澤田淳、志波彩子、竹内史郎、三宅俊浩、森勇太、吉田永弘

副詞から見た日本語文法史
川瀬卓著　定価 7,200 円＋税

本書は、アスペクト、否定、モダリティ、行為指示や感謝・謝罪における対人配慮などの、日本語の文法現象と関わる副詞をいくつか取り上げ、副詞を視点として日本語文法史に迫ることを試みたものである。個々の副詞の歴史変化を記述するとともに、それを通して、副詞に見られる文法変化のありようを示し、日本語の歴史の時代的動向についても論じる。語史研究の先にある、副詞の歴史的研究の新たな可能性を実践的に示した書。

日本語文法史キーワード事典
青木博史・高山善行編　定価 2,000 円＋税

文法史研究は、多様な研究成果が公表され、日本語学の中で最も活気のある分野の一つである。しかし、その一方で細分化・専門化により研究の全体像が見えにくくなってきている面もある。本書は、日本語文法史に関わる 77 のキーワードをとりあげ、文法史研究者による解説をおこなう。解説はコンパクトにまとめることで気軽に要点を知ることができ、研究者のみならず文法について学びたい一般読者にも最適な一冊。